PRÉCIS D'ÉCONOMIE POLITIQUE

PAR

E. LEVASSEUR

Membre de l'Institut
Professeur au Collège de France et au Conservatoire des Arts et Métiers

CLASSE DE PREMIÈRE

CONFORME AUX PROGRAMMES DE 1891

Pour l'enseignement secondaire moderne

PARIS
LIBRAIRIE HACHETTE ET Cie
79, BOULEVARD SAINT-GERMAIN, 79

8° R
11834

COURS D'ÉTUDES

A L'USAGE

DE L'ENSEIGNEMENT SECONDAIRE MODERNE

DU MÊME AUTEUR

Petit cours d'Économie politique, à l'usage de l'enseignement industriel et commercial. 1 vol. in-16, cartonné.. 3 fr.

Coulommiers. — Imp. PAUL BRODARD.

PRÉCIS

D'ÉCONOMIE

POLITIQUE

PAR

E. LEVASSEUR

Membre de l'Institut,
Professeur au Collège de France et au Conservatoire des Arts et métiers.

CLASSE DE PREMIÈRE

CONFORME AUX PROGRAMMES DE 1891

pour l'enseignement secondaire moderne

PARIS

LIBRAIRIE HACHETTE ET Cⁱᵉ

79, BOULEVARD SAINT-GERMAIN, 79

—

1893

426
93

PRÉFACE

Ce *Précis*, destiné aux élèves de l'enseignement secondaire moderne, est rédigé conformément au programme officiel du 15 juin 1891. Les matières y sont, autant que possible, exposées dans l'ordre adopté par ce programme.

L'enseignement de l'économie politique dans la classe de première (lettres et sciences) ne saurait, avec le nombre de leçons qui lui est attribué, aborder tous les problèmes de la science économique. Il doit avoir pour objet, non d'épuiser la matière, mais de donner aux élèves des notions précises sur les questions principales et une bonne direction d'esprit qui leur permette plus tard d'étudier par eux-mêmes, sans s'égarer, les questions de détail.

Les questions principales sont donc seules traitées dans le présent volume, dont le texte est presque entièrement extrait de notre *Petit Cours d'économie politique*. Nous renvoyons à ce Cours pour les études complémentaires.

Le *Précis* est divisé, comme le programme, en cinq parties : 1° *Introduction*, consacrée aux notions générales et préliminaires sur la science économique; 2° première partie, *La production de la richesse*, comprenant cinq sections, la production et ses conditions, la nature, le travail, le capital, l'organisation industrielle; 3° deuxième partie, *La distribution de la richesse*, comprenant aussi cinq sections, la propriété, la part du capital, la part de l'entrepreneur, la part du travail salarié, la population et le paupérisme; 4° troisième partie, *La circulation de la richesse*, comprenant quatre sections, l'échange et la valeur, la monnaie, le crédit, le commerce; 5° quatrième partie, *La consommation de la richesse;* 6° cinquième partie, *Les finances*, qui traitent des consommations de l'État, le plus grand consommateur de richesse après la population.

Dans l'exposé de ces questions, nous nous sommes appliqué à présenter les démonstrations en termes clairs et précis, à faire comprendre surtout les principes fondamentaux de l'économie politique, à les mettre, autant que possible, en lumière par des exemples et par l'expérience de l'histoire, et à donner par là un enseignement à la fois théorique et pratique. Pour mieux fixer l'attention des élèves, nous avons employé les **lettres grasses** ou les *italiques* pour les termes et les maximes qui doivent rester gravés dans la mémoire, et nous avons reproduit à la fin de chaque section sous forme de Résumé les maximes les plus importantes.

E. I.

Mai 1893.

CLASSE DE PREMIÈRE

ÉCONOMIE POLITIQUE

PROGRAMME OFFICIEL. } Divisions du Précis correspondant au programme.

Introduction.

L'économie politique. — Son but. — Ses rapports avec les autres sciences et notamment avec le droit. — Divisions de l'économie politique : production, distribution, circulation et consommation des richesses. } INTRODUCTION, du § 1 au § 9.

1re PARTIE. — Production de la richesse.

LES ÉLÉMENTS DE LA PRODUCTION :
1° *La terre et les agents naturels.*
2° *Le travail et l'industrie :* organisation et liberté du travail, aperçu historique, les corporations, Turgot. — Classification des industries. — Le commerce. — Le rôle de l'entrepreneur dans l'industrie.
3° *Le capital :* différentes espèces de capital. — Comment l'épargne le forme, l'accroît et le conserve.

} Généralités, § 10 et 11. 1° La nature, § 12 et 13 ; 2° Le travail, § 14 à 20 ; 3° Le capital, § 21 à 31. L'organisation industrielle, § 32 à 41, correspondant à « Organisation du travail », etc., et placée après l'étude du capital qui est un des éléments de cette organisation.

2e PARTIE. — Distribution de la richesse.

I. LA PROPRIÉTÉ. — La propriété individuelle ; exposé et réfutation des principaux systèmes qui la nient ; fondement de la succession *ab intestat* et du droit de tester.

} I. La propriété, du § 42 au § 45. II. Les conventions. 1° Le fermage, du § 46 au § 50 ;

II. LES CONVENTIONS :

1° *Le fermage :* La rente du sol. — Différents systèmes de culture; grande et petite culture; inconvénients d'un trop grand morcellement ou d'une concentration excessive de la propriété.

2° *La part du capital dans la répartition de la richesse :* l'intérêt; légitimité du prêt à intérêt.

3° *La part de l'entrepreneur :* le profit.

4° *La part de l'ouvrier :* application de la loi de l'offre et de la demande au travail. — Salaire. — Participation aux bénéfices. — Associations ouvrières. — Syndicats ouvriers. — Le socialisme : ses formes diverses; réfutation.

La question de la population dans ses rapports avec la distribution de la richesse : la pauvreté et le paupérisme.

3e PARTIE. — **Circulation de la richesse.**

I. L'ÉCHANGE : ses diverses formes. — La valeur et le prix. — Lois qui président à la fixation, aux variations et à l'équilibre des prix; prix courant, coût de production. — Concurrence. — Monopoles.

II. LA MONNAIE. — En quel sens c'est une marchandise. — Monnaie d'or, d'argent et de billon. — Titre et tolérance. — Union latine. — Monométallisme et bimétallisme. — Système monétaire.

III. LE CRÉDIT. — Comment il supplée à la monnaie et est une source de richesse. — Ses rapports avec l'épargne.

1° *Crédit privé :* commerce de banque. — Différentes espèces de banques : les banques d'émission et le billet de banque. — Circulation fiduciaire. — La Banque de France. — Le crédit immobilier (sociétés de crédit foncier) et le crédit mobilier (monts-de-piété, avances sur titres, magasins généraux).

2° *Crédit public :* sur quelles bases il repose; emprunts de l'État. — 3° Théorie des annuités et de l'amortissement (obligations des chemins de fer et du Crédit foncier; rente amortissable). — Conversion des dettes publiques. — Cours légal et cours forcé. — La bourse : son rôle au point de vue du crédit.

IV. LE COMMERCE INTÉRIEUR ET EXTÉRIEUR. — Le change. — Les crises commerciales : leurs causes et leurs remèdes. — Importation et exportation; les débouchés. — Balance du commerce : comment elle se règle par le numéraire ou par les fonds internationaux. — Libre-échange, protection et prohibition; traités de commerce; droits de douane; entrepôts; ventes publiques.

4ᵉ PARTIE. — Consommation de la richesse.

1º *L'épargne :* ses sources, la prévoyance. — Assurances sur la vie, contre l'incendie et les divers accidents. — Caisses d'épargne. — Sociétés de secours mutuels.

2º *Le luxe.*

1º L'épargne, du § 103 au § 106 et du § 109 au § 111; 2º Le luxe, § 107 et 108.

5ᵉ PARTIE. — Application de l'économie politique à la législation financière.

1º *Impôt :* différentes espèces d'impôts. — L'impôt proportionnel et l'impôt progressif.

2º *Budget.* — Comment un budget s'établit. — Vote du budget. — Annalité et spécialité du budget.

1º Impôt, du § 112 au § 115; 2º Budget, du § 116 au § 118 (les § 119 et 120 sont consacrés au crédit public).

PRÉCIS
D'ÉCONOMIE POLITIQUE

INTRODUCTION

Sommaire. — 1. L'objet de l'économie politique. — 2. Le but de l'économie politique. — 3. La définition. — 4. La méthode de l'économie politique et ses rapports avec les autres sciences. — 5. Les grandes divisions. — 6. Le besoin et la satisfaction. — 7. L'utilité et la richesse. — 8. Les forces productives. — 9. Définition de quelques autres termes.

1. L'objet de l'économie politique. — Sur toute la surface de la terre et dans tous les temps, les hommes se sont livrés à certaines occupations et ont entretenu les uns avec les autres certaines relations de travail, en vue de créer des produits ou d'obtenir une rémunération et de satisfaire ainsi, directement ou indirectement, aux besoins de la vie. Ils ont fait paître des troupeaux, ils ont chassé le gibier, labouré la terre, forgé le fer, pratiqué des métiers, loué leurs services, conduit des marchandises sur terre ou sur mer, vendu aux uns ce qu'ils avaient acheté des autres. Rien de plus divers que ces occupations et ces relations. Mais, sous la diversité des phénomènes, on aperçoit quelque chose de constant, à savoir l'intention de *faire une chose utile.*

En y regardant de plus près, on aperçoit encore autre chose. Ce n'est pas en employant les mêmes procédés que le cultivateur produit du blé dans son champ, que le taillandier fabrique une serpe sur son enclume ou le tisserand

1

une étoffe sur son métier. Mais qu'on fasse du blé, une serpe ou une étoffe, quelque industrie ou quelque commerce qu'on exerce, il faut toujours du *travail*, des outils, des *matériaux,* presque toujours l'*assistance d'autrui* et l'*échange* de certains produits contre d'autres produits.

Il y a là un ensemble de phénomènes d'un ordre particulier qui se reproduisent constamment dans les mêmes circonstances : il y a, par conséquent, matière pour une science particulière. Cette science est l'**Économie politique.**

Nous pouvons dire : *L'économie politique a pour objet l'étude des phénomènes relatifs à la production des choses utiles. Ces choses utiles s'appellent* **richesse**

2. Le but de l'économie politique. — En observant ces phénomènes, l'économie politique s'élève jusqu'à la connaissance des lois générales qui président à la production, au mouvement et à la consommation de la richesse : c'est le but qu'elle se propose tout d'abord. Car le but premier, l'honneur de toute science est de hausser l'esprit humain jusqu'à la notion de la vérité et de lui faire ainsi, par quelque côté, comprendre l'ordre qui préside aux choses de ce monde.

Mais, comme toutes les sciences, l'économie politique a aussi une utilité pratique. L'homme connaissant les lois naturelles qui régissent les faits et les rapports économiques comprend mieux le mécanisme de la vie sociale; il est plus éclairé pour bien diriger ses affaires, quelque carrière qu'il suive; il a l'esprit plus juste et, par conséquent, moins accessible aux préjugés et aux passions qui agitent beaucoup d'esprits et qui troublent parfois les États; il peut plus sûrement voir les améliorations à introduire dans les institutions de son pays et, s'il a quelque jour voix dans les conseils publics, indiquer des réformes qui ne soient pas des utopies ou des suggestions égoïstes de l'intérêt privé. L'économie politique ne donne pas plus qu'aucune autre science l'infaillibilité; mais elle est éminemment utile pour cette triple raison qu'*elle communique plus de rectitude au jugement sur les questions économiques,* qu'elle aide à la *bonne con-*

duite des affaires privées et qu'elle est *nécessaire pour l'intelligence des affaires publiques.*

3. La définition. — L'expression *économie politique* est formée de mots grecs (οἶκος, νόμος, πόλις) qui signifient *l'art d'administrer la richesse dans les sociétés.* Elle est toute autre chose que l'économie — laquelle, dans son sens le plus étroit, est une vertu privée consistant à ne dépenser son bien que dans la mesure strictement nécessaire — et que la politique, laquelle est l'art de gouverner les États. L'expression d'économie sociale est parfois regardée comme une variante d'économie politique, quoiqu'elle ait un sens un peu plus étendu; celle de science économique serait plus précise.

On a dit avec raison : *L'économie politique est la philosophie de l'industrie humaine;* c'est là toutefois une vue élévée de la science économique plutôt qu'une définition.

L'économie politique est la science de l'utile : définition un peu vague. *L'économie politique est la science de l'échange* ou *la science des valeurs :* définitions trop étroites. *L'économie politique est la* **science de la richesse :** définition juste. Mais Adam Smith, par l'intitulé de son ouvrage *Recherches sur la nature et les causes de la richesse des nations,* a donné une définition qui n'est pas moins juste et qui est plus explicite. On peut lui préférer la définition suivante, qui, bien qu'un peu longue, est encore plus complète : *l'***économie politique** *est la* **science** *morale qui a pour objet l'étude des lois naturelles suivant lesquelles, dans l'état social, l'*homme *produit, répartit, échange et consomme la* **richesse,** *et même* ajouter : *la science qui a aussi pour objet l'étude des institutions relatives à la richesse et des conséquences qui résultent de ces institutions pour le bien-être des nations,* quoique cette dernière partie appartienne à l'art de gouverner plus qu'à la science économique.

4. La méthode de l'économie politique et ses rapports avec les autres sciences. — L'économie politique est une *science d'observation.* Elle est, en outre, *une science* *morale*, puisque la richesse est le produit du travail et de la volonté de l'homme.

Mais elle a parmi les sciences morales un rang particulier; car, ayant pour objet la *richesse* que l'*homme* crée et consomme, elle étudie à la fois le produit et le producteur, la matière et l'homme, et elle semble avoir un pied sur le domaine des sciences naturelles et l'autre sur le domaine des sciences morales. C'est à ce dernier qu'elle appartient, parce que l'ouvrier est supérieur à la matière qu'il façonne et parce que l'homme, créant et consommant la richesse, est à la fois le principe actif et la fin dans l'œuvre économique. C'est ainsi que le droit est une science morale, quoiqu'il soit en partie consacré à régler la propriété, chose matérielle.

Cette situation mixte a quelquefois nui à l'économie politique. Les sciences naturelles lui ont reproché de manquer du genre de précision auquel elles sont habituées, et les sciences morales ont hésité à la reconnaître pour une de leurs sœurs, parce qu'elles la trouvaient trop plongée dans la matière. Pour éviter ces erreurs, il suffit de se rendre bien compte de sa véritable nature.

L'économie politique procède par l'observation des faits-relatifs à la richesse; elle néglige ce qui est particulier ou accidentel, et, des traits généraux qu'elle rassemble, elle tire les lois économiques.

Dans cette observation, elle est secondée par la **Statistique**, laquelle peut être définie l'*étude numérique des faits sociaux.* Tous les faits qui intéressent la science économique ne sont pas de nature à faire l'objet d'une énumération statistique, et d'ailleurs cette énumération n'est pas nécessaire pour la constatation des phénomènes les plus généraux qu'elle étudie. Néanmoins, la statistique constitue une étude indispensable pour la connaissance du mécanisme général des sociétés. Quoiqu'elle fournisse aussi des documents à d'autres branches de nos connaissances, elle est surtout l'*auxiliaire* et, pour beaucoup de questions, la *lumière de l'économie politique.* Elle peut être considérée en quelque sorte comme son préparateur. Mais elle ne peut être maniée elle-même avec profit et sécurité que par une personne déjà

versée dans la science économique, de même qu'une leçon
de chimie ne saurait être préparée sans danger par une
personne étrangère à la chimie.

Solidaire des autres sciences morales, ses voisines, l'économie politique emprunte à la *philosophie* la connaissance
des plus énergiques ressorts de l'activité humaine, et elle
prouve, par ses propres résultats, leur efficacité; elle recherche uniquement l'*utile*, mais elle corrobore les préceptes
de la *morale* en démontrant expérimentalement que l'utile,
considéré dans l'ensemble des rapports sociaux, est conforme au *juste;* elle puise des exemples et des enseigne-
ments dans l'*histoire*, qui contient la longue suite des expé-
riences d'organisation économique faites par les sociétés
humaines, et elle éclaire l'historien sur les raisons de la
prospérité ou de l'appauvrissement des nations; elle inter-
roge la *géographie*, qui lui apprend l'influence exercée par
le sol et par le climat sur la production et le commerce, et
à laquelle elle enseigne à remonter jusqu'aux causes de la
richesse.

Elle se rencontre fréquemment sur le même terrain avec
le *droit*, qui, déterminant les contrats et les conditions de la
propriété, intervient pour régler certaines relations des personnes dans la production, la répartition, la circulation et
même la consommation des richesses. Mais l'économie politique traite des lois naturelles qui dérivent des rapports
économiques des personnes et des choses; le droit traite
des lois positives que les gouvernements ont décrétées pour
fixer quelques-uns de ces rapports. L'économie politique
examine l'influence que ces lois positives exercent sur la
richesse et elle peut indiquer au législateur qui en prépare
de nouvelles le but à atteindre et la voie à suivre.

5. Les grandes divisions. — Les grandes divisions d'un
traité d'économie politique correspondent aux trois grandes
évolutions de la richesse.

Il faut d'abord la créer; l'économie politique étudie la
production de la richesse : *première phase* ou évolution.

Il est très rare, on peut même dire que, dans l'état social,
il est à peu près impossible que les hommes créent la

richesse sans avoir recours à leurs semblables pour leur demander soit des matériaux et des outils, soit la coopération directe de leur travail; il est rare aussi que des populations urbaines emploient par elles-mêmes tous les produits qu'elles ont créés.

De là il résulte que ceux qui ont contribué à créer la richesse ont droit à une part de ce produit : c'est ce que l'économie politique étudie sous le nom de **répartition** ou **distribution** de la richesse. La répartition, étant une conséquence de la coopération et par conséquent un des phénomènes de la production, est confondue avec elle dans une même division par certains économistes.

L'économie politique étudie le mouvement de la richesse qui se transmet de propriétaire en propriétaire par l'échange sous le nom de **circulation** : *seconde phase* ou évolution de la richesse et troisième division de la science.

Enfin, quand la richesse est arrivée à sa destination dernière, elle est employée; le produit créé par l'industrie humaine est détruit ou du moins cesse d'être dans le commerce, et, suivant l'expression du langage économique, il est consommé ; c'est le but et la fin de la production. L'économie politique étudie en quatrième lieu la **consommation** de la richesse, qui est la *troisième phase* ou évolution.

La richesse est faite par les hommes, pour les hommes, et elle est consommée par eux : aussi la question de la *population* prend-elle une place considérable dans la consommation et dans l'ensemble de la science économique. Il en est de même de la question de l'État, autrement dit du *gouvernement*, qui, chargé des intérêts communs et administrant par les *finances* une partie de la richesse nationale, est, après la population considérée dans sa totalité, le plus grand consommateur.

Il y a donc trois phases de la richesse, et on peut diviser en quatre parties un traité d'économie politique :

1re *phase* (1re et 2° parties) : **production, répartition.**

2° *phase* (3° partie) : **circulation.**

3° *phase* (4° partie) : **consommation** (avec population et finances publiques).

Dans la science économique, comme dans toutes les sciences, c'est par un effort de l'analyse et de l'abstraction qu'on opère les grandes divisions du sujet. Dans la réalité, les phénomènes sont complexes; en effet, le fabricant, en créant un produit, en consomme plusieurs autres, il répartit la richesse produite entre ses coopérateurs et il fait en même temps circuler la richesse par ses achats et par ses ventes.

0. Le besoin et la satisfaction. — Pourquoi l'homme produit-il? Pour satisfaire ses besoins, dont le plus impérieux est de vivre.

Si un homme en état de santé restait un jour sans prendre de nourriture, il souffrirait de la faim; s'il restait plusieurs jours, il ne tarderait pas à mourir : l'homme a *besoin* de manger pour vivre. Si un homme, sous notre climat, ne portait pas de vêtements, il souffrirait cruellement du froid en hiver et il se trouverait même incommodé durant les autres saisons; l'homme a *besoin* de se vêtir. Il souffrirait aussi de la chaleur, de la pluie, de la fraîcheur des nuits s'il n'avait pas une demeure pour s'abriter : il a *besoin* d'avoir un logis. Il en a *besoin*, non seulement pour se garantir contre les intempéries de l'air, mais pour placer tous les objets mobiliers dont il se sert, souvent pour exercer son travail et pour avoir, comme on dit, un foyer domestique autour duquel sa famille se réunisse.

Les besoins de nourriture, de vêtement et de logement ne sont pas les seuls que l'homme ait à satisfaire dans une société civilisée. Il sent le désir de s'instruire et de se récréer, et ce désir engendre des *besoins*.

L'homme éprouve ainsi un grand nombre de **besoins,** divers par leur nature et par leur importance. Il y en a qu'il est *nécessaire* de satisfaire sous peine de mort ou de souffrance, comme ceux de la nourriture et du logement. Il y en a beaucoup d'autres dont la satisfaction est seulement *utile* ou *agréable.* Le nombre de ces derniers besoins, qui est indéfini, varie suivant la fortune particulière de chaque individu et *augmente en général* dans une société *à mesure que la masse des richesses y devient plus grande.*

Par exemple, un sauvage n'éprouve pas le besoin de

s'instruire; il éprouve même à peine le besoin de se vêtir
et de se loger. Les hommes civilisés, au contraire, regardent tous aujourd'hui l'instruction comme un besoin dont
la satisfaction est nécessaire, non à la vie matérielle, mais
à la vie intellectuelle, et ce besoin devient d'autant plus
impérieux qu'ils comprennent mieux combien une bonne
instruction importe à la dignité de l'homme et au progrès
général de la société.

Quand l'homme éprouve un besoin, il désire le satisfaire.
S'il ne le peut pas, il souffre, et sa souffrance est d'autant
plus vive que le besoin est plus impérieux.

Celui qui a faim consomme son dîner, et le besoin de
nourriture qu'il éprouvait est satisfait. Celui qui souffre de
douleurs appelle le médecin, qui applique ses remèdes;
quelques jours après, le besoin de guérir qu'il avait se trouve
peut-être satisfait.

On donne donc **satisfaction** aux besoins de l'ordre économique en *consommant de la richesse matérielle* ou en
recevant les services d'autrui.

Nous disons « besoins de l'ordre économique », parce que
l'homme ressent d'autres besoins, particulièrement ceux de
l'ordre moral, tels que l'amitié ou la sociabilité, qui ne peuvent être satisfaits ni par de la richesse consommée, ni par
un service payé. Ces besoins purement moraux et les senti-
ments qui les inspirent sont loin d'être indifférents au bon
ordre économique; mais c'est à la morale et à la philosophie
que l'étude en est réservée.

Pour satisfaire un besoin de l'ordre économique, il faut
faire un *effort*, un *sacrifice* qui consiste en un travail ou en
une dépense. L'homme fera-t-il cet effort?

Un sauvage voit passer un chevreuil dans la forêt; il connaît les habitudes de l'animal; il peut le chasser et peut-être
l'atteindre après plusieurs heures de course. S'il est poussé
par la faim, il n'hésitera pas, quelque peine qu'il doive
prendre, à chercher la satisfaction de son *besoin impérieux*
de nourriture. Voici sur un arbre un bel oiseau dont le plu-
mage pourrait lui servir d'ornement; mais le sauvage est
fatigué; pour approcher, il aurait une rivière à traverser, et

il laisse l'oiseau. S'il avait été au pied de l'arbre, il aurait pris la peine de décocher une flèche et il aurait donné satisfaction à son *besoin, peu impérieux*, de parure.

Il en est de même pour l'homme civilisé. Beaucoup de gens aimeraient à posséder de beaux bijoux; mais, pour se les procurer, il faut dépenser beaucoup d'argent, et ceux qui ne sont pas assez riches pensent que le *sacrifice d'argent*, autrement dit l'effort, serait trop coûteux relativement à la satisfaction d'un besoin qui n'est pas impérieux; ils se passent de bijoux et ils ont raison.

Un Parisien a besoin de faire vite une course dans un quartier éloigné; il prend une voiture, pensant que 1 fr. 50 est un sacrifice d'argent moindre que la peine qu'il aurait en allant à pied. S'il était pauvre, il ne prendrait sans doute pas la voiture, parce qu'il faudrait réserver cette somme pour des besoins plus impérieux; mais il monterait peut-être sur l'impériale d'un omnibus, jugeant que le sacrifice de 15 centimes n'est pas disproportionné à la satisfaction qu'il recherche.

Il y a des gens qui ne savent pas calculer le rapport de l'effort à la satisfaction. Ceux-là conduisent mal leurs affaires; de ce nombre sont les *prodigues*, qui, dépensant leur argent pour des besoins peu impérieux, n'ont plus ensuite les moyens de satisfaire les besoins impérieux.

On peut résumer ce qui précède en disant que *le mouvement économique roule sur trois termes : deux termes extrêmes, le* **besoin**, *qui tourmente, et la* **satisfaction**, *qui apaise, et un terme moyen, l'*effort, *qui procure la satisfaction*.

7. L'utilité et la richesse. — Pour obtenir cette satisfaction, il faut consommer de la richesse ou recevoir les services d'autrui, c'est-à-dire *consommer de l'utilité*. Cette expression ne saurait être comprise sans explication.

Un champ est *utile*, parce qu'il produit des récoltes. Le blé qu'on récolte est *utile*, parce qu'il nourrit. Une maison est *utile*, parce qu'on s'y loge. Un chapeau est *utile*, parce qu'il couvre la tête. Une machine à vapeur est *utile*, parce qu'elle fournit une force motrice. Un diamant est *utile*, parce qu'il satisfait le goût de la parure. Un bon livre est *utile*, parce qu'il instruit. Une visite de médecin est *utile*, parce qu'elle procure au malade les conseils de la science. Toute chose propre à satisfaire un besoin renferme de l'uti- lité; *son utilité consiste précisément dans l'aptitude qu'a cette chose à servir à la satisfaction des besoins de l'homme.*

C'est presque toujours l'homme qui donne aux choses leur utilité par son travail; par exemple, il tire le minerai du sein de la terre; avec le minerai, il fait du fer; avec le fer, des machines; minerai, fer, machines sont des *produits* qu'il a *créés* par le travail, c'est-à-dire par un effort intelli- gent.

L'homme crée-t-il réellement dans ce cas? Non; aucun être n'a le pouvoir d'ajouter ou de supprimer un seul atome de la matière qui existe, ni une seule parcelle de la force physique (nous ne disons pas force morale) dans le monde. Mais l'homme *produit;* c'est-à-dire que par son tra- vail il dispose la matière de telle façon qu'elle serve ses des- seins et satisfasse ses besoins et que, d'inutile ou de nuisible même qu'elle était pour lui, elle devienne utile. Donc, si l'homme ne crée pas la substance des choses, il *crée* **l'utilité** *qui les rend propres à satisfaire un besoin* et qui, par suite, leur donne une *valeur*.

De même, lorsqu'on mange du pain, on ne détruit pas la matière dont on fait le pain. mais on *consomme l'utilité du pain*, c'est-à-dire la propriété qu'a la farine de froment, cuite avec de l'eau, du levain et du sel, de fournir un ali- ment substantiel; le pain cesse immédiatement d'exister, quoique les matières dont il était composé continuent à sub- sister sous une autre forme. Lorsqu'on porte un chapeau, on *consomme l'utilité du chapeau*, laquelle consiste à être une coiffure convenable ou même élégante pour abriter la tête; le chapeau, en vieillissant, perd peu à peu cette utilité, si bien qu'on finit par le mettre au rebut. Quand on cultive un champ, on *consomme l'utilité du champ*, c'est-à-dire la force végétative de la terre qui produit les récoltes. Quoique le champ subsiste toujours, l'utilité qu'on en pouvait tirer pour une récolte est consommée; mais, chaque année, on peut consommer une nouvelle utilité, parce que, chaque année, cette force se renouvelle par l'action de la nature et par les soins du cultivateur.

Tout objet matériel qui possède la qualité d'être utile est une **richesse.** La richesse d'une nation se compose de l'ensemble de toutes les choses utiles que cette nation possède.

Dans le langage ordinaire, on dit qu'un homme est riche quand il a des biens en abondance. Dans le langage économique, il n'est pas d'homme si pauvre qui n'ait et qui ne consomme de la richesse; car les haillons du mendiant sont de la richesse et les aliments grossiers dont il se nourrit sont aussi de la richesse.

Les *richesses naturelles* sont celles que la nature fournit d'elle-même. C'est ainsi qu'une contrée dont le sol est fertile ou renferme des mines est plus riche qu'une contrée dont le sol est stérile et ne contient pas de minéraux utiles.

Les **richesses commerciales** sont celles que l'homme crée par son industrie, c'est-à-dire par son activité laborieuse, ou qu'il a utilisées en les appropriant à ses besoins. Comme les richesses naturelles se transforment en richesses commerciales dès qu'elles ont été appropriées par l'homme et exploitées par son travail, ces dernières constituent, en réalité, *toute la richesse* qui peut être vendue et achetée et qui, par conséquent, compte dans la fortune d'une nation.

La richesse comprend, d'une part, la **terre,** qui est, avec son *sol,* ses *matières premières* et les *forces de la nature appropriées,* un instrument de production, d'autre part, les **produits,** qui sont le résultat de l'industrie humaine, comme le blé récolté dans le champ ou comme la locomotive fabriquée dans l'usine, et qui peuvent être employés soit comme objets de consommation pour satisfaire des besoins personnels, soit comme instruments de production.

8. Les forces productives. — La puissance économique d'un individu ou d'une nation ne se compose pas seulement d'objets matériels. Comparez, en effet, la destinée de deux jeunes gens dont l'un aurait reçu en héritage de beaux habits et un peu d'argent, mais qui serait inintelligent et paresseux, et dont l'autre aurait reçu une instruction solide et serait énergique et intelligent ; il est très vraisemblable que le second créera, grâce à son travail, et finira, au bout de quelques années, par posséder plus de richesse que le premier.

En effet, les **forces productives** sont les *sources de la richesse*. Elles sont de deux espèces :

1° Les **forces de la nature**, qui, étant étroitement unies à la matière, peuvent être classées parmi les richesses naturelles, quand elles ne sont la propriété de personne, et parmi les richesses commerciales, quand elles ont été appropriées ;

2° La **force productive de l'homme**, que celui-ci manifeste par son travail et par son intelligence et *qui est par excellence la cause efficiente de la richesse ;* car c'est l'homme qui agit et qui emploie les forces de la nature et les richesses naturelles ou commerciales pour créer d'autres richesses.

La puissance économique d'une nation se compose donc de *richesses* et de *forces productives*. Les dernières l'emportent sur les premières, comme le champ l'emporte sur le blé qu'on y a récolté, le pommier sur les pommes qu'on vient d'y cueillir, l'artiste sur le tableau qu'il a peint.

9. Définition de quelques autres termes. — Nous reviendrons plus loin sur la plupart des définitions que nous donnons, à titre de notions préliminaires, dans cette introduction et qui sont nécessaires pour comprendre le sujet que nous avons à traiter. Il y a encore quelques autres termes dont il est utile de connaître le sens avant d'entrer en matière.

Le **travail** est l'*application de la force productive de l'homme à la production de quelque utilité.*

Le *résultat utile du travail* n'est pas toujours un *produit*, c'est-à-dire un objet matériel ; il peut consister dans un **service**. Un médecin rend un service à son malade en lui prescrivant une hygiène et des remèdes qui le guériront ; une bonne rend un service à ses maîtres quand elle nettoie leurs vêtements ou apprête leur dîner.

On peut fondre les deux termes, production et service, dans une définition plus générale. Lorsqu'un homme crée pour son propre usage un produit qui lui est utile, il se rend service à lui-même ; lorsqu'il vend à un autre homme un produit créé par lui, il rend service à cet homme, et il reçoit de lui en retour un service équivalent par le payement de sa marchandise. On est donc en droit de dire que *toute création d'utilité, sous forme de produit matériel ou de service personnel, est, en réalité, un* **service** *et que toute l'activité économique a pour objet la production et l'échange de services.*

L'industrie *est l'application de l'activité humaine à la production et à la circulation de la richesse.*

L'échange *est l'acte par lequel un homme vend à un autre un produit ou un service personnel contre un pro- duit ou un service équivalent.*

La **valeur** *d'un produit est la quantité de marchandises qu'on donne pour obtenir par échange ce produit.* Le *prix* *est la valeur exprimée en monnaie.*

RÉSUMÉ

L'économie politique est la science de la richesse, autrement dit, la *science morale* qui a pour objet l'étude des lois naturelles suivant lesquelles, dans l'*état social*, l'**homme** *produit, échange* et *consomme* la **richesse.**

L'économie politique est une science d'observation. La statistique est son auxiliaire.

Il y a *trois phases* de la richesse et *quatre grandes divisions* de l'économie politique : 1re phase : **produc- tion et répartition;** 2e phase : **circulation;** 3e phase : **consommation.**

Le mouvement économique roule sur trois termes, *deux termes extrêmes,* le **besoin,** qui tourmente, et la **satisfaction,** qui apaise, et *un terme moyen,* l'**effort,** qui procure la satisfaction.

L'homme, par la production, ne crée ni matière ni force, il crée de l'**utilité.** — L'utilité est la qualité qui rend les choses propres à satisfaire un besoin.

La **richesse** se compose de l'ensemble des objets matériels ayant de l'utilité. — Il y a les richesses naturelles et les richesses commerciales.

Les **forces productives**, forces de la *nature* et forces de l'*homme*, sont les sources de la richesse.

Le **travail** est l'application de la force productive de l'homme à la production de quelque utilité. — Le résultat de cet effort peut être un *service* ou un *produit*. — Au fond, toute l'activité économique a pour objet la production et l'échange de **services**.

PREMIÈRE PARTIE

LA PRODUCTION DE LA RICHESSE

I

LA PRODUCTION ET SES CONDITIONS

Sommaire. — 10. Les sources de la production. — 11. Les conditions générales de la production.

10. Les sources de la production. — La production de la richesse exige la coopération de plusieurs éléments. Pour faire son œuvre, l'ouvrier emploie des matières premières, des outils et met en jeu des forces de la nature; ainsi l'agriculteur a besoin de la terre pour produire des récoltes.

La terre, la matière brute, les forces physiques sont du domaine de la nature. Le travail est le résultat immédiat de l'activité de l'homme. L'outil, la matière et la terre appropriées participent à la fois de la nature qui a fourni la substance et de l'homme qui en a fait ou en a augmenté l'utilité par son travail; ils constituent un élément particulier, d'origine mixte, qu'on nomme *capital*.

Donc *l'homme et la nature sont les sources premières de la production de toutes les richesses commerciales.*

11. Les conditions générales de la production. — On peut dire aussi par comparaison que l'homme et la nature sont les deux pôles de la production : la nature, réservoir inépuisable des forces physiques et de la matière, étant en quelque sorte le pôle négatif; l'homme, être actif et intelligent, étant le pôle positif. Car c'est lui qui veut et qui agit, qui exerce son activité soit sur lui-même pour conserver et développer sa force productive, soit au profit de ses semblables auxquels il rend des services, soit sur la nature dont il met en œuvre les forces et les matériaux.

L'homme contribue doublement à la production : par son *travail* et par ses *capitaux*. Nous venons de dire que les capitaux ont une origine mixte; ils sont formés de produits épargnés, c'est-à-dire non consommés; ils sont en quelque sorte du travail humain incarné dans la matière et conservé par l'épargne.

Aussi peut-on définir de la manière suivante la *production industrielle*, celle qui crée des *produits :*

*L'homme, par son **travail**, c'est-à-dire par l'effort de ses muscles et de son intelligence, et à l'aide de son **capital**, c'est-à-dire à l'aide de produits de son travail épargnés. communique de l'utilité à la **matière** en employant les forces physiques;* autrement dit, *l'homme **utilise** la* **nature.**

La création d'utilités qui consiste en *services* peut être définie de son côté :

*L'homme se rend utile à l'homme par son **travail.***

En présentant ces définitions sous une forme synoptique, on fait mieux comprendre la relation des diverses parties :

SOURCES DE LA RICHESSE	ÉLÉMENTS DE LA PRODUCTION			RÉSULTATS
De l'action de l'HOMME (*principe actif* et seul facteur de la richesse) sur la NATURE (*principe passif*).	fournissant : { son travail et son capital fourn. : { les forces physiques et matières non appropriées; la terre. forces et matières appropriées.	{ musculaire... intellectuel.... (produit résultant d'un *travail antérieur*, c'est-à-dire de l'action de l'homme sur la nature).	1er élément. 3e élément. 2e élément.	Il résulte : les *services*. { les *produits*.

On peut même dire, en confondant la définition de la production matérielle et celle des services en une formule, plus concise, mais sur laquelle il serait dangereux d'appuyer un raisonnement si l'on ne se rappelait pas toujours que travail implique ici deux éléments bien distincts, puisqu'il signifie à la fois travail proprement dit et capital :

La production est du travail (travail et capital) créant de l'utilité.

Tout travail n'est donc pas nécessairement une production, puisque produire ne consiste pas à se donner un mouvement stérile, mais à *créer de l'utilité*. Le résultat seul tranche la question. En travaillant, l'homme consomme des produits, d'abord sa subsistance et son entretien personnel; en second lieu ses matières premières, ses outils qu'il use; il détruit, par conséquent, des utilités, et il n'a réellement produit que si, *tout compte fait, la somme des utilités qu'il a créées est supérieure à la somme des utilités qu'il a détruites.*

Qu'a-t-il produit dans cette hypothèse? Précisément l'excédent de l'utilité créée sur l'utilité consommée. L'utilité créée s'appelle le *produit brut*; l'excédent s'appelle le *produit net*. Mais, si l'utilité créée est moindre que l'utilité consommée, il y a *perte* de richesse et appauvrissement.

C'est par le produit net que les individus et les sociétés s'enrichissent. Cependant la considération du produit brut, dont vit une grande partie de la population, est très importante pour juger de l'économie générale d'un peuple.

Nous étudierons dans l'ordre suivant les *trois éléments de la production* : **nature, travail, capital.**

RÉSUMÉ

Définition du *produit*. L'homme, par son **travail** et son **intelligence** et à l'aide de son **capital**, c'est-à-dire à l'aide des produits épargnés de son travail, communique de l'utilité à la *matière* en employant les *forces physiques*.

2

Sources de la production : **l'homme**, principe actif, et la **nature**, principe passif.

Les trois éléments de la production sont : **travail, capital, nature** (terre et forces physiques non appropriées).

La production est du travail (travail et capital) créant l'utilité.

II

LA NATURE

SOMMAIRE. — **12.** La nature et les agents naturels. — **13.** La terre.

12. La nature et les agents naturels. — La nature comprend la totalité de la matière et de la force qui existe dans le monde; elle est le grand réservoir d'où l'homme tire les éléments de sa production. Elle lui fournit la *matière*, comme l'air, l'eau, la terre, les plantes, les animaux, et les *forces* inhérentes à cette matière, comme la chaleur, l'électricité, le vent, le cours des rivières, la puissance végétative, l'énergie musculaire et même l'intelligence des animaux.

La nature fournit à l'homme cette matière et ces forces tantôt en *quantité illimitée* ou à peu près, comme l'air que nous respirons, l'eau de la mer, et même, dans un grand nombre de cas pour les riverains, l'eau des rivières, tantôt en *quantité limitée*, comme le diamant ou comme la terre elle-même. Cette distinction est importante, car elle donne lieu à des phénomènes économiques très différents.

Quoi qu'il en soit, ces éléments, matière ou forces, illimités ou limités, ne se présentent pas à l'homme combinés d'avance en vue de la plus grande utilité qu'il en puisse retirer. Il faut, suivant l'expression de la Bible, que l'homme mange son pain à la sueur de son front. Dans les contrées dont il n'a pas encore pris possession et où la nature domine sans partage, les terrains les plus fertiles se couvrent, avec les siècles, de forêts magnifiques sans doute, mais où il est presque impossible de pénétrer autrement qu'avec la hache et où les grands carnassiers et les reptiles venimeux règnent en souverains. Dans les vallées où s'est accumulée la terre végétale, les rivières épandent leurs eaux et des marais pestilentiels couvrent l'humus qui pourrait donner les plus riches récoltes. Les fleuves abondent en poissons ; mais ici les rives détrempées sont inabordables, là des animaux malfaisants en rendent les abords dangereux. Les torrents descendent des hauteurs en grondant et en dévastant ; les richesses minérales sont enfouies dans les entrailles de la terre, déguisées sous diverses combinaisons et cachées d'ordinaire dans les régions les moins accessibles. Aussi n'y a-t-il rien de plus misérable et de plus précaire que l'existence des peuplades sauvages qui abandonnent à la nature le soin de régler la production de leur subsistance.

Au point de vue économique, les éléments naturels de la production se divisent en trois catégories :

1° Les *forces non susceptibles d'être appropriées*, parce qu'elles ne s'incarnent pas dans une portion de la matière et qu'elles sont en quantité illimitée, comme l'air, la lumière et la chaleur du soleil. Ne pouvant pas être appropriées, elles ne deviennent pas des valeurs, excepté dans quelques cas exceptionnels, ainsi que nous l'expliquerons plus loin. Mais elles sont des utilités de premier ordre, comme l'air que nous respirons, ou des agents très efficaces dans certaines industries, comme la lumière du soleil pour la photographie, et elles donnent leurs services gratuitement, puisqu'on se les procure sans avoir besoin de les acheter. On peut dire en général que les forces de la nature, sans la coopération desquelles l'homme ne saurait rien produire, ne sont pas par elles-mêmes susceptibles d'être appropriées, mais que la plupart cependant le sont indirectement par l'appropriation de la portion de matière à laquelle elles sont inhérentes.

2° La *matière qui, susceptible d'appropriation, n'est pas appropriée ou reste ordinairement à l'état de propriété collective*. Tels sont les cours d'eau flottables et navigables ;

telle est la mer, que certaines nations maritimes ont tenté en vain de s'approprier autrefois, mais qui cependant, dans le voisinage des côtes, est considérée comme propriété de l'État riverain pour des raisons économiques et politiques.

3° La *matière qui est appropriée et qui, dans une civilisation avancée, a généralement le caractère de propriété individuelle*.

Les deux dernières catégories sont le plus souvent réunies sous le nom de **terre**.

Les forces de la nature ont une telle importance pour la production que la formation des groupes de population et le développement de la civilisation sont en grande partie subordonnés à leur existence. Les zones glaciales sont à peu près désertes. La zone torride est peuplée; mais la continuité de la chaleur et l'exubérance de la végétation y énervent l'énergie de l'homme, excepté sur quelques points favorisés d'un climat meilleur. C'est dans la zone tempérée que toutes les grandes civilisations se sont formées, et, quand on étudie l'histoire des principales contrées de cette zone, on trouve dans le climat, dans la nature du sol, dans la situation géographique de chacune d'elles des raisons de leur richesse et la preuve des *rapports intimes* qui existent *entre le mode et le degré de développement économique des nations, d'une part, et, d'autre part, les conditions physiques de la contrée qu'elles occupent*.

13. La terre. — L'expression de **terre** comprend :

1° La *mer*, qui appartient à tout le monde et qui sert à la navigation et à la pêche, la *portion de mer appropriée* dans le voisinage des côtes où se trouvent les pêcheries et les parcs et qui est réservée, comme propriété nationale, aux pêcheurs de la nation;

2° Les *eaux douces*, qui sont des propriétés publiques ou des propriétés privées et qui, outre l'eau qu'elles fournissent pour tous les usages de la vie, servent à la navigation, à la pêche et produisent des forces motrices;

3° La *surface du sol*, c'est-à-dire la terre proprement dite, qui sert à l'agriculture, aux constructions, aux routes, et le *sous-sol*, où se trouvent les carrières et les mines.

La *terre* proprement dite, qui est le fonds agricole, est de beaucoup la catégorie la plus importante.

Il est facile de voir tout ce que le cultivateur doit à la terre, puisque c'est la terre qui est labourée, la terre dans laquelle germent les plantes, la terre qui nourrit et qui porte les moissons, les arbres, les fruits. Il est impossible d'imaginer une culture, quelle qu'elle soit, dont la terre ne fournisse pas le fonds; les fleurs que l'on cultive dans un pot, sur une fenêtre, ne poussent que parce qu'on y a mis de la terre, et celles qu'on peut faire venir dans l'eau ne sauraient se passer de cette eau, laquelle est comprise dans l'expression de terre et est même partout une condition indispensable de la fertilité.

C'est la terre aussi qui nourrit les animaux, puisque les animaux se nourrissent soit de végétaux qui poussent sur la terre ou dans l'eau, soit d'animaux nourris eux-mêmes de végétaux. S'il n'y avait pas de prairies, de foin et de légumes, comment vivraient dans notre pays les vaches dont nous buvons le lait et les bœufs dont nous mangeons la viande? Comment vivrait l'homme, puisqu'il se nourrit uniquement de végétaux et d'animaux terrestres ou aquatiques et que la seule substance minérale dont il fasse un usage ordinaire pour son alimentation, le sel, est un produit de l'eau de mer?

Quand on considère les choses avec attention, on voit que la terre fournit aussi la substance de toutes les industries, comme elle fournit tous les produits de l'agriculture. Entrez dans une grande forge. Qu'est-ce qui en a fourni l'emplacement? Évidemment c'est la terre. Qu'est-ce qui a fourni les matériaux pour la construction des bâtiments? La terre, car c'est de son sein que sont tirés les pierres, les ardoises, les métaux; c'est avec ses matériaux que le verre est fabriqué, c'est grâce à elle que les bois de construction poussent. Qu'est-ce qui a fourni la substance des outils et machines? La terre, puisque ces outils sont de métal ou de bois. Qu'est-ce qui a fourni la matière première que l'on travaille dans l'usine? La terre, puisque cette matière est du minerai.

La terre et les produits de la terre sont donc absolument nécessaires à toute production. Il importe cependant de distinguer les produits, qui constituent un genre de capital, et la terre, qui constitue un autre genre.

La terre est toujours une richesse naturelle, pourvu qu'elle soit douée de quelque fertilité ou qu'elle renferme des minéraux utiles; mais elle n'est pas toujours un capital. Car nous verrons que capital signifie instrument de production. Or la terre n'acquiert cette dernière qualité que lorsque le travail de l'homme l'a exploitée afin d'y créer de la richesse. Il y a d'immenses contrées qui ne sont pas exploitées. Elles sont sans habitants; nul n'y a pris possession de la terre. Quoique la terre, n'étant à personne, n'y coûte rien, bien peu d'hommes sont tentés de s'y établir, parce que, dans de pareilles conditions, la terre ne fournirait au travail qu'un instrument de production trop peu productif pour faire vivre le travailleur : celui-ci y mourrait de faim dans l'isolement.

Cependant, dans certaines conditions, un travailleur qui ne craint pas de dépenser pendant plusieurs années beaucoup de peine et d'endurer des privations en vue de se créer un capital peut trouver avantage à aller dans un pays lointain pour s'approprier ou, plus souvent, pour acquérir à très bas prix des terres inoccupées : c'est ainsi que commencent les colonies. Toutefois il ne faut pas oublier qu'elles ne réussissent que grâce à un travail considérable et persévérant qui finit par faire de la terre vierge un capital.

Il s'en faut de beaucoup que toutes les terres, lorsqu'elles sont appropriées par l'homme et exploitées, possèdent au même degré la qualité de capital. Les unes sont naturellement peu fertiles, d'autres très fertiles ; les premières sont de médiocres instruments de production, les secondes sont d'excellents instruments. C'est pourquoi ces dernières ont plus de valeur que les autres, de même qu'un bateau à vapeur vaut plus qu'une chaloupe et qu'une machine à coudre vaut plus qu'une aiguille, parce qu'ils rendent plus de services.

Cependant l'importance des terres considérées comme instruments de production dépend moins de leurs qualités naturelles que du travail par lequel l'homme a su les fertiliser, de l'utilité qu'il a su donner à leurs produits et de l'emploi qu'il peut faire du fonds. C'est ainsi qu'il y a en France des hectares de terre rendant chaque année 40 hecto-litres de blé, tandis que d'autres en rendent moins de 12, que de petites pièces de terre produisent à des maraîchers, près d'une grande ville, une valeur de plusieurs milliers de francs par an, tandis que de vastes landes du Midi ne produisent pas 10 francs; que, dans certains quartiers de Paris, on vend le mètre carré aussi cher que l'hectare dans quelques parties de la France, quoiqu'un hectare contienne 10 000 mètres carrés.

Comme la terre est tout appropriée dans les contrées civili-sées, elle constitue la propriété immobilière ou **propriété foncière**. Comme elle est un instrument de production, elle est désignée aussi par le nom de **capital foncier**; ces mots comprennent, il est vrai, non seulement la terre elle-même, mais toutes les améliorations foncières qui y ont été faites et les constructions qui y ont été élevées.

Dans les pays non civilisés, la terre est une richesse naturelle à laquelle le travail de l'homme n'ajoute rien; il ne fait que recueillir les fruits et racines qui poussent, spon-tanément ou saisir les animaux qui y vivent. La terre ne peut pas y être considérée comme un capital, puisqu'elle n'est pas un instrument de production et qu'elle ne procède pas d'un travail épargné.

Dès que l'homme met du bétail dans une prairie, la terre devient un instrument de production; elle n'a cependant encore que vaguement le caractère de capital.

Lorsque l'homme l'enclôt, la laboure, l'ensemence, la sarcle, elle est évidemment un capital; car elle est devenue un instrument de production dont la productivité est due principalement à la somme de travail que l'homme y a en quelque sorte enfouie. C'est pourquoi certains économistes, remarquant que la terre ne vaut rien par elle-même, que personne ne s'empresse d'aller prendre possession des im-menses espaces qui restent encore inappropriés sur le globe dans des contrées désertes ou sauvages, que la terre n'ac-quiert en général de la valeur que quand l'homme l'a tra-vaillée et qu'elle l'acquiert à peu près dans la mesure du travail dépensé soit sur le fonds même, soit dans le voisinage du fonds de manière à lui communiquer de l'utilité, ont pensé que le capital foncier ne se distinguait pas essentiellement des autres capitaux, et qu'il suffisait à l'analyse économique de distinguer *deux éléments de la production* ayant droit à une rémunération, *le* **travail** *et le* **capital** *mettant en œuvre par leur action combinée les forces gratuites de la nature.*

Il y a une grande part de vérité dans cette théorie. Néanmoins la conclusion est excessive. La terre appropriée est sans doute un capital, mais un capital d'une nature tout à fait distincte et qu'il convient, par conséquent, de distinguer par l'analyse scientifique, tout en montrant la parenté qui unit les diverses espèces de capitaux.

Les capitaux mobiliers sont susceptible: d'un accroissement indéfini, et, par conséquent, il peut arriver qu'on les livre à meilleur marché, même quand leur emploi a considérablement augmenté. *La terre*, ou capital foncier, *est en quantité limitée* dans chaque contrée; cette quantité n'est pas susceptible d'accroissement, et, quand la terre est plus demandée, il faut la payer plus cher.

La terre fournit, directement (végétaux et minéraux) ou indirectement (animaux), la substance de tous les produits de l'industrie humaine. Les autres capitaux ne sont que des produits faits de cette même substance; ils ne fournissent que des moyens de production.

Les capitaux mobiliers sont tout entiers le résultat du travail et de l'épargne ou de la plus-value des richesses déjà créées. *La terre contient en elle, soit une puissance productive qui lui est propre,* la force végétative, laquelle varie considérablement d'un sol à l'autre et établit de grandes différences dans la valeur des terres, soit une *force motrice,* la chute d'eau, soit des *richesses naturelles* que l'homme n'a qu'à exploiter, comme, par exemple, la forêt ou la mine. Cette puissance, cette force et ces richesses ne proviennent pas de l'épargne et elles fécondent le travail de l'homme, en même temps qu'elles sont fécondées par lui.

Ce sont autant de différences qui distinguent le capital-terre des autres capitaux.

Les quatre principaux emplois économiques de la terre sont : l'agriculture, le lieu des constructions, la pêche, les mines. L'agriculture, qui nourrit les hommes, est le plus important.

RÉSUMÉ

Dans l'œuvre de la production, la **nature** fournit les forces non susceptibles d'être appropriées, la matière qui, susceptible d'appropriation, n'est pas appropriée ou reste ordinairement à l'état de propriété collective, la matière qui est appropriée et qui, dans une civilisation avancée, a généralement le caractère de propriété individuelle. — Il existe des rapports intimes entre le mode et le degré de développement économique des nations, d'une part, et, d'autre part, les conditions physiques de la contrée qu'elles occupent.

La **terre**, dans le langage économique, comprend la portion de mer appropriée, les eaux douces, la surface du sol, le sous-sol. Elle constitue le **capital foncier**.

Lorsqu'on dit : Le **travail** et le **capital**, mettant en œuvre les forces gratuites de la nature, sont les deux éléments de la production, il faut ajouter : La terre est un capital d'une espèce distincte; elle est en quantité limitée; elle fournit la substance de tous les produits de l'industrie humaine; elle contient en elle une puissance productive, une force motrice et des richesses naturelles qui lui sont propres.

III

LE TRAVAIL

Sommaire. — 14. Le travail. — 15. Le travail musculaire et le travail manuel. — 16. Le travail intellectuel. — 17. L'art et la science dans l'industrie. — 18. Le rôle de la science dans la production. — 19. Le bon marché et la gratuité des services de l'intelligence. — 20. Le capital intellectuel.

14. Le travail. — Nous savons que le **travail** est l'application de la force productive de l'homme à la production de quelque utilité, qu'il est la principale source de la production, le rôle prédominant appartenant à l'homme dans cette œuvre ; que la nature est l'instrument passif, tandis que le travail est l'agent actif. C'est en mettant en lumière cette vérité fondamentale qu'Adam Smith a mérité le titre de père de l'économie politique.

L'homme est à la fois un corps et une intelligence ; quand il travaille, le corps se meut et l'intelligence le dirige. Aussi distingue-t-on deux espèces de travail : le *travail musculaire* et le *travail intellectuel*.

En réalité, tout travail, quel qu'il soit, suppose une coopération du corps et de l'esprit. Car, d'une part, le travail le plus matériel, celui du manœuvre tournant une manivelle par exemple, ne pourrait avoir lieu, si son cerveau ne commandait aux muscles de ses bras et ne réglait la direction et la vitesse du mouvement ; d'autre part, la leçon du professeur ou la pensée de l'écrivain, qui sont au nombre des travaux les plus intellectuels, ne pourraient se manifester si la bouche n'exprimait les paroles ou si la main ne conduisait la plume.

Néanmoins la distinction est fondée ; elle signifie prédominance de l'action musculaire ou de l'action intellectuelle.

15. Le travail musculaire et le travail manuel. — Nous avons dit qu'à quelque travail que l'homme se livre, il est obligé de faire agir ses muscles. Nous pouvons ajouter que, quelque aidé qu'il soit par des machines dans le mouvement à imprimer à la matière, il faut toujours que ses bras ou ses pieds commandent et dirigent ce mouvement.

On appelle ordinairement *travail manuel*, c'est-à-dire travail des mains, tout travail dans lequel prédomine l'action musculaire. Or il n'est pas de produit industriel qui n'exige une dépense plus ou moins considérable de travail musculaire ; le travail manuel est ainsi un des facteurs essentiels de la production.

En traitant de la répartition, nous dirons combien on le paye ; il suffit ici de voir comment il agit. Il peut être accompli par diverses espèces de personnes, soit des artisans travaillant pour leur propre compte, soit des ouvriers et des employés travaillant pour le compte d'autrui.

Il peut être plus ou moins efficace suivant l'objet auquel on l'applique et suivant l'outillage dont on l'arme. Cependant la question de la faculté de travail inhérente à l'homme est distincte de celle de l'outillage ; nous traiterons plus loin de la direction et de l'outillage.

L'efficacité du travail en lui-même dépend surtout de la *force musculaire* du travailleur, de son *intelligence* et de sa *moralité professionnelle*.

La première condition est toute physique. Le *sexe* et l'*âge* mettent à cet égard de notables différences entre les individus : c'est pourquoi le travail des femmes et celui des enfants sont en général moins rétribués que le travail des hommes. La *race* exerce aussi une influence marquée ; ainsi un entrepreneur a observé que les terrassements de chemin de fer dans l'Inde revenaient au même prix qu'en Angleterre, quoique les ouvriers hindous fussent payés 4 pence 1/2 à 6 pence par jour, tandis que les ouvriers anglais gagnaient près de dix fois plus, et cela à cause de la différence de productivité du travail des deux races. Les *conditions climatériques*, chaleur, humidité, miasmes paludéens, exercent aussi une influence considérable en raidissant ou en amollissant l'énergie des populations. Entre plusieurs personnes de même sexe et de même âge, il y a des différences qui tiennent à la *vigueur individuelle* et qui influent sur la quantité de travail.

Toutefois ces différences ont pour limite supérieure la force corporelle des hommes les plus vigoureux, laquelle s'élève rarement au double ou au triple de la force d'un homme ordinaire.

Les qualités intellectuelles et morales mettent entre les hommes des différences beaucoup plus grandes que les qualités corporelles. Une population qui, ayant de bons salaires, se donne une nourriture substantielle, un certain *bien-être* et qui contracte des habitudes de propreté et d'ordre, est capable d'un travail plus efficace qu'une population misérable. Des individus qui ont appris leur métier par une longue pratique ou par un sérieux apprentissage, ceux qui ont l'esprit développé par une instruction générale et professionnelle, ceux auxquels la nature et l'exercice ont donné une dextérité d'organes particulière ont plus d'*adresse* et d'*habileté*, et leur travail est plus productif.

Il ne suffit pas d'avoir la force et l'intelligence nécessaires pour le travail : il faut avoir aussi la volonté de travailler et l'empire sur soi-même. Le flâneur, pendant qu'il est au travail, se laisse souvent distraire; le paresseux, qui, préférant son plaisir à son ouvrage et même à son gain, chôme le lundi et même d'autres jours, fournit au bout de la semaine une somme de travail insuffisante. Celui, au contraire, qui a le *sentiment du devoir*, qui emploie consciencieusement son temps à l'atelier et qui y vient assidûment, est un ouvrier qui rend assurément plus de services que le paresseux ou le flâneur.

Le milieu social dans lequel les ouvriers vivent exerce à cet égard une grande influence sur leurs mœurs. S'ils sont au milieu de flâneurs et de paresseux, les esprits faibles — et c'est d'ordinaire le plus grand nombre — finissent par prendre aussi de mauvaises habitudes. S'il y a, au contraire, une forte discipline dans les manufactures de la contrée, si la population ouvrière se fait à elle-même une obligation de la régularité et du travail, les enfants et les jeunes gens prennent de bonne heure et conservent le pli du bien. C'est ce qui se voit dans certaines localités industrielles des États-Unis, où des jeunes filles, convenablement élevées et ayant le sentiment de leur dignité personnelle, travaillent dans les filatures et les tissages. C'est ce qui a lieu souvent aussi quand les ouvriers ont un intérêt personnel quelconque au succès de l'entreprise; le travail à la tâche, bien organisé, peut produire des effets de ce genre. Un économiste anglais a pu dire : « Partout où vous trouverez un pays riche, soyez certain qu'il y a un peuple soumis à la loi morale et obéissant au devoir. »

La surveillance intérieure que le travailleur exerce sur lui-même par sa volonté a une influence beaucoup plus directe et plus efficace pour le résultat de la production, au double point de vue de la qualité et de la quantité des produits, que la surveillance extérieure des contremaîtres et du patron, que les règlements d'atelier et même que les primes promises à l'activité. Ce qu'on appelle la *conscience de l'ouvrier* peut être considéré comme une des qualités maîtresses du travailleur et surtout du salarié.

16. Le travail intellectuel. — Si tout travail manuel suppose une certaine action de l'intelligence, tout travail intellectuel, avons-nous dit, ne se manifeste extérieurement — et il faut qu'il devienne extérieur pour contribuer à créer un produit ou pour rendre un service — que par une certaine action musculaire.

Pour décider si un travail est intellectuel, il y a non seulement une question de degré, mais une question d'espèce. Un bon ciseleur qui déploie une habileté et un goût dignes d'un artiste fait cependant un travail manuel. L'*artiste*, qui de ses mains a composé la maquette d'après laquelle le fondeur a coulé le bronze et le ciseleur lui a donné le fini, a fait un travail qu'on peut nommer intellectuel, parce que dans ce dernier cas l'art l'emporte sur la main-d'œuvre.

Dans une grande fabrique, l'*ingénieur* qui est chargé de la direction des machines et qui, par ses observations et ses calculs, invente une disposition des arbres de couche et des poulies de renvoi qui augmente la quantité de force disponible ou économise la dépense de combustible, fait un travail intellectuel très profitable ; ce sont des ouvriers qui, par un travail manuel, exécuteront ses plans. Le *patron* qui lit sa correspondance à chaque courrier, qui donne à ses commis ses instructions pour les réponses à faire et pour les comptes à dresser, qui expédie ses ordres d'achat et fait ses offres de vente, qui se promène dans ses ateliers en surveillant les contremaîtres et les ouvriers, fait un travail intellectuel qui est de la plus grande importance ; car c'est de lui que dépend principalement le succès ou l'insuccès de l'entreprise : suivant la gestion de l'entrepreneur, toute la somme des efforts et des capitaux dépensés dans l'établissement aboutit à une création d'utilité ou à une perte.

Artiste, ingénieur, patron font les uns et les autres des travaux intellectuels.

Les qualités que réclame le travail manuel s'appliquent aussi au travail intellectuel. Mais il y en a une qui domine incontestablement et de très haut toutes les autres : c'est *l'intelligence.*

Nous montrerons plus loin quelle puissance exerce l'intelligence dans l'œuvre de la production. Nous pouvons cependant dire déjà que, si les différences entre les qualités corporelles sont très limitées, si celles qui proviennent de l'habileté manuelle sont limitées aussi, quoique leurs bornes soient plus reculées, *les différences qui peuvent exister entre deux individus sous le rapport du travail intellectuel sont illimitées,* comme le sont les perfectionnements de l'industrie par la science. Les principaux effets de l'intelligence appliquée à la production sont :

1° Sur la *matière* : *découvrir* des matières ou des forces inconnues ; donner de *nouveaux emplois* et partant plus d'utilité à des matières et à des forces connues ; *prévenir le gaspillage* de la matière ou de la force employée ; *perfectionner l'outillage.*

2° Sur l'*homme* : *accroître l'habileté individuelle* du travailleur ; *diriger le travail manuel* ou lui donner une *direction plus profitable ;* tirer un parti plus avantageux des forces combinées pour la production par *une division et une organisation meilleures du travail.*

17. L'art et la science dans l'industrie. — Dans tous les pays et dans tous les temps, l'industrie humaine a reçu sa lumière d'en haut : l'intelligence est en quelque sorte descendue sur le travail manuel et l'a fécondé en lui inspirant, par les règles de l'art, le sentiment du *beau*, et, par les méthodes de la science, les moyens les plus économiques d'atteindre l'*utile*.

Mais l'intelligence n'a pas toujours fait sentir son action bienfaisante de la même manière et avec la même puissance.

L'art varie avec les temps. Il se perfectionne, se raffine, il peut dégénérer comme les sociétés dont il exprime certaines tendances et dont il résume l'esprit; dans ses efforts pour traduire par des formes sensibles l'idée du beau telle que la conçoivent chaque siècle et chaque civilisation, il est plus instinctif ou du moins plus spontané que la science, qui exige de longues réflexions et des expérimentations accumulées. C'est pour cette raison que l'antiquité, dont le trésor scientifique était encore peu considérable, a pu briller dans l'art d'un si vif éclat et laisser des modèles dont la pureté et la simplicité n'ont jamais été dépassées. C'est aussi pour cette raison que *l'industrie a eu l'art pour premier maître reconnu*, et qu'elle s'est mise docilement, dès les temps les plus reculés jusqu'à nos jours, sous sa discipline, bâtissant les demeures, façonnant les meubles et les ustensiles conformément aux types que l'architecture, la sculpture, la peinture proposaient à son imitation. L'industrie a donné ainsi à ses productions un cachet particulièrement distingué aux époques où l'art lui-même a été le plus florissant, comme en Grèce au siècle de Périclès, en Italie et en France au temps de la Renaissance.

Le goût artistique est un des modes de l'application de l'intelligence au travail que développent le spectacle des chefs-d'œuvre et l'étude du dessin : toute nation désireuse de conserver ou de donner à ses productions le cachet du beau doit le cultiver et le perfectionner avec le plus grand soin.

La **science** s'est tenue longtemps éloignée du travail,

parce que le travail manuel était généralement dédaigné autrefois, que les travailleurs étaient peu instruits et que la science elle-même n'avait pas une assez pleine possession des secrets de la nature pour tracer des règles à la pratique.

Nous parlons ici, bien entendu, de la science proprement dite, celle qui est professée par les savants; car, si nous comprenions sous ce nom toute connaissance raisonnée des choses, nous dirions que l'influence scientifique s'étend sur tous les temps sans exception, parce que tous les outils relèvent d'une pensée scientifique. C'est en effet une pensée de ce genre qui a appris aux premiers sauvages à attacher avec une arête de poisson la peau de bête dont ils se couvraient, aux hommes des habitations lacustres à percer un os pour s'en faire une aiguille et aux hommes civilisés à remplacer cet os par une fine tige d'acier. La somme de ces connaissances constitue à chaque époque l'*art industriel*. Il faut bien distinguer l'art proprement dit, dont nous venons de parler, et l'art industriel, qui consiste dans l'ensemble des procédés employés par l'industrie et qui dérive de la science.

C'est au xviiie siècle que la science proprement dite a fait, pour ainsi dire, son entrée dans la manufacture : *Watt et Lavoisier ont été ses introducteurs*, apportant, l'un la machine à vapeur, l'autre la chimie. La machine à vapeur, substituant aux bras des manœuvres et aux manèges une force régulière et considérable, a peu à peu transformé les fabriques, dont tous les engins ont été soumis aux lois de la mécanique; la chimie, en mettant les éléments des corps à la disposition de l'industrie, n'a pas moins contribué à transformer les fabriques. Actions mécaniques et actions chimiques, c'est-à-dire mouvements et combinaisons de la matière, s'accomplissent aujourd'hui dans l'usine avec la même régularité que dans le laboratoire du savant; l'industriel a, comme le savant, la connaissance raisonnée de leurs causes et de leurs effets.

Il ne se fait pas aujourd'hui une découverte dans le domaine de la spéculation théorique qui ne passe presque aussitôt dans le domaine de l'application pratique, qui n'y soit essayée et qui ne devienne bientôt, si elle est jugée bonne, une des armes ordinaires de l'arsenal industriel. La pratique, enrichie par la spéculation, fournit à son tour à celle-ci un immense champ d'expérimentation, la presse de questions et l'oblige à préciser et à compléter ses découvertes. *Il s'établit ainsi entre la science et l'industrie un courant continu qui profite à l'une et à l'autre :* c'est un résultat de l'étude méthodique de la nature et un des traits caractéristiques du travail au xixᵉ siècle.

18. Le rôle de la science dans la production. — Il est utile de remarquer qu'en général les muscles de l'homme servent beaucoup moins à façonner directement le produit qu'à mettre en jeu d'une manière convenable les forces de la nature qui le façonnent. C'est ordinairement l'outil qui travaille; les muscles, mus par l'intelligence, n'ont qu'à le diriger et obtiennent un effet d'autant plus utile que l'outil est meilleur.

Exemple. — L'enfant qui lance une pierre à la main dépense lui-même une force égale à celle qu'il communique au projectile; mais, s'il se sert d'une fronde, la force centrifuge fait une part de la besogne; s'il se sert d'un arc pour décocher une flèche, l'élasticité du bois en fait une part plus grande; s'il se sert d'un fusil pour envoyer une balle, la force d'expansion des gaz en fait une bien plus grande encore; avec un très léger effort qui consiste simplement à poser la cartouche et à presser la détente, il projette une masse de plomb à une distance et avec une vitesse dont n'aurait jamais pu approcher l'effort le plus énergique de l'homme le plus robuste.

Autre exemple. — Un homme porte sur son dos dans une hotte — laquelle est déjà un instrument ingénieux inventé par l'intelligence humaine pour faciliter le transport des fardeaux — environ 60 kilogrammes et fait moins de quarante kilomètres dans sa journée. Le même homme, avec une brouette — instrument plus ingénieux que la hotte — porte facilement une centaine de kilogrammes. Un cheval muni d'un bât en portera 200; attelé à une charrette, il en trainera 700; mais, pour atteindre à ce résultat, il a fallu déjà que l'homme eût fait du cheval un animal domestique, qu'il eût inventé la charrette et construit des routes qui facilitent la circulation des voitures : autant d'efforts de l'intelligence et du travail dont chacun représente une étape de la civilisation. Ce n'est pourtant rien encore à côté de la locomotive, qui, dirigée par deux personnes, un chauffeur et un mécanicien, peut remorquer un train avec un poids de 700 000 kilogrammes et avec une vitesse décuple de celle d'un piéton. Trois personnes (en comptant le conducteur du train) font, grâce à l'invention des chemins de fer, un travail qu'une armée de dix mille portefaix ne parviendrait pas à faire, puisqu'elle pourrait bien charger le fardeau dans ses hottes, mais non le transporter en une journée à la même distance.

Plus les outils se perfectionnent, plus, en général, l'action musculaire des travailleurs tend à diminuer et plus, pour les perfectionner, l'action intellectuelle doit s'accroître.

Or ce qui perfectionne les outils, c'est la **science**, et, par ce mot, nous entendons cette fois, d'une part, l'*art industriel* à tous ses degrés, depuis l'art tout élémentaire du cordonnier qui a imaginé, depuis bien des siècles sans doute, de se servir d'une courroie appelée tire-pied, pour maintenir sur son genou le soulier qu'il fabrique et conserver la libre disposition de ses deux mains, jusqu'à la machine électrique qui donne de la lumière ou de la force, et, d'autre part, la *science pure*, depuis la science d'observation du chimiste, qui dans les fermentations de la matière découvre le secret de la guérison des maladies, jusqu'à la science du mathématicien, qui, en fixant les lois du calcul infinitésimal, seconde puissamment l'astronomie, et, par suite, la navigation. Grandes ou petites, toutes les inventions industrielles se rattachent à la science pure qui les a, directement ou indirectement, engendrées et qui les explique.

On voit combien vaste est ce domaine, qui est, en quelque sorte, l'arsenal de la civilisation, et combien est grand le *rôle de la science et de l'intelligence dans la production.*

L'homme ne saurait agir sur la matière, fût-ce seulement pour remuer une pierre de taille, sans prendre dans cet arsenal une idée et un outil.

10. Le bon marché et la gratuité des services de l'intelligence. — Si nous voulons faire comprendre avec plus de précision l'importance des services de l'intelligence par le bon marché qu'ils procurent, nous devons anticiper sur un sujet que nous étudierons plus loin en traitant de la répartition et du prix.

Pour produire, il faut du travail et du capital; il faut aussi une certaine science qui dirige le travail et qui en règle le meilleur emploi. Travail et capital doivent être toujours rémunérés, et d'autant plus largement, en général, comme nous le montrerons, que la production est plus abondante. Il n'en est pas de même du troisième élément : *la science donne au début ses services au rabais, bientôt elle les donne gratuitement.*

En effet, pourquoi une invention, c'est-à-dire une création nouvelle de la science, se fait-elle accepter dans une industrie? C'est évidemment parce qu'elle permet de créer un produit nouveau ou de fabriquer le même produit à moins de frais ou d'obtenir avec les mêmes frais un produit meilleur; de toute manière, l'invention adoptée implique une diminution de l'effort nécessaire pour atteindre une certaine satisfaction : **la science économise le travail.** De cette économie profite tout d'abord, soit le vendeur, qui a plus de bénéfice, soit l'acheteur, qui acquiert l'objet à un moindre prix, souvent l'un et l'autre à la fois dans une certaine mesure. Quoi qu'il en soit, on peut dire que *la science permet d'abord à l'industrie d'obtenir des produits à bon marché.*

Comment, de là, passe-t-on à la *gratuité des services de l'intelligence?*

Dans cent ans ou dans mille ans, il faudra payer le capital, lequel s'use et se renouvelle sans cesse. On le payera probablement d'autant moins cher qu'il sera plus abondant; néanmoins il faudra lui assurer toujours une rémunération suffisante pour déterminer les hommes à épargner et à créer des capitaux. D'ailleurs, comme nous le montrerons aussi, une industrie perfectionnée emploie beaucoup de capitaux et a, par conséquent, une grosse somme d'intérêts à payer.

Il faudra payer aussi le travail; car l'ouvrier qui donnera son temps et sa force aura toujours besoin de dépenser pour vivre. Nous pouvons même affirmer qu'on le payera d'autant plus cher que les progrès de l'industrie seront plus grands. Il faut se féliciter de cette tendance : un bien-être plus répandu est précisément une des meilleures conséquences du développement de l'industrie.

Peut-on donc payer davantage tous les facteurs de la production et avoir cependant le produit à bon marché? Cette question a embarrassé les premiers économistes qui l'ont étudiée, et plusieurs ont déclaré qu'une hausse générale des salaires était une absurdité. En effet, si le total de la production et le nombre des producteurs restaient les mêmes, comment serait-il humainement possible de donner plus à chacun, plus à l'intérêt du capital, plus au salaire de l'ouvrier, voire même plus au profit de l'entrepreneur? Si les métaux précieux, surabondant, perdaient la moitié de leur valeur, on pourrait sans doute donner aux uns et aux autres 2 francs au lieu de 1 franc; mais chaque franc ne procurerait plus qu'une quantité de marchandises moitié moindre : ce ne serait pas la solution du problème.

Cette supposition nous rappelle un des procès qu'eut à vider Sancho-Pança dans son gouvernement de l'île de Barataria. Un paysan défiant, ayant donné à un tailleur la quantité de drap nécessaire pour faire un chaperon, voulut voir si le tailleur ne le trompait pas et n'était pas homme à garder pour lui une partie du drap; il lui demanda en conséquence s'il pouvait, avec la même étoffe, faire deux chaperons. — Oui, je le puis, répondit le tailleur. — Le paysan, étonné de cette réponse et toujours défiant, demanda si l'on en pouvait faire trois. — Oui. — Et quatre? et cinq? — Oui, oui. — Et, quelques jours après, le tailleur, ayant consciencieusement employé toute l'étoffe, apporta cinq chaperons propres à coiffer des poupées.

Il est, en effet, évident que, tant que le total des produits reste invariable, on ne saurait augmenter le nombre des parts qu'en faisant chaque part plus petite.

Ce que les premiers économistes n'avaient pas vu, c'est que dans la production industrielle le total des produits n'est pas invariable : l'étoffe s'agrandit. Car l'étoffe, c'est la richesse nationale, et cette richesse, on n'en saurait douter, a beaucoup augmenté depuis un siècle dans les sociétés modernes, beaucoup plus que le nombre des co-partageants, en France particulièrement, à cause du lent accroissement de la population. Tandis que la population française augmentait dans la proportion de 1 à 1 1/2, le commerce extérieur, qui n'est pas, il est vrai, la mesure, mais qui est un indice de la production, s'est élevé dans la proportion de 1 à 7 1/2.

A l'intelligence et aux services gratuits qu'elle rend est dû en grande partie ce progrès. Nous ne payons plus l'intelligence dépensée il y a cinquante ans, quoiqu'elle soit toujours pour nous une très productive collaboratrice.

Dans cinquante ans, on ne payera plus l'intelligence que nous dépensons aujourd'hui et qui, tombée depuis longtemps dans le domaine public, continuera à faciliter gratuitement les travaux de nos petits-enfants, comme les efforts d'intelligence de nos pères facilitent les nôtres.

C'est ainsi qu'on se sert du levier en payant simplement la valeur de la barre de fer et la journée de l'ouvrier qui le manœuvre, mais sans avoir rien à donner à l'inventeur, quel qu'il ait pu être.

Que penseriez-vous d'un constructeur qui, supputant la puissance de sa machine, dirait : « Elle vous rendra autant de services que cent chevaux ; il est juste que je vous la vende cent fois plus cher qu'un cheval de trait. » Vous ririez de lui et vous iriez chez le constructeur voisin, qui, calculant d'une manière plus raisonnable, dirait, comme ses concurrents : « Ma machine m'a coûté tant en matières premières, tant en salaires ; j'y ajoute tant pour mes frais généraux et pour mon bénéfice ; le total est le prix pour lequel je vous la céderai. » Vous achèteriez à ce dernier, et vous profiteriez gratuitement de l'idée d'employer la vapeur comme force motrice. Rien de plus légitime, puisque cette idée est tombée dans le domaine public et que le constructeur en avait lui-même profité gratuitement pour établir sa machine.

Ainsi ce facteur qu'on nomme **intelligence** se distingue des deux autres en ce qu'*il tend à fournir promptement sa coopération à titre gratuit,* sans que la valeur intrinsèque du service qu'il rend devienne pour cela moindre.

Cette démonstration sera rendue plus sensible par l'exemple suivant. Supposons une fabrique de calicots qui, dans le principe, fonctionnait avec un petit nombre de métiers à bras et qui, grâce aux perfectionnements de la science, s'est transformée en une grande manufacture avec une machine à vapeur et un grand nombre de métiers mécaniques. Dans ce dernier état, qui exige beaucoup plus de capital non seulement comme premier établissement, mais comme fonds de roulement, la production est plus considérable. C'est précisément l'outillage nouveau, mis à la disposition des travailleurs par la science, qui leur permet de produire davantage à moins de frais et qui même exige qu'ils produisent davantage dans le même temps. C'est lui qui est la cause de l'économie réalisée : il est en quelque sorte la clef du mystère; il fournit l'explication du **paradoxe économique** suivant :

Étant donné que le prix de vente d'un produit se compose du salaire des ouvriers, du prix des matières premières, de l'intérêt des capitaux et du profit de l'entrepreneur, il est possible, grâce à la **science,** *de créer un* **produit à meilleur marché,** *avec des* **matières plus chères,** *des* **salaires plus élevés, plus d'intérêt** *pour le capital et, en définitive, avec un profit* **plus considérable** *pour l'entrepreneur.*

Ce paradoxe semble, au premier abord, signifier que plus ajouté à plus égale moins : ce qui serait un contresens en arithmétique.

Mais, lorsqu'on examine les chiffres du tableau ci-joint, on voit clairement qu'il n'y a pas là de contresens; il y a une loi économique. On comprend même, en y réfléchissant, que c'est une loi d'harmonie et de progrès et qu'elle est de nature à dissiper certaines craintes d'antagonisme entre les diverses classes de travailleurs et d'appauvrissement des

ÉLÉMENTS DE LA PRODUCTION	PRODUCTION DE CHAQUE OUVRIER DE LA FABRIQUE PAR TRIMESTRE				Augmentation de la part afférente à chacun des trois éléments par trimestre.	Part proportionnelle pour 100 de chacun des éléments de la production dans la valeur du produit.	
	PROCÉDÉS ANCIENS TRAVAIL A LA MAIN (métiers à bras)		PROCÉDÉS PERFECTIONNÉS PAR LA SCIENCE (métiers mécaniques)			PROCÉDÉS ANCIENS	PROCÉDÉS PERFECTIONNÉS
	Dépense et valeur par pièce de calicot.	Dépense totale et valeur pour une production de 10 pièces par trimestre et par ouvrier.	Dépense et valeur par pièce de calicot.	Dépense totale et valeur pour une production de 50 pièces par trimestre et par ouvrier.			
Capital : Matière première..	6 fr.	60 } 80 fr.	7 fr.	350 } 550 fr.	470 fr.	27,27	38,88
Outillage et frais généraux........	2	20	4	200		9,10	22,23
Salaire de l'ouvrier............	10	100	5	250	150	45,45	27,73
Profit du patron..............	4	40	2	100	60	18,18	11,11
	22 fr.	220 fr.	18 fr.	900 fr.		100	100

masses qu'avaient conçues certains économistes au commencement du xix° siècle.

Indépendamment de la loi générale, il y a un phénomène accessoire qui mérite d'être signalé : la valeur du produit diminuant en même temps que le salaire augmente, le revenu trimestriel de l'ouvrier, qui, dans le premier cas, était égal à 4 pièces 1/2 de calicot (4,5454), est, dans le second, presque égal à 14 pièces (13,888), et l'ouvrier bénéficie ainsi doublement du progrès scientifique, parce qu'il vend son travail plus cher et parce qu'il achète moins cher certaines marchandises.

20. Le capital intellectuel. — Toute la masse des connaissances scientifiques, des inventions industrielles, des procédés et même des tours de main de fabrique que les générations se transmettent et accroissent constamment dans une société civilisée constitue un immense réservoir de forces productives. C'est assurément *un des trésors les plus précieux de la civilisation*, et, ainsi que nous venons de le voir, *une des causes les plus efficaces de la multiplication des produits et de leur bon marché :* c'est le **capital intellectuel.**

Il y a un autre genre de capital, dont nous parlerons dans le chapitre suivant : c'est le capital matériel, celui pour lequel on réserve d'ordinaire l'expression de capital.

En réalité, le *capital social de l'humanité* se compose d'un *fonds matériel* et d'un *fonds intellectuel*, c'est-à-dire de la somme des capitaux et de l'ensemble des idées et des intelligences. C'est sur ce double fondement que la civilisation est assise. Tous deux sont très précieux : le devoir de chaque génération est de les conserver l'un et l'autre, de les accroître et de les transmettre augmentés à la génération suivante.

Le fonds intellectuel est le plus précieux des deux, parce qu'il est la source la plus abondante de la richesse, parce qu'il répartit avec le plus de libéralité ses bienfaits et qu'il est celui dont la perte se répare le plus malaisément. Quand une armée ennemie a ravagé le territoire d'une nation civilisée, la nation se remet à l'œuvre après la retraite des destructeurs et quelques années suffisent parfois pour effacer la trace matérielle de leur passage : la France l'a éprouvé en 1814, en 1815 et en 1870. Mais quand la barbarie vient à étendre ses ténèbres sur une belle contrée, comme on l'a vu à l'époque des invasions germaniques du ve siècle, il faut ensuite de longs siècles pour la tirer de la misère et pour y faire briller de nouveau les lumières de l'intelligence.

Le capital intellectuel se trouve en réserve dans les ouvrages des savants et, par conséquent, dans les bibliothèques. Il se transmet par la lecture et par l'enseignement. Les savants et les inventeurs l'accroissent; il s'enrichit de toutes les découvertes théoriques et de tous les perfectionnements pratiques que l'incessante activité de l'esprit humain produit. Les professeurs, les publications utiles de tout genre, la conversation, l'apprentissage, les conseils des hommes expérimentés contribuent de diverses manières à le faire circuler. Il opère en vue de la production industrielle par l'organe de tous ceux qui ont reçu une instruction quelconque et qui travaillent. De toute façon, de nos jours, avec la facilité des communications et la multiplicité des rapports internationaux, les découvertes ne peuvent pas demeurer longtemps le secret d'un homme ou le privilège d'une nation, mais elles circulent et entrent promptement dans le domaine général de l'humanité [1].

RÉSUMÉ

Le travail musculaire diffère selon l'âge, le sexe, la race, la vigueur individuelle et plus encore selon les qualités intellectuelles (adresse, etc.) et les qualités morales (assiduité, etc.) des personnes. — Le **travail intellectuel** a une puissance productive beaucoup plus grande que le travail musculaire et, pour ainsi dire, illimitée.

L'art et la science sont les deux grands maîtres de l'industrie.

1. Voir plus loin, chapitre v, les questions relatives à l'organisation du travail.

Plus les outils sont perfectionnés par la science, plus, en général, l'action musculaire des travailleurs tend à diminuer et l'action intellectuelle à s'accroître.

La science donne au début ses services au rabais, puis bientôt elle les donne gratuitement.

Paradoxe économique : Étant donné que le prix de vente d'un produit se compose du salaire des ouvriers, du prix des matières premières, de l'intérêt des capitaux et du profit de l'entrepreneur, il est possible, grâce à la *science*, de créer un *produit à meilleur marché* avec des *matières plus chères*, des *salaires plus élevés*, *plus d'intérêt* pour le capital, et, en définitive, avec un *profit plus considérable* pour l'entrepreneur.

Aussi le capital intellectuel est-il un des trésors les plus précieux de l'humanité et une des causes les plus efficaces de la multiplication des produits et de leur bon marché.

IV

LE CAPITAL

Sommaire. — 21. L'épargne. — 22. Le capital et le fonds de consommation. — 23. Le renouvellement du capital. — 24. L'importance du capital dans la production. — 25. Le rôle du capital à l'égard du travail. — 26. Les capitaux productifs et improductifs. — 27. Le capital fixe. — 28. Les machines. — 29. L'influence des machines sur l'état intellectuel des ouvriers. — 30. L'influence des machines sur le déplacement des intérêts. — 31. Le capital circulant.

21. L'épargne. — Le travail est le premier élément de la production. Il n'est pas le seul, puisque, dans tous les travaux de la civilisation et même dans presque tous les travaux de l'état sauvage, l'homme s'aide d'outils et emploie des matériaux diversement préparés, lesquels représentent toujours un travail antérieur et une richesse déjà créée.

Cette richesse figure aussi au nombre des éléments de la production : elle est le **capital**, et *le capital a sa source principale dans l'épargne.*

Nous avons dit que l'économie politique était une science morale, ayant ses principes d'action dans des qualités inhérentes à la nature morale de l'homme. En effet, nous avons trouvé d'abord l'*activité* laborieuse et intelligente qui crée. Nous rencontrons maintenant une seconde qualité également indispensable, la *prévoyance* donnant naissance à l'**épargne**, qui ménage, conserve et amasse.

L'épargner, *c'est ne pas dépenser immédiatement pour la satisfaction de ses besoins personnels tout le produit de son travail ou tout son revenu;* la partie réservée est précisément l'épargne. Celui qui ne réserve rien est un *imprévoyant.* Celui qui, possédant un capital, productif ou non de revenu, ne se bornerait pas à consommer pour des satisfactions personnelles tout le revenu, mais ne saurait même pas s'abstenir de consommer immédiatement une partie ou la totalité du capital et qui tuerait ainsi la poule aux œufs d'or, serait plus qu'imprévoyant : il serait *prodigue.*

Prenons pour exemple élémentaire de l'influence de l'épargne deux hommes, seuls dans une île, l'un pêchant, l'autre chassant, tous deux échangeant une partie de leurs produits afin de varier leur nourriture. Supposons que le pêcheur ait la vertu de la prévoyance et que le chasseur ne l'ait pas.

Le chasseur consomme, jour par jour, le gibier qu'il a tué ou le poisson qu'il a obtenu par échange, tantôt beaucoup, tantôt peu, selon la fortune; les mois s'écoulent pour lui sans améliorer son sort et sans le mettre à l'abri des horreurs de la faim si la maladie venait à le saisir ou si la chance lui était obstinément défavorable. Ainsi agissent les peuplades sauvages; c'est une des raisons pour lesquelles elles croupissent dans une profonde misère.

Le pêcheur, au contraire, fait constamment deux parts de sa pêche ou du gibier qu'il achète avec sa pêche. Il en mange une, jour par jour, pour se nourrir. Mais, dût-il se priver, il en réserve une autre, grande ou petite, comme il peut; il la sale ou la fume; il fait, en un mot, des provisions qui d'abord lui auraient assuré sa subsistance, si le poisson était venu à manquer pendant quelque temps, et qui ensuite lui permettent d'employer des journées entières à faire de meilleurs filets ou à se bâtir une cabane. Ses provisions s'accumulent sous diverses formes, telles que celle du filet, qui est un outil destiné à rendre de longs services, et de la cabane, qui abritera le propriétaire pendant le reste de ses jours. Ce propriétaire s'élève bientôt à une position très supérieure à celle du chasseur; il devient relativement riche : c'est à l'épargne qu'il doit cet avantage. Non seulement il jouit de plus de commodités pour la vie, mais, ayant plus d'outils et de meilleurs outils, il fait désormais chaque jour une pêche plus lucrative que n'est la chasse de son voisin.

Cet exemple est une image simple des faits qui se reproduisent constamment et sous les formes les plus diverses dans l'état social.

Les deux vertus cardinales de l'économie politique sont le **travail** *et l'* **épargne**, *que l'on peut nommer le principe créateur et le principe conservateur de la richesse*.

Il y a quatre états possibles à ce point de vue :

1° Un homme qui ne posséderait ni l'une ni l'autre vertu et qui n'aurait pas un capital dont le revenu, fructueusement placé entre les mains d'un producteur, le fît vivre, ou une famille qui recueillit son infirmité et sa vieillesse, serait, au point de vue économique, un être inutile, on pourrait même dire presque un être nuisible à la richesse sociale, puisque son existence ne servirait qu'à en diminuer la masse.

2° Un homme qui n'aurait que le travail sans l'épargne serait pour ainsi dire condamné à rouler le rocher de Sisyphe, c'est-à-dire à recommencer toujours la même besogne sans être jamais plus avancé; cependant, grâce surtout au mécanisme de l'échange, une partie des fruits de son travail pourrait être épargnée par d'autres et profiter à la société.

3° Un homme qui s'emploierait seulement à conserver les épargnes antérieurement faites par lui ou par ses parents serait utile à la société, par cela même qu'il lui assurerait la jouissance continue d'un certain capital.

4° L'homme le plus utile à lui-même et à ses semblables

dans les conditions ordinaires de la vie économique est celui qui réunit les deux vertus, produisant beaucoup et consommant moins qu'il ne produit : *travailleur et économe*. Chacun doit s'appliquer de bonne heure, en contractant l'habitude de l'activité et de l'économie, à devenir un de ces hommes.

Ce qui est désirable pour chaque individu en particulier est indispensable pour les sociétés considérées dans leur ensemble; toute société qui ne réunirait pas le travail et l'épargne serait infailliblement condamnée à végéter et même à dépérir.

22. Le capital et le fonds de consommation. — L'épargne n'est que le premier terme d'une évolution complexe; elle représente l'abstinence, le sacrifice de la jouissance immédiate en vue d'un profit ultérieur; mais elle ne constitue pas par elle-même le profit. Un avare qui entasserait dans sa cave écus sur écus pendant toute la durée d'une longue existence ne tirerait pour son bien-être réel aucun avantage de ses accumulations successives et priverait momentanément la société des richesses qu'il retirerait de la circulation. Les *épargnes*, une fois faites, peuvent être *utilisées pour la production*, *c'est-à-dire employées en instruction*, *en outils, en matières premières, en salaires, en instruments de production*, afin de former l'homme, de seconder ou de payer son travail : c'est ce qu'on appelle **capitaliser**, dans le sens le plus large du mot.

Toutefois l'expression de **capital**, sans qualificatif, est ordinairement réservée par les économistes et doit l'être, afin d'éviter la confusion du langage, aux *capitaux matériels;* les sommes dépensées pour l'instruction ne figurent pas dans cette catégorie, parce qu'elles sont employées à enrichir le capital intellectuel, lequel appartient à la catégorie des forces productives.

Toutes les épargnes ne sont pas immédiatement capitalisées. Chacun, en pareille matière, est juge de l'opportunité : l'économie politique se borne à poser comme principe qu'*il est bon que le plus d'épargnes possible soient le plus promptement possible capitalisées*.

Dans le langage ordinaire, le mot capital désigne souvent toute espèce de richesse. La langue économique ne lui donne pas ce sens, à la fois étendu et vague, parce qu'il est bon de désigner les choses distinctes par des expressions distinctes.

Toute richesse n'est donc pas nécessairement du capital et n'est pas destinée à le devenir. Les revenus des rentiers ne sont pas des capitaux. Quoique les salaires soient payés par le capital, ils ne sont plus un capital dès qu'ils sont en la possession des ouvriers et que ceux-ci les dépensent pour vivre. Il y a ainsi une grande partie du revenu d'une nation qui forme le **fonds de consommation,** ou fonds de jouissance, c'est-à-dire la *portion de la richesse dépensée pour l'entretien personnel et pour les consommations de luxe.*

On conçoit qu'une même somme puisse passer de la catégorie du capital dans celle du fonds de consommation. Ainsi, au moment où le patron tire de sa caisse l'argent pour la paye de ses ouvriers, c'est un capital qu'il donne, et l'ouvrier, lorsqu'il compte cet argent à son boulanger, puise dans son fonds de consommation.

Dans quelques cas, relativement rares, le capital peut avoir une autre origine qu'un produit du travail humain. C'est ce qui a lieu quand, par droit d'accession, une bande de terre s'ajoute à la propriété d'un riverain, ou quand, dans une contrée inhabitée, le premier occupant ensemence un champ.

Pour qu'il y ait capital, il faut trois conditions :

1° Un *produit* ou une chose matérielle appropriée par l'homme ;

2° *L'épargne* de ce produit ;

3° *L'emploi en vue d'une production* ou, suivant un terme fréquemment employé, en vue de la reproduction, puisque le capital est un produit et qu'il est consommé en vue de reproduire une nouvelle richesse.

Les deux premières sont les conditions préalables : d'elles dépendent l'abondance ou la rareté du capital. Si l'on produit peu, il sera de toute impossibilité qu'il y ait beaucoup de capitaux ; d'autre part, si, tout en produisant beaucoup, on épargne peu, il sera encore impossible d'avoir beaucoup de capitaux ; car production, épargne, consommation, capital sont des phénomènes liés entre eux par des rapports étroits.

La somme totale des capitaux d'une nation se compose de toutes les épargnes accumulées antérieurement et qui, n'ayant pas été encore détruites par l'usage ou par le temps, sont utilisées ou propres à être utilisées présentement. Quand le corps social est en état de santé, c'est-à-dire quand la société n'est pas sous le coup d'une crise passagère ou dans une période de décadence, à cette somme totale des capitaux préexistants, conservés ou renouvelés, s'ajoute annuellement la somme des capitaux formés dans l'année. Cette dernière provient de l'*épargne de l'année*, laquelle *est égale à l'excédent de la production sur la consommation improductive*. Si l'on a beaucoup produit et beaucoup consommé, l'excédent est faible et peut être nul; si l'on a beaucoup produit et beaucoup épargné, l'excédent est considérable.

Il peut arriver qu'on n'épargne pas du tout et qu'on consomme plus qu'on n'a produit dans l'année; dans ce cas, le corps social n'est pas en état de santé et la nation est obligée, pour subsister, de consommer une portion des capitaux antérieurement formés.

23. Le renouvellement du capital. — La troisième condition, l'emploi, est celle qui caractérise essentiellement le capital. Nous savons que toute épargne, qu'elle soit sous forme de produit ou d'argent, lorsqu'elle est appliquée à la production, devient par là même un capital. Elle peut être appliquée sous des formes très diverses. Cependant tous les capitaux ont comme trait commun d'être des **avances à la production** et, partant, de devoir *être récupérés, immédiatement et en totalité ou peu à peu et par parties, sur le produit qu'ils servent à créer.*

Quand on parle des capitaux accumulés, il ne faut pas se les figurer comme un monceau de richesses entassées, soigneusement mises en réserve, à l'abri de tout péril et de toute cause de destruction, et grossies d'année en année par une nouvelle addition de capitaux, comme serait une pyramide d'Égypte à laquelle chaque génération superposerait successivement une assise de pierres. Ancien ou récent, *le capital est toujours en activité*, et cela par essence, puisque la richesse épargnée ne devient capital qu'autant qu'elle est employée. *Les capitaux ne sont productifs qu'à condition d'être consommés.*

Des capitaux que nous possédons aujourd'hui, lesquels nous viennent de nos pères? A l'exception des grands monuments qui sont demeurés à travers les âges et des travaux d'utilité publique, jetées, ports, routes, constructions, qui datent aussi quelquefois de loin, mais qui ne sont en état de servir que grâce à de fréquentes réparations, c'est-à-dire à des apports de capitaux faits par les générations successives, nous serions bien embarrassés de le dire. Les capitaux de nos pères ont été consommés pour créer des produits qui, devenant capitaux à leur tour, ont été consommés eux-mêmes pour donner naissance à de nouveaux produits. C'est un *renouvellement perpétuel* et une chaîne sans fin.

Voici une machine à vapeur : c'est du capital. Comment a-t-elle été construite? A l'aide d'un capital qui a payé les salaires, le fer et les autres matériaux. Ce capital lui-même, d'où venait-il? Peut-être d'un cultivateur-propriétaire qui l'avait prêté à l'usine et qui l'avait formé par des épargnes faites sur ses récoltes annuelles. Comment ce cultivateur avait-il pu faire ces épargnes? Sans doute parce qu'il était laborieux et vigilant, mais aussi parce qu'il avait un bon outillage, acheté avec les capitaux que lui avaient légués ses pères, et des terres assainies et amendées par les travaux de plusieurs générations, c'est-à-dire par du capital incorporé dans le sol.

Nous récoltons 100 millions d'hectolitres de froment. Est-ce une pure création tirée du néant par le travail des cultivateurs durant une année? Non certes. Ces cent millions n'existent que parce qu'il existait auparavant un capital et qu'une partie de ce capital, de valeur moindre, il faut l'espérer, mais considérable cependant, a été consommé en engrais, en semences, en nourriture et en salaire de journaliers, en outils, en animaux de travail; ce capital lui-même avait été formé anciennement ou récemment, par la transformation de capitaux antérieurs. On en dirait autant de tous les produits de notre agriculture et de notre industrie.

« *Si le capital existant*, a dit John Stuart Mill, *se trans-*

met d'année en année, de siècle en siècle, ce n'est pas par sa conservation, mais par sa reproduction perpétuelle. L'accroissement du capital est semblable à l'accroissement de la population. Tout individu qui naît meurt, mais le nombre de ceux qui naissent excède le nombre de ceux qui meurent. »

24. L'importance du capital dans la production. — Quel rôle important le capital joue dans la production, c'est ce qu'on comprend d'autant plus aisément qu'on vit soi-même dans une société plus riche.

Un sauvage, qui n'avait que son arc, se fatiguait une journée entière pour suivre ou pour épier un bison qu'il n'atteignait peut-être pas. Un fermier, dans un pays civilisé, a dans son étable de nombreux bestiaux, bœufs et moutons, qu'il peut abattre ou vendre à la boucherie par douzaines. Qu'est-ce qui fait que ce dernier a des prairies aménagées, du foin en grange, des bâtiments pour abriter ses bêtes et de jeunes animaux à engraisser? *C'est le capital.*

Un pêcheur, seul avec son filet, malgré son habileté, fera une pêche moins abondante que le propriétaire qui ouvre la vanne de son étang, le dessèche et fait ramasser à pleins paniers le poisson qui avait grandi durant plusieurs années. Qu'est-ce qui a permis à ce propriétaire de consacrer ainsi une vaste étendue de terre à ce genre de culture, d'y faire les travaux d'appropriation nécessaires, d'y mettre les premiers poissons et d'attendre? *C'est le capital.*

Voici un tisserand de campagne qui n'a pas les moyens de se procurer d'autre outil que son métier en bois, monté dans sa chaumière, près de son lit. Dans la même vallée, son voisin, riche manufacturier, a, dans un vaste bâtiment, cent métiers que mettent en mouvement plusieurs roues hydrauliques. Le premier a peine à faire dans un mois trois pièces d'une trentaine de mètres et gagne 30 sous par jour ou moins de 7 sous par mètre; le second, en se contentant d'un bénéfice moindre de moitié, gagne, tous les frais défalqués, 125 francs par jour avec ses métiers, qui battent plus régulièrement et plus vite. Qu'est-ce qui lui a permis de construire ce vaste bâtiment, d'installer ces grandes roues, ces nombreux engins, ces métiers de fer et de fonte? qu'est-ce qui lui permet d'acheter par avance de grandes quantités de fils, de payer beaucoup d'ouvriers et de garder quelquefois pendant des mois entiers beaucoup de pièces de toile en magasin? *C'est le capital.*

Ce rôle bienfaisant du capital s'étend au delà de la fabrique. A qui devons-nous dans une grande ville, telle que Paris, ces approvisionnements si variés de produits de toute sorte, capables de satisfaire tous les goûts et toutes les fantaisies des acheteurs? *Au capital,* qui permet au marchand d'emmagasiner et d'attendre. A qui devons-nous cette facilité et cette fréquence des communications dont les chemins de fer nous ont dotés et que les générations précédentes ne connaissaient pas? A la science d'abord, sans doute; mais aussi *au capital,* qui a permis à la science de réaliser ses plans et qui, à grands frais, a aplani la route, élevé les viaducs, percé des tunnels, garni les voies ferrées d'un coûteux matériel. A qui devons-nous cette multitude de constructions qui composent nos villes et nos villages? A qui devons-nous nos rues, nos égouts, nos routes et tous les travaux d'art de la civilisation qui constituent le fonds de la communauté? *Au capital.*

Pénétrons plus avant encore, jusque dans la partie de ce vaste domaine qu'on oublie souvent, parce qu'elle ne se présente pas aux regards sous une forme matérielle. Qu'est-ce qui a communiqué à l'homme civilisé cette grande puissance productive que nous admirons, dont nous jouissons et qui précisément procure un emploi fructueux à tant de capitaux matériels? C'est la science, avons-nous déjà répondu. Mais la science n'est pas une entité douée d'une existence indépendante; elle vit par l'homme et dans l'homme. C'est parce que les hommes s'instruisent que la science s'est formée, qu'elle se conserve et qu'elle se développe. Or, chaque jour, une grande quantité de capitaux est en quelque sorte déposée dans les générations vivantes, et principalement dans les jeunes générations, sous forme de leçons données par des professeurs, d'apprentissage chez un patron, d'études personnelles; le résultat est de maintenir constamment la société au niveau des connaissances acquises et d'élever ce niveau. C'est

donc encore *au capital* qu'est dû le développement de la
force productive par excellence, celle de l'homme, aussi bien
que la création des instruments de production. Nous ne ferons
pas entrer néanmoins ici cet article en ligne de compte, puisque nous l'avons classé plus justement dans le chapitre du
travail, sous le nom de capital intellectuel; mais il est bon de
marquer ici que *la formation du capital intellectuel exige
une dépense considérable en capitaux matériels.*

25. Le rôle du capital à l'égard du travail. — Un artisan
ne saurait vivre de son travail présent, car ce travail n'a pas
encore donné un produit consommable; forgeron, cordonnier,
il est évident qu'il s'entretient, pendant qu'il confectionne
une barre de fer ou un soulier, avec des produits antérieurs,
c'est-à-dire avec du capital. Boulanger ou cultivateur, il est
exactement dans le même cas; ce n'est ni le pain qu'il pétrit
en ce moment, ni le blé qu'il moissonne qui le nourrissent.
Entre l'artisan qui travaille pour son compte et l'ouvrier qui
reçoit un salaire, il n'y a pas à cet égard de différence fondamentale; tous deux vivent sur le capital, l'un sur son propre
capital, l'autre sur son salaire payé par le capital du patron.

Dans un pays civilisé, quelque atelier que l'on visite, on
voit toujours et partout le capital fécondant et payant le travail en plus ou moins grande abondance. *Toutes les constructions, tout l'outillage, toutes les matières premières,
tous les aménagements préparatoires, tous les salaires font
partie du capital.* Sans le capital, l'homme est pour ainsi
dire nu sur la terre et n'a, pour attaquer et soumettre la
nature à ses besoins, que ses mains, ses ongles et ses pieds.
La bêche du cultivateur et l'aiguille de la couturière sont
des capitaux. Quels faibles capitaux, il est vrai, à côté de
ceux que représentent nos grandes manufactures contem-
poraines, dans lesquelles les simples outils sont remplacés
par de gigantesques mécaniques, accomplissant automatiquement la plus grande et la plus ingrate partie de la besogne, centuplant la puissance effective du travailleur et ne lui
laissant plus pour ainsi dire d'autre peine que de régler par
l'intelligence humaine l'action des forces de la matière!

De tout ceci il résulte :

Que *le travail, dans une société civilisée, ne peut rien sans le capital, et que le capital ne peut jamais rien sans le travail; ce sont deux* **alliés nécessaires** *l'un à l'autre;*

Que *le capital alimente le travail,* puisqu'il paye les salaires et nourrit le producteur, qui est payé d'ordinaire après avoir fourni son travail, et qui consomme toujours pour vivre avant que le produit de ce travail ait pu être achevé et transformé par la vente en objets propres à sa consommation personnelle;

Que *le capital contribue à rendre le travail manuel moins pénible,* puisqu'il arme l'ouvrier d'outils plus perfectionnés;

Par conséquent, que *le* **capital commande le travail,** c'est-à-dire qu'*aucun travail ne saurait être exécuté,* dans l'état actuel de nos sociétés, *sans un capital préexistant;*

Enfin, que *la somme des travaux qui peuvent être entrepris est subordonnée, entre autres conditions, à la somme des capitaux disponibles.*

Nous pouvons donc conclure en disant : **Plus il y a de capital, plus il y a de travail.**

20. Les capitaux productifs et improductifs. — Quoique le propre du capital soit d'être engagé dans la production, on se sert souvent des expressions *capitaux productifs* et *capitaux improductifs.* En effet, une fois lancée dans le mouvement industriel, l'épargne est devenue capital; mais le capital peut cesser de fonctionner de temps à autre sans perdre sa qualité, pourvu qu'il conserve sa destination.

Exemples. — Une usine, pour cause de réparation ou faute de travail, se ferme; les bâtiments et les machines ne cessent cependant pas d'être un capital, mais ils deviennent momentanément un capital improductif. Un négociant a dans sa caisse une forte somme d'argent provenant de la vente de ses produits; il ne l'emploie pas à racheter des matières premières, soit qu'il prévoie une baisse prochaine du prix de cette matière, soit qu'il redoute une diminution dans la demande du produit : son argent est momentanément un capital improductif. C'est ce qui a lieu en temps de crise; le capital n'est pas nécessairement anéanti; mais il cesse d'être en mouvement, parce qu'il n'a pas la hardiesse ou parce qu'il n'a pas les moyens de s'engager dans de nouvelles affaires.

Il faut toutefois bien distinguer l'improductivité momen-tanée du capital et la destruction du capital. Si le négociant, au lieu d'attendre, avait dépensé en festins et en fêtes la somme d'argent qu'il avait en caisse, il eût privé à jamais son entreprise et la société de la puissance qu'avait ce capital de commander une certaine somme de travail. Mais, dans le dernier exemple que nous venons de donner, il n'a fait que la réserver; dès que l'occasion lui paraîtra favorable, il fera rentrer dans la circulation industrielle, cet argent qui y exer-cera de nouveau son influence.

27. Le capital fixe. — Il faut distinguer le *capital fixe* et le *capital circulant*. Cherchons à nous rendre compte de la nature de l'un et de l'autre, en prenant encore un exemple, celui d'une imprimerie.

Avant de s'installer dans le local qu'il a loué, l'imprimeur a dû le faire disposer pour y placer commodément son atelier de composition, ses presses, sa machine, ses bureaux : il a fait des *frais d'aménagement*, qui sont relativement considé-rables et qu'il ne peut récupérer que par un lent amortisse-ment. Quand le local s'est trouvé prêt, il a fallu que l'impri-meur achetât une machine à vapeur, qu'il la fît poser ua… l'établissement avec les transmissions nécessaires, qu'il munît ses ateliers de presses, de tables, de casses : il a fait ainsi les *frais du mobilier industriel*, qui sont généralement plus élevés que ceux de l'aménagement et dont le recouvrement est également lent. Les uns et les autres sont souvent confon-dus sous le nom de **frais de premier établissement** et font partie du capital fixe. Il est cependant utile de les dis-tinguer; car les dépenses d'aménagement font corps avec l'immeuble et sont entièrement perdues si l'industriel fait faillite ou change de local; le matériel peut être déplacé et conserve, en cas de déplacement, une partie de sa valeur.

Si l'industriel était propriétaire de la maison qu'il habite, la valeur de l'immeuble devrait entrer dans le total de ses capitaux fixes; s'il n'est que locataire, il paye le *loyer* aux termes convenus avec son capital circulant.

Une fois installé, l'imprimeur a besoin de se munir de rouleaux, de caractères typographiques, de formes et d'une foule d'autres objets qui constituent l'**outillage** du métier; cet outillage est encore du capital fixe, destiné à servir à une longue suite d'impressions. Il servira moins longtemps cependant que les presses et les casses; c'est pourquoi il est bon, quand on analyse le rôle du capital, de faire de l'outillage une catégorie particulière. Un industriel intelligent ira même plus loin; il remarquera non seulement que l'outillage fait un service moins long, mais que souvent même il fait un service moins régulier. Supposons que, dans sa collection de caractères, notre imprimeur ait des caractères arabes : voilà un matériel qui s'usera lentement, parce qu'il restera presque toujours dans un coin du magasin, à l'état de capital improductif. En calculant le prix de revient d'un livre arabe, l'imprimeur aura soin de tenir compte de cette différence.

A côté de ces capitaux matériels, nous pensons qu'il importe de mentionner, comme nous avons déjà commencé à le faire et sans pour cela le confondre avec les capitaux matériels, le *capital intellectuel* et *moral*, lequel ne figure pas dans un inventaire, mais qui n'en a pas moins une grande importance et une valeur commerciale très réelle : à savoir, le talent de l'industriel, la réputation de la maison, conséquence de ce talent, la marque de fabrique, les inventions et procédés de fabrication dont l'industriel a la jouissance légale par brevet ou dont il a su conserver le secret.

Le **capital fixe** *d'une entreprise comprend donc :*

1° *Le* **fonds de terre** *pour le cultivateur, les* **bâtiments** *pour le cultivateur et l'industriel;*

2° *Les* **améliorations foncières** *pour les industries agricoles et extractives, distinguées en améliorations permanentes, comme drainage, et en améliorations temporaires, comme marnage;*

3° *Les frais d'installation et le mobilier d'exploitation, constituant les* **frais de premier établissement;**

4° *L'***outillage**, *qui comprend les machines, et, pour les agriculteurs, le cheptel vivant et qui est lui-même une division du mobilier d'exploitation;*

5° *Le* **mobilier personnel** *de l'entrepreneur.*

Si l'on dressait l'inventaire du capital d'une nation, il faudrait faire entrer dans le capital fixe les *voies de communication,* les *édifices* affectés à un service public, etc.

28. Les machines. — Les machines forment une subdivision très importante de l'outillage. Elles sont de nos jours un des modes d'action les plus ordinaires et les plus énergiques du capital. Elles existaient à peine il y a deux cents ans, et l'économie politique, si elle avait alors existé elle-même à l'état de science distincte, les aurait volontiers confondues avec le reste de l'outillage. Elles ne sont en effet, à proprement parler, que des outils perfectionnés. La nature n'a armé le corps de l'homme que de pieds et de mains munis d'ongles. Tout ce que son intelligence a su y ajouter, depuis la ligne du pêcheur dont l'hameçon et l'appât vont jusqu'au fond de l'eau tromper et retenir le poisson, ou la houe du cultivateur qui fouille la terre, depuis la lime du serrurier qui mord le fer ou la truelle du maçon qui prend le plâtre, le glisse dans les interstices des pierres et en unit la surface, jusqu'à la machine à vapeur qui fait mouvoir tous les engins d'une grande usine ou à l'appareil télégraphique qui transmet et enregistre les dépêches, tout est **outil** ou **machine,** c'est-à-dire *instrument passif que la volonté du travailleur fait mouvoir.*

Tant que l'instrument est *mû par la main même du travailleur,* comme la lime, la scie, le marteau, le pinceau, on le désigne sous le nom d'**outil.**

On l'appelle **machine** lorsque *le travailleur ne fait plus que diriger un instrument dont il n'est pas le moteur.* Une scie circulaire qu'une machine à vapeur fait tourner et à laquelle le menuisier n'a qu'à présenter sa planche est une machine, tandis que la scie que conduit la main de son voisin est un outil. La bêche et le râteau sont des outils; la charrue et la herse sont des machines. La rame est un outil; l'hélice d'un bateau à vapeur est l'organe d'une machine.

On sent qu'il ne faudrait pas trop insister sur certaines nuances. La machine à coudre que l'ouvrière fait seule mouvoir est-elle, malgré son nom, un outil? Le vilebrequin est bien un outil ; la machine à percer dont se servent les serruriers en est-elle encore un, quoique l'ouvrier en fasse pénétrer la mèche sans avoir besoin d'appuyer la crosse sur sa poitrine? Aussi, pour les instruments de ce genre, a-t-on créé le nom de *machines-outils*.

Ce qui importe, c'est de bien comprendre, en premier lieu, que *l'homme ne saurait, pour confectionner un produit quelconque, se passer d'instruments, outils ou machines;* en second lieu, que *plus il a d'instruments perfectionnés, plus il peut obtenir de résultats utiles d'un même effort*. Il suffit de se rappeler ce que nous avons dit à propos du bon marché et de la gratuité des services de l'intelligence dans la production pour saisir la vérité de cette seconde proposition (voir § 18 et 19).

Citons cependant encore quelques exemples. Si avec la scie à main l'ouvrier peut débiter 100 mètres de planches dans sa journée, combien plus avantageuse est la scie mécanique, qui lui permet, dans une même journée et avec moins de fatigue, d'en débiter plus de 1000? Si la paysanne, avec sa quenouille, filait 5000 mètres dans sa journée, combien n'est pas plus avantageux le métier qui, muni aujourd'hui (moyenne des métiers perfectionnés anglais en 1892) de 2000 fuseaux faisant 9000 tours à la minute, permet à l'ouvrier de filer 2000 fois 10000 mètres ou 20 millions de mètres dans sa journée?

Un copiste transcrit, tant bien que mal, une quarantaine de pages dans sa journée. Gutenberg est venu et, en inventant l'imprimerie, il a mis aux mains de l'ouvrier une machine qui lui permet, une fois la composition faite, de tirer dans sa journée à cent mille exemplaires une même feuille contenant plus d'une trentaine de pages de copie. Depuis quatre siècles, la presse a reçu de nombreux perfectionnements, et, indépendamment des livres, brochures, etc., il sort chaque jour des ateliers typographiques de Paris un nombre de journaux tellement considérable que, si nous étions encore au temps des copistes, toute la population du département de la Seine, travaillant du matin au soir, ne suffirait pas à les écrire.

On pourrait réunir tous les forgerons du département de

la Seine qu'ils ne parviendraient pas, avec leurs marteaux à la main, à forger des pièces d'acier pesant jusqu'à 30 000 kilogrammes et à fabriquer l'arbre de couche d'une hélice destinée à un navire cuirassé. C'est le marteau-pilon qui a donné une telle puissance à l'homme en lui permettant de battre le métal avec un poids de 100 000 kilogrammes, sans que l'ouvrier qui le manœuvre ait d'autre effort à faire que celui d'ouvrir et de fermer un robinet.

La France possédait en 1891 une force de 5 362 000 chevaux-vapeur dans ses locomotives, machines et appareils à vapeur de toute sorte; comme un cheval-vapeur équivaut à la force de 21 hommes de peine, c'est un travail égal à celui qu'auraient pu faire plus de cent millions d'hommes, deux fois et demie la population de la France. Voilà un fait qui montre clairement combien les machines accroissent la force productive de l'homme.

La machine donne aussi bien la délicatesse et la précision que la puissance. Dans tel atelier, une machine divise avec une exactitude parfaite une règle par dixièmes de millimètre et une autre machine enregistre avec la même régularité la centième partie d'une seconde.

Ajoutons que la machine donne au produit une certaine régularité que le travail à la main n'atteint pas toujours, qu'elle oblige l'ouvrier à une activité et à une attention incessantes, qu'en faisant engager par l'entrepreneur un très gros capital, lequel entraîne une perte considérable quand il demeure improductif par le chômage, elle le détermine à continuer le travail et, par conséquent, à entretenir ses ouvriers, même quand les commandes ne viennent pas ou quand la vente est sans bénéfice. Nous pouvons maintenant embrasser les principaux avantages des machines et dire :

1° *Les machines économisent la main-d'œuvre et contribuent au bon marché des produits.*

2° *Elles épargnent à l'ouvrier les travaux les plus durs et rendent le travail manuel moins pénible.*

3° *Elles rendent la production plus rapide et plus abondante et, portant, elles accroissent la richesse.*

4° *Elles augmentent la puissance d'action de l'homme*

sur la nature en augmentant considérablement sa force et en lui communiquant des qualités dont ses organes n'étaient pas capables.

5° *Elles sont, jusqu'à un certain point, une garantie contre le chômage.*

6° *Elles disciplinent l'ouvrier.*

7° Enfin, ce qui trancherait le débat s'il y en avait encore parmi les gens sérieux sur l'opportunité de leur emploi, *lorsqu'elles existent, elles s'imposent* bientôt comme une nécessité, parce que la concurrence ne permet pas à un manufacturier de travailler longtemps avec des outils imparfaits quand d'autres produisent avec des machines économiques.

Il est juste d'ajouter que tout n'est pas bénéfice dans l'accroissement de production dû à une machine. Pour obtenir un supplément de production, il faut employer une machine plus coûteuse, autrement dit *plus de capital*, ainsi que nous l'avons déjà montré. A l'entrepreneur de bien faire son calcul. Si l'intérêt et l'amortissement du capital-machine employé pour obtenir un certain produit représentent une somme supérieure à l'économie réalisée sur la main-d'œuvre, la machine ne rend très probablement pas de services. Si, au contraire, *l'accroissement de rémunération à payer au capital est moindre que l'économie réalisée sur la main-d'œuvre, il faut employer la machine.* De cette proposition on déduit facilement ce corollaire :

Plus le taux des salaires est élevé dans un pays, plus il y a intérêt à multiplier les machines.

C'est une des deux raisons qui expliquent pourquoi le règne des machines date de la seconde moitié du xviii° siècle et surtout, en France, du xix° siècle.

La seconde raison est dans le *progrès des sciences appliquées à l'industrie* et, tout d'abord, dans l'invention de la machine à vapeur.

29. L'influence des machines sur l'état intellectuel des ouvriers. — Nous venons de dire que la machine formait et disciplinait l'ouvrier. On lui a pourtant reproché le contraire. On l'a accusée d'abêtir l'ouvrier, en condamnant, par exemple, un homme à faire toute sa vie la même tête d'épingle, en même temps que de l'appauvrir en supprimant une partie de la main-d'œuvre.

Le premier reproche provient d'une vue étroite. Sans doute, dans certaines industries, les longs apprentissages par lesquels on apprenait à fabriquer toute la diversité des produits d'une même industrie ne sont plus nécessaires, parce que la division du travail (dont nous parlerons plus loin) a amené la spécialité; sans doute aussi, un ouvrier ordinaire, la machine aidant, suffit très souvent là où il fallait auparavant un ouvrier fort ou un ouvrier habile : il y a de ce chef certaines catégories d'ouvriers dont le travail n'est plus aussi recherché et dont le salaire partant n'est plus aussi élevé qu'auparavant.

Mais tous les ouvriers qui travaillent avec des machines ont besoin de *plus d'activité*, parce qu'en général la machine va vite et qu'il faut aller aussi vite qu'elle pour s'en servir.

Les machines sont des outils très compliqués et savants ; leur *fabrication* implique d'ordinaire une *dépense d'intelligence plus grande* chez les ouvriers qui les ont produites, que la fabrication des simples outils dont on se contentait autrefois. Souvent aussi leur *emploi* exige *plus d'intelligence :* il est évident, par exemple, que la bonne femme qui file la quenouille dépense moins d'activité et fait preuve de moins d'intelligence que l'ouvrier qui conduit un métier renvideur, surveille 1000 broches et rattache les fils cassés avec une telle dextérité qu'on a peine à apercevoir ce qu'il fait.

Enfin il ne faut pas omettre le service que la machine a rendu en contribuant à la *diminution des heures de travail* pour un grand nombre d'industries, grâce à une production abondante dans un temps court et à l'*augmentation des salaires :* deux résultats qui donnent à l'ouvrier, s'il le veut, le loisir et le moyen de développer son intelligence par l'instruction.

Ces lois d'harmonie n'impliquent pas que les machines soient pures de tout inconvénient. Car, d'une part, l'assiduité qu'elles exigent cause quelquefois une grande fatigue à l'ouvrier et, quoique les heures de travail aient diminué dans

certaines industries, la multiplication des machines, capital
coûteux qu'il importe de laisser le moins possible improductif, exige, en général, une plus grande dépense d'activité de
la part des travailleurs; d'autre part, l'usage de machines-
outils travaillant automatiquement diminue parfois l'habileté
manuelle, de sorte qu'il est plus rare aujourd'hui qu'autrefois,
dans certaines industries, de rencontrer des ouvriers capables
d'exécuter une certaine diversité de travaux ou de donner le
dernier fini à leur ouvrage.

**30. L'influence des machines sur le déplacement des
intérêts.** — Examinons le second reproche. Tout en procurant une économie sur le produit et un bénéfice à l'entrepreneur, serait-il vrai que les machines fissent la ruine de la
classe ouvrière, parce qu'il y a des ouvriers congédiés, et
qu'elles eussent pour résultat dernier l'enrichissement des
riches et l'appauvrissement des pauvres? Il y a trois quarts
de siècle, Sismondi a porté contre elles cette accusation, que
d'autres, après lui, ont répétée et exagérée. Il suffit de rappeler deux notions élémentaires de l'économie politique pour
dissiper ce fantôme :

1° C'est avec des produits que les produits s'achètent.
Partant, plus chaque producteur produit dans sa journée,
plus est grande la quantité de choses utiles qu'il peut vendre
et acheter et, par suite, consommer comme rémunération de
son travail.

2° Le capital naît de l'épargne. Or le capital est le fonds
qui alimente les salaires. Partant, les bénéfices supplémentaires faits par le patron avec une machine nouvelle, ayant
chance d'être capitalisés au moins en partie, procureront du
travail à des salariés, soit dans la même industrie, à laquelle
le bon marché des produits ouvrira des débouchés plus éten-
dus, soit dans une autre industrie.

C'est ce que Bastiat, dans un passage souvent cité de ses
pamphlets, a clairement expliqué par l'exemple suivant :

« Jacques Bonhomme avait deux francs qu'il faisait gagner
à deux ouvriers. Mais voici qu'il imagine un arrangement de
cordes et de poulie qui abrège le travail de moitié. Donc il
obtient la même satisfaction, épargne un franc et congédie un

ouvrier. Il congédie un ouvrier, c'est ce qu'on voit... Mais, derrière la moitié du phénomène qu'on voit, il y a l'autre moitié qu'on ne voit pas. On ne voit pas le franc épargné par Jacques Bonhomme et les effets nécessaires de cette épargne. Puisque, par suite de son invention, Jacques Bonhomme ne dépense plus qu'un franc en main-d'œuvre à la poursuite d'une satisfaction déterminée, il lui reste un autre franc. Si donc il y a dans le monde un ouvrier qui offre ses bras inoccupés, il y a aussi dans le monde un capitaliste qui offre son franc inoccupé : ces deux éléments se rencontrent et se combinent, et il est clair comme le jour qu'entre l'offre et la demande du travail, entre l'offre et la demande du salaire le rapport n'est nullement changé. L'invention et un ouvrier payé avec le premier franc font maintenant l'œuvre qu'accomplissaient auparavant deux ouvriers. Le second ouvrier, payé avec le second franc, réalise une œuvre nouvelle. Qu'y a-t-il donc de changé dans le monde? Il y a une satisfaction nouvelle de plus; en d'autres termes, l'invention est une conquête gratuite, un profit pour l'humanité... Elle donne pour résultat définitif un accroissement de satisfaction à travail égal.

« Qui recueille cet excédent de satisfaction? C'est d'abord l'inventeur, le capitaliste, le premier qui se sert avec succès de la machine, et c'est là la récompense de son génie et de son audace Dans ce cas, ainsi que nous venons de le voir, il réalise sur les frais de production une économie, laquelle, de quelque manière qu'elle soit dépensée (et elle l'est toujours), occupe juste autant de bras que la machine en a fait renvoyer. Mais bientôt la concurrence le force à baisser son prix de vente dans la mesure de cette économie elle-même. Et alors ce n'est plus l'inventeur qui recueille le bénéfice de l'invention, c'est l'acheteur du produit, le consommateur, le public, y compris les ouvriers, en un mot l'humanité. Et ce qu'on ne voit pas, c'est que l'épargne ainsi procurée à tous les consommateurs forme un fonds où le salaire puise un aliment qui remplace celui que la machine a tari. »

Le fait est le plus souvent d'accord avec la théorie. Car la statistique constate que nulle part les ouvriers ne sont en plus grand nombre que dans les contrées où il y a beaucoup de machines et que, dans l'industrie, sinon dans l'agriculture, leur nombre augmente en même temps qu'augmentent les machines. En France, les départements qui ont le plus de machines à vapeur, comme le Nord, le Pas-de-Calais, le Rhône, la Seine-Inférieure, la Seine, sont au nombre de ceux qui, avec une population déjà dense, voient cette population s'accroître le plus d'un recensement à l'autre, et sont aussi ceux où les salaires sont en général le plus élevés.

On peut donc dire d'une manière générale : *les machines attirent et multiplient les ouvriers.*

Ceci ne veut pas dire que l'introduction d'une machine nouvelle dans une industrie ne puisse, comme toute modification d'un ordre quelconque dans l'économie sociale, causer momentanément un trouble général et même porter un préjudice définitif à certains intérêts particuliers. Cependant la révolution économique se fait d'ordinaire avec une certaine lenteur, parce qu'un nouvel outillage est coûteux, qu'on se sert — à tort le plus souvent — de l'ancien aussi longtemps qu'on peut résister, et que tous les entrepreneurs n'accomplissent pas le changement au même moment. Les ouvriers ont ainsi des années devant eux, les anciens pour chercher peu à peu d'autres ateliers, les nouveaux pour ne pas entrer dans l'industrie menacée ; ce qui ne veut pas dire que tous peuvent ou savent profiter de l'avertissement. En cette matière comme en bien d'autres, il y a des exceptions et au-dessus des exceptions la règle générale que la science économique enseigne.

D'ailleurs il est faux de croire que le préjudice, lorsqu'il y en a un, n'atteigne que les salariés.

Les plus agiles à se déplacer sont ceux qui souffrent le moins d'une crise de ce genre, parce qu'ils vont promptement chercher fortune ailleurs.

Les capitaux circulants sont les plus favorisés à cet égard ; ils peuvent se dégager promptement, non sans blessure toutefois, et chercher un autre placement.

Les entrepreneurs et les ouvriers viennent ensuite. Cependant il est vrai de dire que les uns et les autres, quand ils sont vieux ou quand ils ne sont pas suffisamment actifs et intelligents, sont condamnés à voir la source de leur revenu diminuer ou tarir et exposés quelquefois à tomber dans le dénuement. Il y a eu de fameux et tristes exemples, en Flandre notamment, de ces misères imméritées.

Les capitaux fixes sont les plus maltraités, quand la machine inventée est de nature à renouveler la face d'une industrie.

Exemple. — Quand les chemins de fer ont remplacé les diligences, les conducteurs et les courriers ont eu à traverser des jours difficiles; cependant aujourd'hui la circulation, étant au moins dix fois plus active qu'elle n'était il y a cinquante ans, emploie pour le moins trois ou quatre fois plus de personnes et fournit à la majorité d'entre eux de meilleurs salaires qu'autrefois. Mais les auberges des grandes routes délaissées ont été ruinées, et d'autres capitaux ont servi à édifier les nouveaux hôtels dans les villes.

31. Le capital circulant. — L'atelier d'imprimerie que nous avons pris comme exemple pour analyser le capital fixe n'est pas encore en activité. Pour l'y mettre, il faut que le patron ait du travail à exécuter et, pour l'exécuter, des travailleurs sous ses ordres et des matières premières dans son magasin. Ces travailleurs, au nombre desquels il se place lui-même en première ligne, ont des fonctions différentes; les uns au bureau, désignés sous le nom d'employés; d'autres à la machine à vapeur, d'autres aux casses, aux presses, chauffeurs, compositeurs, tireurs, etc., désignés sous le nom d'ouvriers; d'autres distribuant, surveillant, revisant le travail, sous le nom de contremaîtres ou de protes. Patron, employés, ouvriers, contremaîtres dépensent chaque jour pour vivre; le premier dépense un argent qu'il prend dans sa caisse pour ses *frais de maison;* les autres, un argent qu'ils ont reçu chaque mois ou chaque semaine à titre d'*appointements* ou de *salaire* et qui est tiré de la même caisse. Cette caisse contient du capital, et du capital qui commande au premier chef le travail, puisqu'il fournit l'*entretien de tous les travailleurs.*

Ce n'est pas du capital fixe. Chaque mois, ce capital est

peut-être entièrement consommé, on pourrait dire chaque jour, si la paye avait lieu chaque jour. Il faut donc, en admettant que l'opération ait été bien conduite, qu'*il se trouve tout entier dans le produit obtenu* chaque jour ou chaque mois : c'est le caractère distinctif du **capital circulant**.

C'est donc par conséquent au capital circulant qu'on doit attribuer tout ce qui, étant consommé entièrement dans un court espace de temps, doit se retrouver entièrement dans un ou plusieurs produits, par exemple la houille qui fait marcher la machine à vapeur, l'eau dont l'industriel paye la concession, l'encre, le papier, *toutes les matières premières* en un mot.

Il est bon de faire ici une distinction ; l'encre et le papier sont véritablement des *matières premières*, qui se retrouvent en substance dans la feuille imprimée. Mais nous y chercherions vainement la houille, l'eau, l'huile avec laquelle on a graissé les rouages des presses, le gaz qui a éclairé l'atelier. La dépense figure cependant aux frais généraux : l'industriel fera bien de classer cette dépense dans un chapitre spécial, sous le titre de *matières accessoires*. Il ne doit négliger aucun moyen de rendre sa comptabilité parfaitement claire ; dans toute entreprise industrielle, *on ne fait bien qu'à la condition de savoir exactement ce qu'on fait*.

Par analogie, on peut placer dans la même catégorie les *provisions de ménage*, vin en cave, conserves dans l'armoire, etc., que le patron destine à sa consommation personnelle, mais à condition d'en faire un chapitre distinct ; il y a toujours un grave inconvénient à confondre les dépenses personnelles du patron avec les dépenses industrielles de l'entreprise.

La même caisse a fourni ces sommes. Elle contient soit des espèces sonnantes, soit des billets de banque, soit des effets de commerce, soit de simples créances par compte courant dont le total compose le **fonds de roulement**. A mesure qu'elle se vide d'un côté pour fournir aux frais des opérations présentes, elle se remplit d'un autre côté par les sommes que les acheteurs versent en payement des opérations antérieures.

Elle est le réservoir du capital circulant.

L'habileté commerciale d'un industriel consiste en grande partie à savoir bien régler le double mouvement d'entrée et de sortie des fonds de sa caisse.

Il est placé entre deux dangers. S'il exagère la sortie, la caisse est bientôt à sec et il se trouve réduit à interrompre ses opérations commencées, peut-être à faire faillite. S'il exagère l'entrée, c'est-à-dire s'il recouvre ses créances sans engager de nouvelles affaires, il laisse son capital improductif et il manque à gagner ; or, précisément, il s'est fait entrepreneur d'industrie en vue de faire produire un capital.

Dans les rentrées, il importe de savoir faire à chaque chapitre sa part. Tout n'est pas du capital circulant. Il faut restituer au capital fixe au moins ce qu'il a donné, sous peine de voir le fonds industriel bientôt réduit à néant. Si l'industriel veut s'agrandir, acheter des machines, construire des bâtiments, il ne doit pas le faire aux dépens du capital circulant, mais au moyen de bénéfices bien liquides ou de sommes empruntées ; car on ne doit jamais perdre de vue que *d'ordinaire, pour doubler avec profit son capital fixe, il faut au moins tripler son capital circulant.* Cependant certaines industries, travaillant surtout à façon pour d'autres industries, emploient plus de capital fixe que de capital cirulant.

En résumé, *le* **capital circulant** *d'une entreprise comprend :*

1° *Le* **fonds de roulement,** *qui se compose de monnaie, de papiers de crédit et de créances et qui, comprenant le* **fonds des salaires,** *destiné au payement des salariés, et une partie du* **fonds de consommation** *du patron, fournit les sommes nécessaires à l'entretien de tous les travailleurs, et fournit, en outre, aux* **frais généraux.**

2° *Les* **matières premières,** *qui se divisent en* **matières premières** *proprement dites et en* **matières accessoires.**

3° *Les* **produits en fabrication,** *encore inachevés.*

Par extension, nous y joignons les **produits fabriqués,** *c'est-à-dire achevés et existant en magasin, quoiqu'en* *réalité ils forment une catégorie à part* dans l'inventaire économique de la richesse, puisqu'ils ne sont pas employés pour la production; mais les industriels les comptent ordinairement dans leur capital.

4° *La partie du* **fonds de consommation qui est en nature,** *c'est-à-dire les provisions de ménage, les vêtements,* etc.

Capital fixe et capital circulant ne sont pas séparés par une barrière infranchissable; on voit même que les capitaux passent fréquemment d'une catégorie à l'autre, puisque la caisse fournit l'argent nécessaire pour acheter les machines et qu'une partie de la valeur du capital fixe d'une entreprise se mobilise en quelque sorte chaque année par l'amortissement. *Tel objet, qui est du capital circulant ici, devient là du capital fixe :* ainsi la machine à vapeur est un produit, partant un capital circulant, chez le constructeur qui la vend; elle est du capital fixe chez le manufacturier qui l'a achetée. On peut même dire que l'argent, qui est du capital circulant pour les particuliers, est une manière de capital fixe pour le pays dans lequel il circule sans être consommé, immédiatement du moins.

On dit d'un homme qui place son argent et qui cherche les meilleures combinaisons pour en tirer un intérêt qu'il *fait valoir ses capitaux.* Il s'agit dans ce cas d'un capital circulant que le propriétaire engage et qui se transforme peut-être en capital fixe par l'achat d'actions ou d'obligations, c'est-à-dire d'une part ou d'une créance dans une entreprise industrielle, et que ce propriétaire peut dégager ensuite et ramener à l'état de capital circulant en vendant ses titres.

RÉSUMÉ

L'épargne consiste à ne pas dépenser immédiatement pour la satisfaction de ses besoins personnels tout le produit de son travail ou tout son revenu.

Les deux vertus cardinales de l'économie politique sont le **travail et l'épargne,** principe créateur et principe conservateur de la richesse.

Capitaliser, c'est utiliser des épargnes pour la production.

Le fonds de consommation est la portion de la richesse dépensée pour l'entretien personnel et pour la consommation de luxe.

Les capitaux, étant des avances à la production, doivent être récupérés, immédiatement et en totalité, ou peu à peu et par parties, sur le produit qu'ils servent à créer. — Les capitaux ne sont productifs qu'à condition d'être consommés. — Si le capital existant se transmet d'année en année, de siècle en siècle, ce n'est pas par sa conservation, mais par sa reproduction perpétuelle.

La formation du capital intellectuel exige une dépense considérable en capitaux matériels.

Le travail, dans une société civilisée, ne peut rien sans le capital; le capital ne peut jamais rien sans le travail : ce sont deux alliés nécessaires l'un à l'autre. — Le capital alimente le travail et contribue à rendre le travail manuel moins pénible : il commande le travail. — Plus il **y a** de capital, plus il y de travail et de salaire.

Les machines économisent la main-d'œuvre et contribuent au bon marché des produits; elles épargnent à l'ouvrier les travaux les plus durs et rendent le travail manuel moins pénible; elles rendent la production plus rapide et plus abondante et, partant, accroissent la richesse; elles augmentent la puissance d'action de l'homme sur la nature en augmentant considérablement sa force et en lui communiquant des qualités dont ses organes n'étaient pas capables. — Elles sont, jusqu'à un certain point, une garantie contre le chômage. — Elles disciplinent l'ouvrier. — Elles exigent de l'ouvrier plus d'activité et, dans certains cas, plus d'intelligence. — Elles contribuent à l'accroissement des salaires.

Le **capital fixe** comprend : 1° les fonds de terre et les bâtiments ; 2° les améliorations foncières ; 3° les frais de premier établissement, frais d'installation et d'exploitation ; 4° l'outillage ; 5° le mobilier personnel.

Le **capital circulant** comprend : 1° le fonds de roulement, à savoir : fonds des salaires, fonds de consommation, frais généraux ; 2° les matières premières, matières premières proprement dites et matières accessoires ; 3° les produits, produits en fabrication et produits fabriqués ; 4° le fonds de consommation en nature.

V

L'ORGANISATION INDUSTRIELLE

SOMMAIRE. — 32. La coopération et la division du travail. — 33. La classification des industries. — 34. Le rôle de l'entrepreneur et du salarié. — 35. L'association. — 36. Les corporations industrielles. — 37. Aperçu historique des corps de métiers et des règlements en France. — 38. Turgot. — 39. L'établissement de la liberté du travail en France. — 40. Les avantages de la liberté du travail. — 41. La concurrence.

32. La coopération et la division du travail. — Un homme seul, dans une île déserte, devrait nécessairement produire pour vivre ; mais, quelque effort qu'il fît, il produirait beaucoup moins que ne font en moyenne les hommes dans l'état social. Pourquoi? Parce qu'il ne pourrait pas pratiquer la **coopération** et la **division du travail** qui en est le corollaire.

Voici un exemple imaginaire qui explique l'origine et les avantages de cette forme d'organisation du travail :

Dans une île déserte vivaient, chacun de leur côté, deux hommes, l'un vigoureux charpentier, l'autre habile maçon. Tous deux travaillaient à se construire une maison ; le travail avançait lentement et le résultat était imparfait. Ils s'aperçurent qu'ils feraient mieux de combiner leurs efforts; réunis, ils firent beaucoup plus vite une maison plus confortable. *C'est le propre de la coopération d'accroître, dans un grand nombre de cas, la puissance productive des travailleurs.*

En pratiquant constamment le genre d'industrie qui leur plaisait, ils s'y perfectionnèrent. Ils avaient : 1° opéré la division du travail; or, *dans un grand nombre de cas, la division du travail rend le travail plus fructueux*, chacun faisant mieux ce qu'il est habitué à faire et perdant moins de temps, parce qu'il ne passe pas d'une occupation à une autre; 2° coopéré, par association ou par échange, afin de profiter tous deux du bénéfice de l'accroissement de productivité.

C'est ce qui se pratique tous les jours dans la société, sans qu'il soit besoin de convention spéciale entre les parties.

Au village, la ménagère avait longtemps fait son pain elle-même. Mais le village est devenu un bourg; un homme s'est établi, se chargeant de faire du pain pour tout le monde, le faisant mieux et plus économiquement, parce qu'un seul four, chauffé toute la nuit, suffit à la communauté des habitants, et la ménagère achète maintenant chez le boulanger son pain, qu'elle paye avec son argent, c'est-à-dire avec une portion de son propre travail ou du travail de son mari. Elle donne le blé et les fruits qu'elle a, mieux que les industriels, l'art et les moyens de produire, contre le pain et l'étoffe que l'industriel et le commerçant lui procurent dans des conditions avantageuses pour elle.

A la ville, le fabricant de toiles a vu son industrie prospérer. Il n'avait que deux métiers, un pour lui, un pour sa femme, et ils faisaient tout par eux-mêmes, perdant à chaque changement d'occupation un temps considérable. Il a maintenant une manufacture et de nombreux ouvriers. Il se garde bien d'imposer à chacun la diversité des besognes qu'il accomplissait de ses mains. Voici des enfants : ils feront des canettes, c'est-à-dire prépareront sur des bobines les fils de trame, travail qui n'exige qu'une attention médiocre et très peu d'efforts musculaires. Voici des femmes : elles ourdiront, c'est-à-dire prépareront la chaîne. Voici des hommes : ils pareront, c'est-à-dire enduiront d'une colle particulière cette chaîne, exercice qui exige plus de force et d'adresse. Des jeunes filles monteront la chaîne, c'est-à-dire en passeront les fils dans les maillons des lisses, dans les dents du peigne et disposeront le harnais. Des femmes tisseront. Des mécaniciens répareront l'outillage et des chauffeurs entretiendront la machine à vapeur qui donne le mouvement à tout l'atelier. Des contremaîtres et peut-être un directeur surveilleront, sans faire battre eux-mêmes un métier. Des commis tiendront les comptes; un caissier recevra et payera. Tandis que le patron vaque à ses affaires, ses domestiques lui épargneront les mille soins de la vie journalière qui absorberaient une grande partie de son temps. A chacun sa fonction, et une fonction, autant que possible, conforme à sa capacité. Le résultat n'est pas douteux : la somme de produits obtenus par cette coopération sera beaucoup plus grande que celle que donneraient les mêmes travailleurs dans le même nombre d'heures s'ils étaient isolés et réduits à accomplir par eux-mêmes toutes les opérations relatives au tissage.

Adam Smith était si frappé de l'importance de la division du travail que c'est la démonstration par laquelle il commence son grand ouvrage destiné à montrer les causes de la richesse; l'exemple qu'il a choisi, celui d'une fabrique d'épingles dans laquelle dix ouvriers, faisant chacun un petit nombre d'opérations et toujours les mêmes, parvenaient à produire ensemble 48 000 épingles dans une journée, est resté classique, quoique le résultat soit bien dépassé aujourd'hui dans les manufactures de ce genre.

De ces exemples, nous tirerons plusieurs conclusions :

1° La *coopération*, envisagée au point de vue du mode d'action, peut être *directe*, quand plusieurs personnes travaillent ensemble à la confection d'un même produit, comme dans la manufacture de toiles ou la fabrique d'épingles; cette première espèce donne naissance aux relations de patron, d'employé, etc.; elle peut être *indirecte*, quand plusieurs personnes s'entr'aident en échangeant les unes avec les autres les choses utiles que chacune d'elles a produites séparément; cette dernière donne naissance à la diversité des professions.

2° La *division du travail*, soit par la séparation des fonctions dans un même atelier, soit par la multiplication des industries, est une *conséquence de l'état de la richesse*. Elle ne peut se produire qu'autant qu'elle trouve des consommateurs en assez grand nombre, c'est-à-dire autant que le boulanger a pu avoir assez de pratiques pour vivre de son métier, le manufacturier assez d'acheteurs pour être à peu près certain de placer les toiles qu'il fabrique, le médecin assez de malades pour vivre dé sa profession dans une condition convenable.

Aussi la division du travail existe-t-elle peu au village et est-elle d'autant plus variée d'ordinaire que les villes sont plus peuplées. Nulle part, en France, on ne rencontre une telle diversité de professions et de spécialités dans chaque profession qu'à Paris. Si, dans tel hameau de l'Alsace, il y a une manufacture dans laquelle la division du travail est poussée aussi loin que partout ailleurs, c'est parce que cette manufacture va chercher ses acheteurs, non pas au hameau, mais sur les marchés du monde entier. La division plus ou moins grande du travail dépend donc surtout de *l'étendue du marché,* autrement dit du nombre et de la richesse des acheteurs.

Elle dépend aussi de *l'état de la science* et de la *nature du travail,* la mécanique rendant possibles certains modes de division impossibles autrefois, et certaines occupations, telles que la culture d'un champ, ne pouvant se diviser en une foule d'occupations simultanées, comme la confection des tissus ou des épingles.

3° La division du travail, ainsi que nous l'avons remarqué dès le début, *augmente la force productive du travailleur.* Elle est la condition nécessaire de la création de la richesse, comme elle en est la conséquence. Sans elle, pas d'échanges et peu de stimulants pour accroître la production : c'est ce qu'on voit dans certaines régions exclusivement agricoles. Avec elle, l'adresse de l'ouvrier se développe, les pertes de temps sont notablement diminuées, l'invention des outils

et des mécaniques propres à abréger le travail ou à perfectionner le produit est rendue plus facile par la concentration
sur un même objet des efforts intellectuels d'un certain nombre d'individus.

4° Enfin, la division du travail a encore pour corollaire la
liberté du travail. Pour que chacun puisse se livrer au
genre d'occupation auquel il est le plus apte, il faut qu'il ait
le droit de choisir, sans être arrêté par des obstacles légaux
s'ajoutant aux obstacles naturels qui résultent des limites du
marché et de l'imperfection des procédés industriels.

33. La classification des industries. — Le travail productif, de quelque genre qu'il soit, est désigné par le terme
général d'**industrie**, lequel signifie, à proprement parler,
activité laborieuse, autrement dit *activité humaine appliquée à produire des utilités.*

Cette activité peut être employée : 1° à tirer du sein de
la terre et des eaux, par l'extraction ou par la culture, des
substances alimentaires et des matériaux de tout genre ; 2° à
mettre en œuvre, par diverses transformations et mains-
d'œuvre, les matériaux obtenus et à les approprier à leur fin ;
3° à conserver, transporter, échanger les produits naturels
et les objets manufacturés en choisissant le lieu et le temps
où ils peuvent être vendus le plus avantageusement.

Le premier mode, dont la terre est le principal instrument,
comprend l'**industrie agricole** ou AGRICULTURE, avec
la **pêche** et la **chasse,** et l'**industrie extractive ;** le second,
dans lequel la matière première est mise en œuvre par le
travail et le capital, s'appelle **industrie manufacturière**
ou INDUSTRIE proprement dite ; le troisième, dans lequel
le travail et le capital s'appliquent à l'échange des produits,
s'appelle **industrie commerciale** ou COMMERCE.

Puisque l'homme travaille pour satisfaire ses besoins, il a
dû conformer ses travaux à la nature et à la diversité de ces
besoins. Aussi une classification méthodique des innombrables industries dont l'ensemble constitue l'industrie humaine
nous paraît-elle devoir être fondée sur la classification même
des besoins de l'homme.

Ces besoins sont ceux du *corps* et ceux de l'*esprit* : be-

soins matériels et *besoins intellectuels*. Il faut *nourrir*, *vêtir*, *loger* le corps et le *transporter* ainsi que tous les objets utiles à la production et à la consommation ; il faut *instruire* et *récréer* l'esprit. De là, dans l'industrie manufacturière, quatre grandes catégories *d'industries de consommation personnelle* qui correspondent à ces quatre espèces de besoins et qui travaillent à les satisfaire : *industries de l'alimentation, industries du vêtement, industries du logement, industries des besoins intellectuels*. Les *industries du transport* forment une catégorie particulière qui a des rapports avec toutes les autres.

Il faut observer toutefois que le besoin de nourriture trouve en grande partie sa satisfaction directe dans l'agriculture, qui lui fournit certains produits, tels que fruits, légumes, viande, n'exigeant pour être consommés aucune main-d'œuvre industrielle.

Pour fabriquer les produits propres à la satisfaction de nos besoins personnels, il faut souvent donner aux matériaux une ou plusieurs façons préalables ; il faut toujours employer des outils, presque toujours des machines et des agents chimiques ; or plus l'industrie est développée et plus les outils et machines sont nombreux, compliqués, plus aussi les agents chimiques jouent un rôle considérable. Il y a donc encore là une catégorie particulière d'industries qui travaillent pour la production afin de la rendre plus facile ; nous la désignons sous le nom *d'industries préparatoires*, divisées en *industries mécaniques* et en *industries chimiques*.

Aucune classification ne saurait être absolument rigoureuse, parce qu'il y a des industries qui servent à plusieurs fins à la fois et parce qu'il est impossible de fixer dans des limites certaines les besoins de l'homme et les modes de l'activité humaine. Néanmoins, celle que nous donnons dans le tableau ci-joint et qui présente l'ensemble des modes de l'activité humaine appliquée à rendre des services, c'est-à-dire à produire de l'utilité, est utile pour aider l'esprit à se reconnaître dans l'immense champ de la production.

SERVICES — **INDUSTRIES dans lesquelles**

la *Terre* est un des principaux instruments de production.

- CHASSE ET PÊCHE ....
  - *Chasse.*
  - *Pêche.*
  - *Pisciculture.*
- INDUSTRIE AGRICOLE OU **AGRICULTURE** produisant des aliments et des matières premières.
  - *Industrie forestière.*
  - *Élevage.*
  - *Culture.*
    - Cultures alimentaires.
    - Cultures industrielles.
  - *Viticulture.*
  - *Industries maraîchère et fruitière.*

la *matière première* est mise en œuvre par le travail et le capital.

INDUSTRIE proprement dite façonnant les matières premières suivant nos besoins.

INDUSTRIES MANUFACTURIÈRES fabriquant des produits :

- INDUSTRIES EXTRACTIVES fournissant presque exclusivement des matières premières.
  - *Marais salants.*
  - *Carrières.*
  - *Mines.*
- INDUSTRIES PRÉPARATOIRES fabriquant des produits destinés à faciliter la production et la circulation.
  - *Industries chimiques.* — Prod. chimiques, huiles et graisses, savons, etc.
  - *Industries mécaniques.* — Hauts fourneaux et métallurgie, instruments agricoles, machines, outillage industriel, chaudronnerie, art militaire, etc.
  - *Industries des travaux publics.* — Ports, voies navigables, routes, ch. de fer, etc.
- INDUSTRIES DE CONSOMMATION fabriquant des produits destinés à la satisfaction directe des besoins de l'homme.
  - *Industries de l'alimentation.* — Prépar. des alim., boissons, conserves, produits pharmac., etc.
  - *Industries du vêtement.* — Filature, tissage, confection, modes, mercerie, bijoux, etc.
  - *Industries du logement.* — Construction, mobilier, bronzes, horlogerie, verrerie, céramique, tapisserie, tabletterie, etc.
  - *Industries du matériel des transports.* — Constructions navales, voitures, locomotives, etc.
  - *Industries des besoins intellectuels.* — *Industries :* papeterie, imprim., grav., librairie, photogr., etc. / *Beaux-arts :* architect., sculpture, peinture, musique

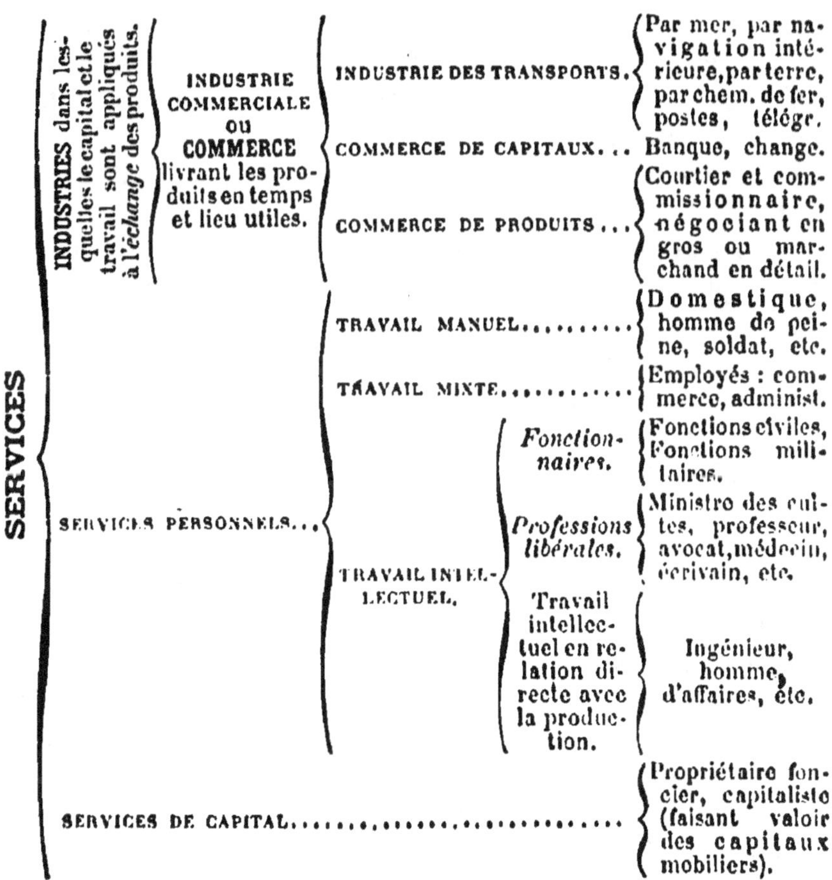

34. Le rôle de l'entrepreneur et celui du salarié. — Nous venons de voir que la division du travail implique la formation d'ateliers dans lesquels plusieurs travailleurs coopèrent à la création des mêmes produits. De là naissent des responsabilités diverses et des rapports de subordination.

Est **entrepreneur** quiconque fait profession d'entreprendre à son propre compte la fabrication d'un produit ou l'exécution d'un travail. L'entrepreneur qui travaille seul, sans avoir de coopérateurs sous ses ordres ou avec la seule assistance de sa famille et d'un ou deux aides, est un *artisan;* la loi en France le classe, au point de vue de l'impôt, comme ouvrier à façon. L'entrepreneur qui emploie des ouvriers est un *patron;* il exerce l'autorité du patronat sur ses subordonnés qu'il paye et dont le travail lui appartient dans la mesure des conventions faites. Il y a des patrons de fortune très diverse, les uns employant deux ou trois ouvriers et différant peu des artisans, d'autres ayant des centaines et des milliers d'ouvriers et d'employés et désignés sous les noms d'entrepreneurs, de manufacturiers, de chefs d'usine, de négociants.

Le **salarié** est celui qui travaille sous les ordres et pour le compte d'autrui : il ne vend pas de produits, il vend son travail et son temps. Il y a diverses catégories de salariés : *l'ouvrier*, qui loue son travail pour exercer son métier en coopérant, sous les ordres de son patron, à la fabrication de certains produits déterminés ou à l'exécution de certains travaux, et qui le loue à la tâche, à la journée ou au mois ; *l'employé*, qui loue son temps, ordinairement par mois, pour accomplir, dans une administration ou sous les ordres d'un patron, certains travaux manuels ou intellectuels, tels qu'écritures, vente des produits, etc., utiles à l'ensemble d'une entreprise ; le *domestique* — catégorie dans laquelle l'homme de peine est compris —, qui loue son temps, à la journée ou au mois, pour rendre des services personnels dans la maison de son maître ou dans l'atelier.

Les *fonctionnaires* et les gens qui exercent des *professions libérales* sont aussi des *producteurs* d'une catégorie spéciale ; les premiers sont classés parmi les salariés ; les seconds sont tantôt des entrepreneurs et tantôt des salariés.

35. L'association. — Plusieurs entrepreneurs peuvent, sans que l'un se subordonne à l'autre, unir leurs efforts et leurs capitaux en vue de coopérer à une même entreprise industrielle et de s'en partager les bénéfices : c'est ce qu'on appelle **association**.

L'association est, comme la division du travail et la coopération, une des formes les plus importantes de l'organisation industrielle. Tant que l'industrie est peu développée et que les capitaux sont peu abondants, l'association n'a qu'une place restreinte. Elle était interdite en France aux artisans dans les anciennes corporations industrielles des villes, et elle était en même temps fréquente dans certaines régions de nos campagnes où des familles de cultivateurs étaient groupées en communautés. L'association, comme tant d'autres manières d'être de la vie économique, s'est développée avec la liberté et la richesse; elle est devenue aujourd'hui une des forces les plus puissantes dont dispose l'industrie humaine, et l'on peut comparer sans exagération son action bienfaisante sur l'organisation industrielle à celle que les machines ont exercée sur le travail manuel. C'est par elle que les vastes entreprises, telles que les chemins de fer, qui dépassent la mesure des fortunes individuelles, ont été rendues possibles. *L'association est l'union de plusieurs entrepreneurs ou l'union de capitaux fournis par plusieurs personnes pour une même entreprise; c'est un mode d'organisation industrielle qui a pour objet d'augmenter la puissance productive et qui peut l'accroître dans une proportion indéfinie.*

L'association peut être formée entre plusieurs personnes pour l'accomplissement d'un seul acte de production ou de commerce et limitée à cet objet unique et au temps nécessaire pour l'accomplir : c'est l'*association en participation*.

Elle peut être formée entre plusieurs personnes qui associent leur travail et leurs capitaux dans une entreprise industrielle et qui acceptent tous, sans réserve, la responsabilité entière du succès ou de l'insuccès de l'entreprise : c'est la *société en nom collectif* et le type le plus fréquemment employé.

Elle peut être formée entre plusieurs personnes dont les unes engagent leur travail et leurs capitaux, en acceptant l'entière responsabilité de l'entreprise, et dont les autres n'engagent que leurs capitaux jusqu'à concurrence d'une somme déterminée : c'est la *société en commandite*.

Elle peut être formée par plusieurs personnes fournissant leur travail et une somme de capitaux limitée et être combinée de façon que la retraite d'un ou plusieurs associés ne dissolve pas l'association : c'est que la loi désigne sous le nom de *société à capital variable*, type créé pour favoriser la formation entre ouvriers de sociétés coopératives (voir § 62).

Elle peut être formée par une simple association de capitaux, sans que personne réponde de la gestion sur la totalité de sa fortune personnelle. Dans ce cas, les capitaux sont réunis sous forme de parts ou d'actions, et nul n'est responsable au delà de la valeur de la part ou de l'action qu'il a souscrite. Ce sont donc bien des capitaux, et rien que des capitaux en quantité déterminée, qui sont associés. Aussi n'y a-t-il pas de patron, mais il y a un ou plusieurs directeurs, et ceux-ci, qu'ils aient ou non un intérêt sur les bénéfices, sont des salariés. C'est la *société anonyme*, mode d'association qui, de nos jours, a donné naissance aux plus grandes entreprises.

La différence entre ces diverses catégories porte plutôt sur les droits des personnes que sur l'emploi des capitaux. Car, dans toutes, le capital de l'entreprise est formé par agglomération, et, une fois engagé, il est tout entier consommé, reproduit et soumis aux mêmes chances de gain, de perte et de destruction; seulement, dans les deux premières catégories, la responsabilité s'étend sur toutes les personnes associées et sur leurs biens au delà du capital engagé.

Ce sont les associations, avons-nous dit, et particulièrement les sociétés anonymes, qui ont rendu possibles la plupart des grandes entreprises industrielles de nos jours, exploitations de mines, chemins de fer, assurances, banques, usines, aucun particulier n'ayant une fortune personnelle capable d'y suffire, ou, s'il l'avait, n'osant engager dans une même affaire tout ce qu'il possède. On peut appliquer ici le proverbe : « Les petits ruisseaux font les grandes rivières. » Ce que ne pouvait un gros capitaliste, beaucoup de petits, quelquefois même de très petits capitalistes, l'ont fait : ce sont principalement des actions et des obligations de 500 fr. qui ont formé les 13 milliards de capital réalisé par nos chemins de fer.

Aucune organisation industrielle n'a permis jusqu'ici de constituer des faisceaux de forces productives aussi puissants; aucune n'a un caractère démocratique qui soit aussi bien adapté au mode de capitalisation de notre temps puisqu'elle fournit à de très modiques épargnes un emploi également avantageux aux grandes entreprises et aux petits capitalistes.

36. Les corporations industrielles. — Les corporations industrielles sont des corps légalement constitués et comprenant *tous les artisans de la même profession dans un même lieu*, ville ou canton.

Elles se sont constituées le plus souvent dans un but de *protection mutuelle*, là où le gouvernement n'assurait pas à chaque individu isolé une sécurité suffisante. Elles se donnaient elles-mêmes des lois, des chefs, jugeaient les différends survenus entre leurs membres et les protégeaient contre les violences extérieures; c'était là le bon côté des corporations et leur raison d'être.

Mais ces groupes sont, comme les individus eux-mêmes, jaloux d'avoir le moins possible de concurrents. Les corporations s'étaient arrogé et avaient fait sanctionner par la puissance politique le *monopole de leur industrie;* elles *étaient devenues souvent à leur tour oppressives*, soit en gênant ceux de leurs membres qui tendaient par la supériorité de leur production à accaparer la clientèle, soit en excluant ceux qui aspiraient à entrer dans la corporation ou qui tentaient d'exercer le métier hors de son sein : c'était là le mauvais côté des corporations privilégiées, qu'il faut bien se garder de confondre avec les associations libres de gens du même métier. Ces corporations sont non seulement inutiles, mais *nuisibles dans toute société riche et active où les lois générales suffisent à garantir la sûreté individuelle.*

37. Aperçu historique des corps de métiers et les règlements en France. — *Du temps de la domination romaine*, il y a eu en Gaule, comme dans tout l'Empire romain, des corporations d'artisans, qu'on désignait sous le nom de *collèges*. Une partie de ces corporations était instituée moins en vue de la protection mutuelle des artisans qu'en vue de l'accomplissement d'un certain travail, imposé par l'État comme une fonction obligatoire; dans certains cas, *le membre d'un collège était en quelque sorte asservi à son métier.*

Durant le moyen âge, après plusieurs siècles de barbarie qui suivirent le bouleversement de la Gaule par les invasions germaniques, le travail industriel reprit vigueur dans les villes, et les artisans s'organisèrent en corporations ou *corps de métiers :* c'était cette fois dans un but de défense mutuelle. Longtemps les artisans vécurent dans le corps du métier comme dans une *sorte de forteresse qui les protégeait contre les violences du dehors.* Ils avaient leurs jurés, qui régissaient leurs intérêts communs et qui jugeaient les questions relatives au métier. Au xiiie et au xive siècle, les corps de métiers furent florissants et rédigèrent pour la plupart leurs statuts.

Mais ces corporations, ou communautés d'arts et métiers, ne tardèrent pas à être affectées en France, comme partout, des vices inhérents à ce genre d'institution. Dans l'administration intérieure de la corporation, les règlements devinrent plus complexes et plus minutieux, gênant l'esprit d'invention, empêchant, sous prétexte de maintenir les traditions et d'assurer la bonne qualité du produit, l'industriel d'employer des procédés nouveaux, lui refusant le droit d'avoir plusieurs boutiques. Les jurés des plus riches corporations ne se recrutèrent plus que dans une oligarchie ; les taxes sur les membres s'accrurent. Hors de la corporation, l'accès du métier fut hérissé de difficultés ; le nombre des *apprentis* fut plus limité ; un plus long stage fut imposé au *compagnon,* c'est-à-dire à l'ouvrier, avant qu'il pût se présenter à la maîtrise ; la *maîtrise,* qui ne pouvait être obtenue qu'après un examen de capacité, consistant la plupart du temps dans la confection d'un *chef-d'œuvre,* fut rendue plus coûteuse. Le nombre des places de maîtres fut limité dans beaucoup de corporations, et les *fils de maîtres* jouirent de privilèges particuliers pour les obtenir au détriment des compagnons. Chaque corporation, voulant garder intact le privilège du métier, fit des procès non seulement aux individus qui l'exerçaient sans avoir été reçus maîtres par elle, mais à toute corporation qui se permettait d'employer les mêmes outils qu'elle ou de confectionner des produits analogues aux siens. Ces *abus des corporations, qui étaient une conséquence de l'esprit de monopole,* se produisirent surtout *au* xve *et au* xvie *siècle,* lorsque la France eut réparé les ruines faites par la guerre de Cent ans et que le travail industriel eut commencé à reprendre quelque essor.

La *royauté*, qui devenait toute-puissante *au* xvi* *et au* xviI° *siècle*, prétendit faire peser son autorité sur ces corporations, dont elle sanctionnait les statuts. Henri III et Henri IV considérèrent le droit d'exercer un métier comme un *droit domanial*, c'est-à-dire comme un droit que le roi pouvait seul conférer et dont le prix de vente faisait partie des revenus du domaine royal ; en même temps ils facilitèrent, contrairement aux restrictions égoïstes des communautés, l'établissement dans une ville quelconque de France, excepté Paris, d'un maître reçu dans une autre ville. Au nom de l'unité nationale, les corporations de province furent un peu moins fermées ; mais, au nom des besoins du fisc, les impôts dont était frappé le droit de travailler s'aggravèrent.

Les *officiers royaux* exercèrent dès lors une surveillance plus active sur l'administration des corps de métiers. Sous Louis XIV, *Colbert*, ambitionnant de perfectionner l'industrie française et pensant que les statuts des métiers relatifs à la confection des étoffes étaient mal faits ou insuffisants, fit des *règlements* précis, minutieux et créa des *inspecteurs* pour en surveiller, au nom de la royauté, l'exécution. Les règlements furent rédigés avec soin ; mais plus ils étaient précis, plus ils devinrent gênants en emprisonnant le travail dans des cadres étroits et inflexibles.

La grande industrie était entravée par le système des corporations : car une manufacture importante ne pouvait s'établir sans se soumettre aux visites de jurés qui la jalousaient ou sans s'exposer à des procès qui la ruinaient. Colbert, qui s'appliquait à nationaliser en France les industries étrangères, créa ou du moins multiplia les *manufactures royales*, c'est-à-dire qu'il donna à des particuliers, à l'aide d'un brevet, le privilège de n'être pas astreints aux statuts et à la surveillance des corps de métiers.

Le régime des règlements, des inspecteurs et des manufactures royales caractérisa, au xvii° et au xviii° siècle, la grande industrie, nouvelle alors en France, comme les corps de métiers continuaient à caractériser la moyenne et la petite industrie. Mais la manufacture royale n'était elle-même qu'un privilège, et elle eut certains inconvénients du monopole.

38. Turgot. — Les vices de cette organisation ne pouvaient échapper à la critique du xviii⁰ siècle dans un temps où l'industrie prenait un plus ample développement ; des réformateurs les signalèrent et réclamèrent, au nom de la justice, la liberté du travail. Au commencement du règne de Louis XVI, *Turgot*, qui, avant d'être ministre, était déjà connu comme un des économistes les plus distingués, tenta d'accomplir cette réforme ; il supprima les corps de métiers et les règlements. Mais son ministère fut de courte durée ; après sa chute, les corps de métiers et les règlements furent rétablis, avec des modifications qui les rendaient, il est vrai, moins rigoureux. Ils n'ont été définitivement supprimés que par la *révolution* de 1789.

39. L'établissement de la liberté du travail en France. — L'Assemblée constituante avait pour mission de donner à la France une constitution civile et politique et de fonder cette constitution sur les deux principes de la liberté et de l'égalité : par conséquent, les restrictions de tout genre à l'activité laborieuse des citoyens étaient condamnées. Dans la séance de *nuit du 4 août 1789*, la noblesse, le clergé, les villes vinrent faire successivement à la tribune l'abandon de tous leurs droits, privilèges et immunités qui pouvaient faire obstacle à l'établissement de l'égalité en France ; la suppression des jurandes et maîtrises, autrement dit des corps de métiers, fut décrétée en principe.

La *loi du 2 mars 1791*, votée par l'Assemblée nationale constituante, abolit les corporations ; au mode d'organisation du travail fondé sur le privilège, elle substitua *le régime de la* liberté du travail *et de la concurrence*. C'est le régime qui régit l'industrie française depuis cette époque.

La liberté du travail, c'est le droit pour tout ouvrier de louer son travail partout où il trouve à le faire et où il lui plaît de le faire, d'en discuter les conditions, de changer de résidence ou de métier à son gré quand il a rempli ses engagements antérieurs ; c'est le droit pour tout agriculteur de faire produire à ses terres les récoltes qui lui conviennent ; c'est le droit pour tout industriel d'entreprendre une profession quelconque, de fonder un ou plusieurs établissements sans passer d'examens devant ses concurrents, sans avoir de droits de réception à payer, de stage à faire, de statuts de fabrication à observer, de visites à subir, pourvu qu'il se conforme aux lois et aux réglements généraux de police et qu'il paye ses contributions.

10. Les avantages de la liberté du travail. — Le *droit de travailler* est assurément, comme le disait Turgot, un des droits les plus sacrés de l'homme. C'est pour l'individu la libre disposition de son temps, de ses bras et de son intelligence ; *c'est une partie essentielle de la liberté individuelle*. L'exercice de ce droit est profitable à la société, puisqu'*il consiste à pouvoir être utile à soi-même en étant utile à autrui :* une société bien organisée doit le protéger avec toute l'énergie des moyens dont elle dispose.

C'est une société grossière qui le foule aux pieds en proclamant l'esclavage ; c'est une société faible qui, ne pouvant défendre elle-même ses membres, permet à des groupes particuliers, formés en vue de la défense mutuelle, de l'accaparer. Une société forte et bien organisée respecte et favorise l'association, comme elle respecte et favorise toutes les manifestations légitimes de l'activité individuelle. Elle ne doit jamais permettre à un individu ou à un groupe quelconque de confisquer à son profit particulier un des droits de l'homme. Elle est tenue de veiller sur le faible comme sur le fort, de maintenir à chacun le libre exercice de ses droits sociaux : seule elle est assez vigilante pour accomplir cette tâche. *La liberté du travail ne peut produire tous ses bons effets que dans une société bien organisée.*

La liberté du travail est une des plus importantes conclusions auxquelles aboutisse la science économique et une de celles qui font le plus hautement ressortir l'harmonie des lois de l'utile et des lois du juste ; *car elle prouve que la plus grande abondance des produits correspond au plus complet respect des droits de l'homme.* Dans ce fait se résument les avantages de la liberté du travail ; cette liberté s'applique à l'agriculture et au commerce aussi bien qu'à l'industrie manufacturière.

Si l'on veut analyser avec plus de détail ces avantages relativement à l'industrie, on constate :

1° Que *la liberté du travail facilite la division du travail,* qui est elle-même une source de biens; car, pour que les travailleurs puissent choisir tel métier plutôt que tel autre, telle spécialité dans un métier, modifier au besoin cette spécialité, il faut qu'ils jouissent d'une pleine liberté;

2° Qu'elle seule rend possible dans une large mesure la *concurrence,* autre source féconde du progrès industriel;

3° Qu'elle permet un *emploi plus complet des activités individuelles,* lesquelles ne trouvent plus sur leur chemin de barrières artificielles, les unes difficiles à surmonter, les autres insurmontables : résultat très important au point de vue économique, puisque, rien n'étant plus précieux que la force productive de l'homme, rien n'est plus regrettable que de voir cette force inactive ou mal employée;

4° Qu'elle permet, par suite, un *meilleur emploi des capitaux,* qui trouvent pour se placer fructueusement plus d'entrepreneurs et des entrepreneurs placés sur le terrain qu'ils ont eux-mêmes choisi : il doit vraisemblablement arriver que, balance faite des gains et des pertes, la somme des gains soit supérieure sous le régime de la liberté que sous un autre, non seulement parce que les opérations y sont plus nombreuses, mais parce qu'elles sont, toute proportion gardée, conduites par des gens mieux placés pour bien faire;

5° Qu'elle rend la *production plus économique,* contribuant à procurer ainsi l'**abondance** et le **bon marché,** but suprême du travail humain : ce résultat n'est pas contestable; car des producteurs plus nombreux et plus habiles, pratiquant plus complètement la division du travail et ayant à leur disposition plus de capitaux, doivent naturellement se rapprocher de ce but;

6° Que, dans une société éclairée, elle tend à *diminuer les causes de malaise social;* car, si elle met au cœur de tous ceux qui se croient capables de parvenir une ambition plus grande et suscite l'émulation, elle ne permet à personne d'accuser les institutions sociales de le retenir, malgré son talent, dans une condition inférieure;

7° Que, par suite, *elle facilite les rapports des patrons avec leurs ouvriers.* Cette proposition peut paraître para-

doxale dans un temps plus agité qu'aucun autre par les questions relatives à l'organisation du travail et aux salaires.
Mais que l'on songe à ce qu'aurait été le débat si, avec le
développement qu'a pris notre industrie et les prétentions
que de dangereuses utopies ont fait naître, le régime des
corporations industrielles eût encore existé, ainsi que les
règlements de l'apprentissage, du compagnonnage, de la
maîtrise et de la jurande : quand une société est composée
de citoyens ayant des droits politiques égaux, assez éclairés
pour que chacun réfléchisse sur la portée de ces droits, assez
passionnés pour que beaucoup soient portés à se l'exagérer,
les rapports du patron et des ouvriers ne tardent pas à devenir
impossibles sous un régime autre que celui de la liberté.

11. La concurrence. — Enumérer les conséquences de
la liberté du travail, c'est dire, en réalité, les principaux
effets de la **concurrence**, qui n'en est que le corollaire.
On a donc tort d'accuser, comme on le fait quelquefois, la
concurrence. Elle est toujours utile, quand elle est loyale.

Un marchand est établi dans un quartier ; de quel droit se
plaindrait-il que d'autres marchands vinssent s'établir dans le
même quartier? Il vendait peut-être cher et se préoccupait
médiocrement de satisfaire ses pratiques, quand il était seul.
Pour retenir la clientèle, il devra certainement prendre plus
de soin d'elle et peut-être baisser ses prix. Où sera le mal? Le
public sera mieux servi, c'est-à-dire qu'il obtiendra plus de
services ou de meilleurs services pour le même prix : c'est
précisément le but économique.

Un fabricant vendait ses produits à tel prix; survient un
autre qui en offre à meilleur marché, et l'acheteur le préfère :
le but économique est atteint.

Un grand magasin se fonde, qui offre les commodités d'un
assortiment très abondant et très varié et qui, faisant un
gros chiffre d'affaires, peut se contenter d'un bénéfice moindre
sur chaque article et qui en vend même, en manière de
réclame, quelques-uns au prix coûtant, sauf à se récupérer
par le prix élevé de certains autres. La foule des acheteurs
s'y porte et plusieurs petits magasins d'alentour sont délais-
sés. C'est un effet de la concurrence, triste sans doute à

envisager sous un certain côté, celui de l'appauvrissement des petits marchands qui n'ont pas été assez forts ou assez habiles pour résister ; leur cas est analogue à celui des patrons et des ouvriers végétant par le travail à la main depuis que l'introduction des machines a transformé leur industrie. Mais lorsque, sous le régime de la liberté, aucun magasin n'étant investi d'un privilège légal, la clientèle s'éloigne des petits pour aller au grand, c'est qu'elle y trouve son avantage : le but économique est atteint.

Ce qui est mauvais, c'est la concurrence frauduleuse. Le client voit une étoffe affichée à très bon marché ; il l'achète ; tant pis pour lui, si elle est de médiocre qualité : il en a, comme on dit, pour son argent. Mais un marchand vend à plus bas prix que son voisin une étoffe qu'il assure être toute en soie ; le client confiant l'achète, et s'aperçoit plus tard que la chaine est en coton. Voilà de la concurrence déloyale.

Il ne faut donc pas confondre deux choses différentes, l'une excellente, la **concurrence**, *qui est le concours de plusieurs producteurs s'offrant pour rendre aux consommateurs des services de même nature et s'efforçant chacun de les attirer par des offres plus avantageuses ;* l'autre détestable, la **fraude**, qui trompe l'acheteur ou qui calomnie le concurrent, et qui est, de toute façon, une manœuvre coupable. La première doit être encouragée comme une des manières d'être de la liberté ; la seconde doit être poursuivie comme un délit par les tribunaux.

<h3 style="text-align:center">RÉSUMÉ</h3>

La coopération et la **division du travail** accroissent, dans un grand nombre de cas, la puissance productive des travailleurs. — La division du travail est subordonnée à l'état de la richesse, de la science et à la nature du travail ; elle est liée à la liberté du travail.

L'industrie est l'activité humaine appliquée à produire des utilités. Elle comprend l'industrie agricole ou *agriculture,* avec la chasse et la pêche ; *l'industrie* proprement dite, divisée en industrie extractive et en industrie manufacturière, subdivisée elle-même en industries préparatoires et en industries de consommation personnelle, et industrie commerciale ou *commerce*.

Les producteurs se divisent en *entrepreneurs*, artisans et patrons, en *salariés*, ouvriers, employés, domestiques, en *fonctionnaires* et en personnes exerçant certaines *professions libérales.*

L'association, ou union de plusieurs entrepreneurs ou de capitaux fournis par plusieurs personnes pour une même entreprise, est un mode d'organisation industrielle qui a pour objet d'augmenter la puissance productive et qui peut l'accroître dans une proportion indéfinie. — On distingue l'association en participation, la société en nom collectif, la société en commandite, la société à capital variable, la société anonyme. — Aucune organisation industrielle n'a permis jusqu'ici de constituer des forces productives aussi puissantes que la société anonyme, laquelle fournit à de très modiques épargnes un emploi également avantageux aux grandes entreprises et aux petits capitalistes.

Les corporations industrielles sont des corps légalement constitués, comprenant tous les artisans de la même profession dans un même lieu et investis du monopole de leur industrie. — Elles peuvent être utiles pour la protection mutuelle des artisans dans une société où la sécurité n'est pas suffisante. — Elles sont nuisibles dans une société riche et active où les lois générales suffisent pour garantir la sûreté individuelle.

Les corps de métiers ont été supprimés, et la liberté du travail a été instituée en France par la Révolution de 1789.

La liberté du travail est une partie essentielle de la liberté individuelle. — Elle ne peut produire tous ses bons effets que dans une société bien organisée. — Ses effets sont : division du travail facilitée, concurrence, emploi plus complet des activités individuelles, meilleur emploi des capitaux, production plus économique, diminution des causes de malaise social et des difficultés entre patrons et ouvriers.

La **concurrence** est le concours de plusieurs producteurs s'offrant pour rendre aux consommateurs des services de même nature et s'efforçant chacun de les attirer par des offres plus avantageuses.

DEUXIÈME PARTIE

LA DISTRIBUTION DE LA RICHESSE

I

LA PROPRIÉTÉ

SOMMAIRE. — 42. La propriété. — 43. Le droit de transmission — 44. Les critiques du socialisme contre la propriété. — 45. Les trois facteurs de la production à rémunérer.

42. La propriété. — L'idée de propriété est intimement liée à l'idée d'épargne, dont nous avons traité à propos du capital : *c'est de l'épargne que vient le plus souvent la propriété.*

« Voici mon gibier, dit le chasseur dans l'île déserte : je l'ai tué. » — « Voici mon poisson, dit le pêcheur : je l'ai pêché. » — « Il est le résultat de mon travail, ajoutent l'un et l'autre, et, par conséquent, il est empreint du cachet de ma personnalité ; je puis dire : *cette chose est à moi.* »

En effet, chacun d'eux peut la consommer, l'anéantir, comme il peut la conserver. Ce caractère qu'elle a aujourd'hui, elle l'aura encore demain, après-demain et les jours suivants. Ils se sont *approprié* par un genre particulier de travail un objet de la nature qui n'était à personne.

Dans une contrée où toute la terre est occupée et où la civilisation est développée, l'appropriation n'est qu'une exception. Mais le cultivateur peut dire : « Ce champ que mon père m'a laissé ou que je loue, je l'ai labouré, ensemencé, moissonné, et j'ai obtenu par mon travail une récolte de blé : ce blé est *à moi*. » Le tisserand dit au même titre : « Sur le métier que je possède et avec le fil que ma femme a filé, j'ai tissé cette toile : cette toile est *à moi*. » L'ouvrier dira : « Pour prix de mon travail, j'ai reçu de l'argent et avec une partie de cet argent j'ai acheté ce vêtement : ce vêtement est *à moi*. »

Quelle que soit la forme que le travail ait revêtue, filet, cabane, blé, tissu, métaux précieux, le fruit en est toujours au travailleur, si la matière sur laquelle il s'est exercé ou à l'aide de laquelle il a opéré était déjà sienne ou n'était à personne ; c'est sa chose propre, sa **propriété**.

Il s'en sert au même titre qu'il se sert de ses facultés personnelles, de sa force physique et de son intelligence, qui elles aussi peuvent être supérieures à la force et à l'intelligence de ses voisins, soit par une libéralité de la nature, soit par un effet de la prévoyance de ses parents, qui ont soigné son enfance, et de sa propre sagesse, qui a ménagé et développé ces facultés par le travail et la réflexion.

Ce propriétaire peut dire : « *J'ai payé de ma personne* cette propriété, puisque mon travail est une émanation de ma personne, puisque j'ai dépensé ma force et, par conséquent, une partie de ma vie pour la produire ou pour l'acheter. »

On peut définir la *propriété* : le *droit d'user et de disposer des choses ;* on pourrait ajouter : le droit absolu, s'il n'était et ne devait être limité, dans l'état social, par le respect du droit des autres membres de la société et par certaines conditions nécessaires à l'ordre social.

Donc le cachet de la personnalité humaine imprimé par le travail à la matière est la raison première de la propriété.

Si l'on peut user et disposer, on a le droit de disposer en faveur d'autrui comme celui d'user pour soi-même ; *le droit de propriété implique le droit de vendre, de donner, de léguer* et la transmission investit le nouveau propriétaire de tous les droits du premier.

C'est la conscience de ce droit de possession qui a déterminé le pêcheur dont nous avons parlé plus haut (voir § 21) à différer la jouissance. S'il n'avait pas eu cette conscience ou s'il avait su que certaines violences extérieures l'empêcheraient d'user de ce droit, il aurait peut-être consommé immédiatement tout le produit de son travail ; peut-être aussi ne se serait-il pas donné la peine d'en conserver le superflu, ou n'aurait-il travaillé que dans la mesure strictement nécessaire pour satisfaire ses besoins immédiats, sans prendre souci d'un lendemain en vue duquel sa prévoyance eût été vaine.

On peut distinguer trois espèces de propriétés :

1° La propriété que doit avoir chaque individu de ses propres facultés, de ses idées, de son activité personnelle, laquelle implique la *liberté du travail;*

2° La *propriété mobilière*, qui est la possession de richesses matérielles, pouvant être déplacées et pouvant le plus souvent être multipliées par le travail aidé du capital;

3° La *propriété immobilière*, qui est la possession d'une portion du sol et qui, par conséquent, dans un contrée donnée, est limitée en quantité.

De quelque espèce qu'elle soit, la propriété dérive des rapports naturels d'un être libre et actif avec ses semblables et avec la nature passive, et partant elle peut exister indépendamment des lois humaines.

L'appropriation, ou tout au moins l'appropriation de certains objets matériels, tels que les aliments, est un fait nécessaire à la vie de l'homme : c'est en quelque sorte l'embryon de la propriété.

L'embryon en se développant devient la propriété collective ou la propriété individuelle. Les lois humaines qui régissent la propriété et la protègent, comme elles régissent les rapports du travail et protègent la liberté des personnes, peuvent varier suivant l'état de civilisation des peuples et suivant les conditions de la politique. Tout en se soumettant au fait universel et nécessaire de l'appropriation de la nature par l'homme, elles peuvent favoriser davantage la propriété patriarcale, la propriété collective de la tribu et de l'État ou la propriété individuelle. Elles ont même pu, par une inter prétation abusive du principe, étendre le droit de possession jusque sur l'homme et consacrer l'esclavage, en élevant, pour ainsi dire, un droit contre le droit, la propriété contre la liberté dont la propriété elle-même dérive.

Comme la liberté et comme tous les droits de l'homme, la propriété a son histoire. De cette histoire, on tire les conclusions suivantes :

1° *Partout la loi consacre la propriété et en règle le droit en exerçant ainsi une grande influence sur la répartition de la richesse; mais le droit de propriété, dérivant naturellement des rapports économiques de l'homme avec la matière, est logiquement antérieur à la loi.*

2° *Le respect de la propriété est une des conditions et une des causes les plus efficaces de la richesse dans les sociétés.*

3° En règle générale, à mesure qu'une société s'améliore par la richesse, par l'instruction, par la reconnaissance des droits civils et politiques, en d'autres termes, *à mesure que la personne humaine vaut plus dans une société, les lois protègent plus complètement les diverses manifestations de la liberté et de la propriété individuelles;* c'est la marche de la civilisation.

On a dit que la propriété avait pour fondement l'utile. La proposition ainsi présentée n'est pas précisément exacte, puisque le véritable fondement philosophique de la propriété est dans l'activité libre de la personne humaine qui s'incarne en quelque sorte dans la chose appropriée. Mais il est très exact d'affirmer que *l'idée de la propriété est liée par des rapports intimes à l'idée d'utilité.* En effet, sans épargne, les individus et les sociétés seraient éternellement plongés dans une irrémédiable misère, et, sans le respect de la propriété, il n'y aurait pas ou il y aurait peu d'épargnes : donc la propriété est éminemment utile. Lorsque l'intérêt personnel est vivement sollicité par des mobiles honorables, que les fruits du travail sont assurés entre les mains du travailleur, que la sécurité de la possession est entière, l'homme est plus disposé à épargner, il produit et il accumule davantage, il s'enrichit lui-même et il contribue à enrichir ceux qui ont avec lui des rapports ; donc, le respect de la propriété individuelle, de quelque nature qu'elle soit, est éminemment utile. *C'est là une des harmonies entre le juste et l'utile* que le philosophe conçoit dans sa généralité et que l'économiste prouve par l'étude des faits sociaux.

13. Le droit de transmission. — Nous avons dit que le droit de disposer impliquait le droit de donner : le don est, comme la vente et la consommation, un des modes d'usage de la propriété. Celui qui ne pourrait pas donner à un pauvre un morceau de son pain aurait-il la libre disposition de sa chose ? Or il n'existe pas à cet égard de différence essentielle entre un morceau de pain et un château, entre un denier et une fortune : quelle que soit la valeur de l'objet, le droit demeure le même. Il ne peut y avoir d'exceptions à cette règle que dans un petit nombre de cas particuliers, déterminés par des lois spéciales dans chaque pays, telles que celle qui frappe d'interdit le prodigue, parce qu'il est incapable de raison, ou celle qui ne permet au père de famille d'avantager un de ses enfants que jusqu'à une certaine limite.

Le droit de propriété implique donc le droit de donner la chose possédée. Le droit de donner implique à son tour *le droit de léguer.* En vain objecterait-on qu'un mort n'a plus de droits. Le testateur était vivant lorsqu'il a disposé, et c'est seulement la conséquence de sa volonté qui se produit après sa mort. Qui donc aurait plus de droits que lui à disposer de cette chose qui était sienne ? Le propriétaire transmet ces droits par son testament et le légataire qu'il a institué s'en trouve investi et en jouit aussi pleinement et aussi légitimement que celui auquel il succède.

Si le mort n'a pas exprimé sa volonté par testament et s'il a une famille, ces biens passent naturellement à cette famille ; la loi, quelle que soit la diversité des prescriptions de détail, l'a réglé ainsi chez tous les peuples civilisés. Il faut que la propriété ait un propriétaire et il est logique d'en saisir, à défaut de désignation spéciale, ceux qui sont liés au mort par une étroite communauté d'origine. Ce n'est qu'à défaut de famille que les biens du défunt deviennent la propriété de l'État.

44. Les critiques du communisme contre la propriété.
— La propriété a ses adversaires. Les uns prétendent que tous les biens qui existent dans la nature ou qui sont produits par le travail doivent toujours être à la disposition de l'État, afin d'être distribués à chacun suivant ses besoins de production ou de consommation ; d'autres, admettant la légitimité de la propriété mobilière lorsqu'elle est le résultat du travail et de l'épargne de l'individu, s'attaquent seulement à la propriété foncière et déclarent que la terre, n'ayant pas été appropriée dans le principe, ne saurait devenir dans la suite des temps l'objet d'une propriété individuelle sans que cette appropriation constitue un dol de la part de l'accapareur et un préjudice à la communauté privée de son droit de jouissance sur cette terre. Ces adversaires appartiennent aux écoles socialistes, lesquelles soutiennent que la richesse doit être administrée non par les individus, mais par le corps social, et surtout aux collectivistes ou communistes, qui sont ainsi nommés précisément parce qu'ils voudraient que les biens, mis en commun, appartinssent à la collectivité des citoyens. Nous parlerons plus loin de ces doctrines à propos de la distribution de la richesse. Il suffit de répondre brièvement ici à leurs principaux arguments contre la propriété.

S'il s'agit de propriété mobilière, ne serait-il pas souverainement injuste de dépouiller de la richesse produite celui qui l'aurait créée par son travail et son épargne, et injuste par suite d'en dépouiller celui auquel il aurait transmis sa propriété ? Cette violation du droit paralyserait l'énergie productive d'une population qui, ne pouvant plus compter sur les fruits de son travail, ne serait plus stimulée à travailler. Tout en se proposant pour but le bien-être des pauvres, un pareil régime, s'il pouvait être appliqué ailleurs que dans un couvent où la foi religieuse commande l'abnégation, retrancherait deux des ressorts les plus énergiques de la vie sociale, la liberté et la responsabilité, et aurait pour résultat infaillible d'appauvrir promptement toute la société.

S'il s'agit seulement de la propriété immobilière, les inconvénients sont de même nature et les conséquences seraient du même genre. *Les objections contre la légitimité de la propriété foncière ne résistent pas à un examen sérieux.*

On dit que la terre n'a pas été toujours appropriée; c'est vrai, mais le droit de propriété s'est consolidé à mesure que la civilisation a fait des progrès, et il suffit de comparer l'état de richesse des sociétés primitives et celui des sociétés modernes pour n'éprouver aucun désir de revenir en arrière de ce côté.

On dit que le fait de l'occupation a été un accaparement de la puissance productive de la terre et que, par conséquent, une propriété de ce genre ne saurait se targuer d'être tout entière le fruit du travail; c'est vrai, mais la terre, sans la civilisation, est par elle-même si peu de chose que bien peu d'hommes songent à aller s'approprier les terres, cultivables cependant, qui se trouvent dans les contrées encore inhabitées du globe, et qu'il y a même, dans les contrées civilisées, des terres qu'on ne cultive pas parce qu'elles exigeraient trop de dépenses. En réalité, la plupart des terres ont absorbé en améliorations de toute espèce un capital bien supérieur à leur valeur actuelle, capital, il est vrai, qu'elles ont peu à peu remboursé en récoltes.

On dit que la terre acquiert, par le fait de la civilisation, une plus-value dont profite seul le propriétaire, quoique la communauté en soit la cause : c'est vrai dans certains cas; mais comment apprécier exactement et détacher la plus-value de la valeur première du fonds, et n'est-il pas juste que celui qui est exposé aux moins-values ait aussi la chance des plus-values? Pour produire ses bons effets sociaux et économiques, il faut que la propriété soit nettement définie et que celui qui possède une chose sache bien quelle chose il possède; ce qui ne serait pas si, à chaque changement de valeur d'une terre pour une raison quelconque, il y avait une évaluation et un décompte à faire entre le possesseur et l'État.

On dit qu'à l'origine la propriété a été le résultat de conquêtes et d'usurpations; ce n'est pas vrai pour les pays nouveaux comme les États-Unis et pour la plupart des colonies de peuplement; si le fait a été vrai pour certaines terres dans des pays tels que la France à l'époque des invasions germaniques, il y a bien longtemps que ces terres ont changé de mains par des ventes ou par d'autres contrats et que les propriétaires les possèdent au même titre que toute autre propriété qu'ils eussent acquise de leurs deniers. Si les individus étaient exclus pour ce motif de la propriété, quel titre plus valable pourrait donc invoquer l'État qui s'est constitué peu à peu dans tous les pays par une suite de guerres et de révolutions? La société a le devoir de faire respecter l'ordre et la liberté qui intéressent tous ses membres; l'ordre l'autorise à lever des impôts sur la propriété afin de payer les dépenses de gouvernement, à régler dans certains cas l'usage et la transmission de la propriété et même à procéder à des expropriations nécessaires, après indemnité préalable; mais la liberté lui commande de respecter la propriété individuelle, sur laquelle elle n'a en principe aucun droit.

45. Les trois facteurs de la production à rémunérer. — L'analyse de la production fait voir que la richesse est créée par l'action combinée du travail, du capital et de la nature; que les forces de la nature. n'étant pas appropriées, rendent des services gratuits, et que la terre, par cela même qu'elle est appropriée, appartient à la catégorie des capitaux; qu'au contraire le travail se divise en deux catégories : travail salarié, qui est en quelque sorte une location de force productive humaine, et travail de l'entrepreneur. Il y a ainsi *trois facteurs de la production*, si l'on veut bien accepter cette expression en personnifiant le capital et en lui prêtant un rôle actif : le **travail salarié**, le **capital** et le **travail d'entreprise**.

Si tous trois apportent leur concours à la création du produit, si ce concours est utile, si ce concours est libre, c'est-à-dire s'il leur est loisible de ne pas le donner ou d'aller offrir leurs services ailleurs, si ce concours leur cause une peine, un effort, un sacrifice, il est juste pour ces quatre motifs que tous trois aient une part d'utilité produite et que cette part soit proportionnelle à l'efficacité de leur concours.

Ajoutons qu'il est nécessaire qu'ils la reçoivent, sans quoi ils s'abstiendraient de prêter ce concours et la production n'aurait pas lieu.

Il y a des hommes qui sont paresseux et qui traînent leur

vie dans la médiocrité ou la misère ; il y a des hommes qui
sont peu intelligents et qui ne s'élèvent jamais au-dessus de
la médiocrité. Il y a aussi des nations et des races qui ont peu
d'énergie au travail et dont l'intelligence est très peu cultivée
par la science : ce sont des nations et des races pauvres. *A
chacun suivant ses œuvres :* c'est une conséquence de la responsabilité humaine, et c'est le *principe* général d'après
lequel se fait la *distribution* ou *répartition des richesses
produites sous le régime de la liberté des conventions.*

À cette formule certains publicistes ont voulu substituer
celle de : « A chacun suivant ses besoins », et fonder sur cette
autre maxime un mode de répartition factice. Ils n'ont pas
réfléchi que les désirs et les besoins de l'homme n'avaient le
plus souvent pour limite que l'impossibilité de les satisfaire et
que, si la puissance publique prétendait fournir libéralement
à chacun suivant ses besoins, chacun voudrait être parmi les
plus gros consommateurs, tandis que très peu auraient le
courage et la générosité de se placer parmi les grands travailleurs lorsque le travail ne rapporterait directement rien à son
auteur ; qu'ainsi la richesse nationale irait en s'amoindrissant ;
·que si, pour obvier à cet inconvénient, la puissance publique
avait la prétention de réduire la satisfaction des besoins à la
portion congrue, elle ne ferait que des mécontents et commet-
trait de plus une grave injustice en empêchant les hommes
actifs et intelligents de se procurer plus de jouissances. Aucune
combinaison légale ne vaut à cet égard la liberté.

RÉSUMÉ

La propriété est le droit d'user et de disposer des
choses. C'est de l'épargne que vient le plus souvent
la propriété. Son fondement premier est dans le cachet
de la personnalité humaine imprimé par le travail sur
la matière. A mesure que la personne humaine vaut
plus dans une société, les lois protègent plus complètement les diverses manifestations de la liberté et de
la propriété individuelles.

Le droit de propriété implique le droit de donner et de léguer la chose possédée.

Les objections contre la légitimité de la propriété foncière ne résistent pas à un examen sérieux.

Les trois facteurs de la production sont le **travail salarié**, le **capital**, le **travail d'entreprise**.

A chacun suivant ses œuvres : c'est la grande loi de la répartition de la richesse par la liberté.

II

LA PART DU CAPITAL ET LES CONVENTIONS

Sommaire. — 46. Le métayage, le fermage et la part du capital foncier. — 47. L'étendue des propriétés et des cultures. — 48. Le morcellement. — 49. La théorie de la rente foncière. — 50. La théorie générale de la rente. — 51. La coopération du capital. — 52. La gratuité du crédit. — 53. Le taux de l'intérêt. — 54. La conservation des capitaux.

46. Le métayage, le fermage et la part du capital foncier. — Nous savons que la terre, avec les bâtiments et les améliorations foncières qui en ont accru la valeur, est un capital fixe; c'est un capital indispensable pour la production agricole.

Lorsque le propriétaire cultive sa terre de ses mains, il réunit dans sa personne la triple qualité de capitaliste foncier, de travailleur manuel et d'entrepreneur et, s'il a des bénéfices, il les recueille sans beaucoup se soucier de les diviser en trois parts. La division n'apparaît nettement que si le propriétaire loue son bien. Les deux principaux modes de location sont le métayage et le fermage.

Le **métayage** est un *contrat par lequel le propriétaire fournit la terre et le matériel d'exploitation et a droit à une part déterminée dans les produits.* C'est le mode d'amo-

diation ordinaire des contrées pauvres. Il peut être pratiqué
par un cultivateur ne possédant aucun capital; dans ce cas,
le métayer fournit son travail; le propriétaire fournit non
seulement le sol et les bâtiments, mais le mobilier agricole,
bétail, outils, etc. Tous deux forment ainsi une sorte d'association dans laquelle l'un apporte son capital foncier et
mobilier, l'autre ses bras, ceux de sa famille ou des journaliers qu'il loue, et ils conviennent de partager les fruits de
tout genre qui résulteront de cette association. Le partage se
fait ordinairement tantôt par *moitié*, ainsi que l'indique
l'étymologie des mots métayage et métayer, tantôt autrement.

Le capital mobilier prêté par le propriétaire se nomme
cheptel. C'est une sorte de commandite en nature, qui peut
être fournie non seulement dans le métayage, mais dans le
fermage; dans ce dernier cas, il consiste presque toujours
en bestiaux.

Un économiste agronome, Léonce de Lavergne, a dit avec
raison que, pour qu'une agriculture fût florissante, il fallait
trois conditions : un sol fertile et bien préparé par des travaux antérieurs, un gros capital et un cultivateur intelligent. Or le sol n'est jamais suffisamment préparé là où le
capital est peu abondant, le capital est naturellement peu
abondant là où le cultivateur ne possède que ses bras, et, là
où règne la pauvreté, l'homme a, en général, peu de moyens
de développer son intelligence. Tous arguments qui confir-
ment cette proposition : *Le métayage est le mode d'amodiation ordinaire des contrées pauvres.* Un de ses plus
grands inconvénients, comme l'a clairement démontré Hippolyte Passy, est de gêner la liberté et de nuire à l'introduction des cultures perfectionnées.

Cette règle a des exceptions. 1° Sur un sol dont la richesse
dépend de l'établissement et de l'entretien de certains travaux
d'art pour l'irrigation et le drainage ou de certaines planta-
tions coûteuses, le propriétaire peut avoir intérêt à prendre
des métayers, en se chargeant lui-même des lourdes dépenses d'aménagement et de conservation que n'accepterait
pas facilement un fermier : c'est ce qui a lieu dans les
plaines savamment irriguées de la Lombardie et même

depuis quelques années dans des oasis du Sahara algérien.
2° Sur un domaine ordinaire, un propriétaire riche et
instruit dans l'art agricole peut avoir intérêt à prendre
des métayers, parce qu'intervenant dans toutes les opérations, il se réserve de les diriger. Quand les métayers possèdent eux-mêmes un certain capital en bestiaux, en instruments de culture, etc., le métayage devient ainsi une association fructueuse, dans laquelle l'un apporte son intelligence, son travail et son capital, l'autre son intelligence, sa
terre et la puissance d'un capital supérieur, applicable à certains cas déterminés, par exemple à des achats d'engrais, à
une transformation d'assolement, à une entreprise de culture nouvelle. Dans ces conditions, le métayage devient un
moyen de progrès, réunissant précisément les trois conditions requises : *intelligence* et *capital* sur une *bonne terre*.

Le **fermage** *est un contrat par lequel le propriétaire
loue sa terre pour un temps et moyennant une somme déterminée.* Cette somme peut d'ailleurs être stipulée payable
toute en argent, ou partie en argent et partie en nature. *Ce
mode d'amodiation est le plus usité dans les contrées
riches*, et le plus propre, dans la plupart des cas, à faire
rendre à la terre la plus grande somme de produits.

Le *fermier*, qui exploite ainsi la terre d'un propriétaire
en vertu d'un *bail à ferme*, jouit de l'avantage suivant :
pourvu qu'il paye régulièrement le prix annuel de sa location et qu'il respecte les clauses générales de son bail, telles
que celles de cultiver en bon père de famille, de consommer les fumiers sur place, etc., il demeure maître d'user
comme il l'entend du fonds dont il a acheté l'usage. Il s'applique à en tirer le plus grand profit possible, assuré de
recueillir pour lui-même tout l'excédent de ses frais de production. C'est le mode qui laisse à la *liberté du cultivateur non propriétaire* le plus de latitude et qui d'ordinaire
excite le plus en lui le ressort puissant de *l'intérêt personnel.*

On peut ajouter : C'est un mode qui ne peut être pratiqué
que par des cultivateurs possédant un capital assez considérable pour meubler la ferme d'outils et de bestiaux, pour

faire les avances à la culture et payer, quelquefois avant la vente des produits, le fermage au propriétaire.

Rien n'est parfait : le bail à ferme peut présenter certains inconvénients. Le plus grave danger est que le fermier, n'ayant qu'une jouissance temporaire et appliqué à obtenir durant le temps de son bail le plus grand produit net, n'épuise le sol et n'évite de lui donner les façons nécessaires pour en entretenir la fertilité. Ce danger n'est pas sans remède ; le propriétaire peut en partie l'éviter à l'aide de certaines clauses particulières de son contrat ; il peut surtout l'atténuer en signant de *longs baux* qui identifient, pour ainsi dire, l'intérêt du fermier et l'intérêt de la terre.

Métayage ou fermage, revenu variable ou fixe, payement en denrées ou en argent, le propriétaire reçoit annuellement une somme qui est le prix de la location de sa terre ; ce prix est quelquefois dégagé de tout autre élément dans le fermage, il se trouve confondu dans le métayage avec l'intérêt du capital d'exploitation. *Ce prix de location, lorsque le propriétaire n'a pas dépensé de capitaux en améliorations, est la part de la terre dans la répartition :* cette part se nomme rente foncière ou **rente** tout court. Une exploitation agricole a donc en réalité à faire quatre parts dont les deux premières sont des subdivisions du capital : la *rente* de la terre, l'*intérêt* du capital, le *salaire* du travail, le *profit* de l'entreprise.

17. L'étendue des propriétés et des cultures. — Quand on étudie l'économie agricole des peuples qui ont occupé le globe, on voit que l'existence de la moyenne et de la petite propriété a toujours eu des rapports intimes avec l'état général de leur civilisation.

La grande propriété est nécessaire à la vie de chasse et à la vie pastorale, parce qu'il faut aux peuples sauvages ou nomades de grands espaces pour nourrir les troupeaux au pâturage et de plus grands encore pour trouver des aliments par la chasse. Dans cet état social, la terre est rarement une propriété individuelle ; elle est plus souvent une propriété collective de la tribu ou de la famille.

La *vie agricole* peut s'accommoder *de la grande et de la petite propriété*.

Au point de vue politique, on peut dire que *la prédominance de la grande propriété est liée intimement à la constitution d'un État aristocratique et que la prédominance de la petite prop iété est en harmonie avec la constitution d'un État démocratique*.

Sous le régime féodal, dans un temps où les esprits ne concevaient plus l'idée générale et abstraite de l'État, posséder la terre signifiait non seulement être propriétaire, mais le plus souvent aussi être souverain; la petite propriété n'eût pas été apte à jouer ce second rôle : c'est pourquoi elle était presque partout subordonnée à la grande. La grande propriété paraît même indispensable au maintien d'une aristocratie : c'est pour cette raison que les coutumes du moyen âge la protégeaient contre le morcellement. C'est aussi pour cette raison qu'en Angleterre, où l'amélioration de l'état social s'est faite sans que les familles seigneuriales aient été dépouillées par une révolution, la grande propriété est demeurée très puissante.

La petite propriété, procurant plus de bien-être et d'indépendance à un grand nombre d'individus, les attache au sol et les intéresse au maintien de l'ordre établi : elle est pour la société une condition de sûreté et de stabilité.

Au point de vue économique, on peut affirmer d'une manière presque générale : 1° que *la grande propriété procure à un petit nombre de personnes un grand revenu territorial;* 2° que *la petite propriété, donnant plus de produit brut, nourrit un plus grand nombre d'hommes*.

En effet, là où règnent la petite propriété et, avec elle, la petite culture, il faut, en faisant abstraction (pour faciliter le raisonnement) des ressources industrielles du pays, que chacun retourne à la charrue ou à la bêche son petit coin jusqu'à ce qu'il en ait tiré la subsistance de sa famille. Il faut, par conséquent, relativement à la superficie territoriale, *beaucoup de bras*.

Ce n'est pas assurément une vie de loisirs que la petite propriété fait à l'homme. Ce sont même quelquefois de rudes labeurs pour de minces résultats; car un même homme, ayant un champ deux fois plus étendu, pourrait avoir une vache au lieu d'une chèvre, un cheval au lieu d'une vache, labourer plus commodément et sans plus de perte de temps un espace double, et, par conséquent, obtenir des travaux de son année une rémunération plus forte. Mais du moins cette lutte incessante de l'homme contre la nature force la terre à rendre à peu près tout ce que lui permet de rendre l'état de la science et du capital du cultivateur. Le produit net par tête est peut-être faible, quelquefois même il est nul, c'est-à-dire que chacun ne produit juste que de quoi suffire à sa consommation; mais presque toujours *le produit brut est plus considérable* que sous les autres régimes agricoles.

Nous venons de dire : en faisant abstraction des ressources industrielles. En effet, l'industrie crée des centres de consommation dont l'influence sur la population et sur la production agricole d'un territoire est bien supérieure à celle du mode de propriété : ainsi le Limousin, pays de petite propriété, mais de peu d'industrie, est bien moins peuplé et rend moins de récoltes que la Flandre, pays de moyenne et de grande culture, mais pays très manufacturier. La *culture maraîchère*, qui s'est pratiquée de tout temps autour des grands centres de consommation et que les chemins de fer ont permis de pratiquer loin des villes sous les climats favorables, est de toutes les cultures celle qui exige le plus de bras et qui donne le plus de produit brut; elle a de plus l'avantage de procurer un *produit net bien plus considérable qu'une autre culture.*

Lorsque le petit propriétaire cultive son propre champ avec sa famille, le sentiment de l'*intérêt personnel* inspire à cette famille une énergie qui donne quelquefois plus de résultats que les procédés perfectionnés d'une grande exploitation. « Allons travailler, » dit l'un; « allez travailler », dit-on dans l'autre. C'est encore un des avantages de la petite propriété.

La très petite propriété a d'ailleurs ses inconvénients. Sur un sol morcelé à l'excès, les familles de cultivateurs ne trouvent qu'un emploi insuffisant de leurs bras ; il y a ainsi des *forces perdues*, si une forte émigration ne rétablit l'équilibre. Les petits cultivateurs ont la plupart *peu d'argent, peu d'instruction et peu d'esprit d'initiative :* ils végètent dans la routine et dans la pauvreté, sans savoir et sans pouvoir le plus souvent améliorer le rendement de leurs terres par l'application de procédés scientifiques.

Là où règne la grande propriété, les choses ne se passent pas de même. Le propriétaire qui cultive son vaste domaine, ne consommant pas directement tout ce qu'il produit, est sollicité, non à produire le plus possible, mais à produire de manière que, tous frais payés, il lui reste la plus grande somme possible de produits échangeables, c'est-à-dire *le plus fort produit net*. Il règle son exploitation d'après ce principe ; il étend les prairies dans lesquelles, avec peu de façons à donner à la terre et un petit nombre de bergers, il entretient de nombreux troupeaux ; il conserve, principalement sur les sols médiocres, les forêts qui coûtent encore moins de travail et qui procurent, entre autres avantages, l'agrément de la grande chasse. S'il a peu de capitaux, il fait de la *culture extensive*, c'est-à-dire qu'il fume peu, use beaucoup de la jachère pour attendre que la nature ait réparé d'elle-même les forces épuisées du sol ; par conséquent, il ne tire d'une grande surface qu'une médiocre quantité de produits, mais il la tire en dépensant le moins possible en salaires et en capitaux. Ce dernier cas est fréquent dans les pays tout agricoles où domine presque exclusivement la grande propriété et où les capitaux sont rares.

Il est évident en effet que, là où les propriétaires n'ont pour vivre que le revenu de leur terre et appliquent ce revenu tout entier à leur fonds de consommation personnelle, il ne peut pas y avoir d'améliorations foncières et que la productivité du sol a peu de chance de s'accroître. De plus, par une conséquence de l'organisation sociale, l'activité individuelle est souvent peu développée dans les pays de très grande propriété ; les propriétaires, habitués à toucher chaque année un gros revenu, ont des goûts de luxe et consomment beaucoup improductivement : l'épargne se fait

peu et les capitaux sont relativement rares. Néanmoins,
avec la grande propriété, *quelques individus jouissent
d'un produit net considérable.*

Au sujet de ce produit net, il faut s'entendre; nous voulons dire — ce qui d'ailleurs est évident — que, dans un
pays où les propriétaires possèdent en moyenne 200 hectares, le total du revenu net de chacun d'eux est supérieur
au revenu net de propriétaires ne possédant que 2 hectares. Cependant, à un autre point de vue, si l'on envisage
non l'homme, mais la terre, non le revenu moyen des individus, mais la moyenne du produit net de chaque hectare,
le problème est tout différent et la solution l'est aussi : la
petite propriété reprend l'avantage. Hippolyte Passy a montré
qu'en général, en France, *un hectare de petite culture
donnait un produit net supérieur à celui d'un hectare
de grande culture.*

Si le grand propriétaire a beaucoup de capitaux, s'il a
surtout un gros revenu supplémentaire provenant d'une
autre source que sa terre et qu'il dépense une grande partie
de ce capital ou de ce revenu en améliorations culturales,
la situation est tout autre; car il possède précisément les
avantages qui manquent au petit cultivateur, argent, science,
initiative. En achetant les machines les plus perfectionnées,
les semences les meilleures, les engrais les plus efficaces,
en étudiant et en appliquant avec méthode les procédés les
plus autorisés par la science et la pratique, non seulement
il fait rendre beaucoup à son domaine et récolte par exemple
30 hectolitres de froment à l'hectare dans un canton qui n'en
produit communément que 15, mais il donne par là à tout
son voisinage l'exemple du progrès et la preuve du profit
qu'on en peut tirer. Dans ce cas, le grand propriétaire fait
à la fois de la *culture intensive* et de la *culture économique*, c'est-à-dire qu'il obtient en même temps une grande
somme de produits et un gros produit net; il fait une bonne
affaire par le profit qu'il recueille et une bonne œuvre par
l'exemple qu'il donne.

On peut ajouter cependant que, même dans ce dernier cas,
la moyenne propriété peut valoir mieux que la très grande

propriété; le même capital concentré sur 100 hectares donnera probablement plus de résultats que s'il était disséminé sur un domaine de 1000 hectares.

Ce sont là des règles générales relatives à l'influence qu'exerce sur le rendement l'étendue des propriétés et des cultures; elles sont loin d'être sans exception. Ainsi, les effets de la grande propriété ne sont pas, non plus que ses causes, les mêmes aux États-Unis et en Australie, où les terres sont vendues par lots, qu'en Europe, où la constitution des domaines seigneuriaux remonte à l'organisation sociale des siècles passés. En 1893, il y avait aux États-Unis une ferme, savamment aménagée, de 30 000 hectares.

La grande propriété et la petite culture peuvent coexister, le grand propriétaire louant sa terre par petites parcelles : c'est ce qui avait lieu sous le régime féodal dans les petites cultures des manants, dépendant d'un seigneur grand propriétaire, et ce qui se rencontre encore, par exemple, en Irlande, où la grande propriété domine et où la population agricole pullule dans la misère et pullulait bien plus avant la grande émigration. Quelquefois, mais plus rarement, la moyenne et la grande culture peuvent s'accommoder avec la petite propriété, un même fermier louant des terres à plusieurs propriétaires. *Il y a donc fréquemment, mais il n'y a pas nécessairement rapport entre l'étendue des propriétés et l'étendue des exploitations agricoles.*

D'autre part, le grand propriétaire qui a des capitaux en abondance et qui est intelligent cultive avec des instruments perfectionnés, que d'ordinaire la petite culture ne pourrait ni payer ni employer, et il obtient des résultats supérieurs.

En effet, *l'étendue des exploitations agricoles*, qui est un fait d'ordre économique, *est* plus *généralement* que la propriété, qui est un fait d'ordre à la fois économique et politique, *déterminée par la nature des choses*, c'est-à-dire par la configuration et la composition du sol ou par les habitudes du marché et par le capital nécessaire à l'exploitation. C'est ainsi que, d'une part, les grandes fermes prédominent dans une vaste plaine unie formée de bonnes terres de labour, comme la Beauce et la Brie, ou dans de vastes pâturages, comme ceux de la vallée d'Auge et du Cotentin; que la culture est morcelée dans une région accidentée, comme l'Auvergne et les Vosges lorraines, ou dans le voisinage d'une ville qui fait une grande consommation de légumes ou un grand commerce de fruits, comme Paris. C'est ainsi, d'autre part, que, dans la Flandre, le capital d'exploitation employé par hectare étant de 1500 à 2000 francs, l'étendue moyenne des fermes est naturellement plus restreinte que dans la Beauce, où une somme de 800 à 1000 francs a pu longtemps suffire.

48. Le morcellement. — *En France*, où la population agricole forme encore la majorité des habitants, *la petite propriété domine*. Elle se rencontrait déjà fréquemment dans beaucoup de provinces sous l'ancien régime. La révolution de 1789, qui l'a émancipée, a été pour ainsi dire son triomphe; le Code civil, en décrétant l'égalité de partage entre les enfants quand il n'y a pas de testament, et en limitant, en cas de testament, la part dont les parents peuvent disposer, a contribué à la maintenir.

On dit quelquefois que le Code civil, par ces dispositions, a émietté la propriété au détriment de la culture. Il y a dans cette assertion une exagération des faits et une erreur d'appréciation. Voici la réalité des faits.

En premier lieu, on comptait environ *dix millions trois cent mille cotes foncières en 1826*, et, *en 1882*, pour une population accrue d'un cinquième, on en comptait un peu plus de *quatorze millions trois cent mille;* mais il faut remarquer que les maisons bâties ont été pour la plus grande part dans cet accroissement : *le morcellement n'a donc pas été, en somme, excessif.*

En second lieu, on estime que les propriétés de plus de 50 hectares, qui font moins de 1 0/0 du nombre total des propriétés, occupent cependant, à cause de leur grandeur, 36 0/0, soit plus du tiers, de la surface totale du sol : *la grande propriété n'a donc pas disparu.*

En troisième lieu, la production agricole est beaucoup plus considérable aujourd'hui qu'au siècle dernier : *il n'y a donc pas eu appauvrissement.*

L'équilibre d'ailleurs ne se modifie que lentement et dans une faible mesure, parce qu'une partie des cotes nouvelles sont dues non au morcellement de la propriété agricole, mais à des constructions de maisons, et que l'augmentation s'étant produite presque exclusivement dans les petites cotes qui payent moins de 20 francs de contribution, il suffit de la division d'une seule grande propriété de 300 hectares, par exemple, pour produire 600 propriétés de 50 ares.

La mort met chaque année plus de 200 000 propriétés sous le coup d'une division, par suite de successions. Elle occasionne sans doute parfois des partages regrettables. Cependant la division n'a pas toujours lieu, parce que les ventes après décès adjugent souvent la totalité de chaque fonds à un même acquéreur : première observation. Seconde observation : les mariages tendent à rassembler ce que la mort a séparé. Troisième observation : les hommes industrieux, qui ont fait des épargnes, acquièrent des biens immobiliers, et il y en a parmi eux qui se composent, par une série d'achats successifs, de moyennes et même de grandes propriétés.

Ainsi s'établissent sur la terre agricole (non compris, par conséquent, les propriétés bâties, dont l'augmentation est une conséquence nécessaire de l'accroissement de la population et un indice de bien-être) deux courants simultanés, agissant en sens contraire et presque avec une égale puissance en France au XIXᵉ siècle, l'un de séparation par la mort, l'autre de concentration par le mariage et par l'épargne.

Par quels moyens fait-on valoir la terre? Par le travail et par les capitaux. Le meilleur système économique est donc celui qui laisse le mieux parvenir jusqu'à elle ces deux instruments de sa fécondité; or la petite propriété est en général très propre à donner le premier, et la moyenne ou la grande propriété, lorsque se déversent sur elle en abondance des épargnes accumulées dans l'industrie, à fournir le second. La liberté tend à morceler les grandes propriétés quand elles rapportent peu pour leur substituer de petits propriétaires capables de tirer davantage de chaque parcelle, à réunir au contraire plusieurs parcelles entre les mains des riches capitalistes, à exploiter par la petite propriété et par la petite culture les terres qui demandent une grande somme de travail, comme les vignobles et les jardins maraîchers. La grande, la moyenne, la petite culture ont chacune leurs avantages comme leurs inconvénients; *il est utile, pour l'économie agricole d'un pays, que les uns et les autres se combinent* en s'adaptant en chaque lieu aux conditions naturelles du sol et du climat et aux conditions sociales du capital, de la science et des débouchés.

Au point de vue économique, la meilleure répartition de la propriété, comme de l'exploitation du sol, est celle qui résulte de la liberté des transactions.

Il ne faut pas oublier d'ailleurs que les expressions de grande et de petite propriété sont relatives; dans le centre de la France, un domaine de 5 à 600 hectares est grande propriété; en Flandre, un domaine de 50 à 100 hectares l'est également. Sur un pareil espace, un nomade du Turkestan vivrait chichement : il faudrait des milliers d'hectares pour lui constituer une grande propriété. *Plus la terre a de valeur, moins il en faut pour en faire une grande propriété.*

49. La théorie de la rente foncière. — Un économiste anglais, Ricardo, qui écrivait au commencement du xix° siècle, a attaché son nom à une théorie de la rente que d'autres écrivains avaient entrevue avant lui. « *La rente*, dit-il, *est cette portion du produit de la terre que l'on paye au propriétaire pour avoir le droit d'exploiter les facultés productives et impérissables du sol :* » voilà sa définition.

Voici sa théorie. Les hommes ont dû commencer par cultiver les terrains les plus productifs, et, tant que ces terrains ont été en assez grande quantité pour suffire à toute la consommation, il n'y a pas eu de rente. Quand l'accroissement de la population les a rendus insuffisants, il a fallu que des cultivateurs défrichassent des terrains moins productifs et que les consommateurs payassent le blé au prix que coûtait la production sur ces derniers terrains; le prix du blé a haussé et les cultivateurs des premiers terrains ont eu un *excédent de revenu* qui est précisément la rente. Quand l'accroissement de la population a fait mettre en culture les terrains de troisième qualité, le prix a encore haussé ; la rente a commencé pour les terrains de seconde qualité, et celle des terrains de première qualité a augmenté. Ainsi de suite, de sorte qu'on peut dresser le tableau suivant :

TERRES CULTIVÉES AVEC LA MÊME DÉPENSE EN TRAVAIL ET EN CAPITAL	PRODUIT EN MESURES DE BLÉ	PREMIÈRE ÉPOQUE	DEUXIÈME ÉPOQUE	TROISIÈME ÉPOQUE	QUATRIÈME ÉPOQUE
1re qualité.	100	Seules cultivées, rente = 0.	Rente = 10 mesures de blé.	Rente = 20 mesures de blé.	Rente = 30 mesures de blé.
2e —	90	Non cultivées.	Cultivées, rente = 0.	Rente = 10.	Rente = 20.
3e —	80	Idem.	Non cultivées.	Cultivées, rente = 0.	Rente = 10.
4e —	70	Idem.	Idem.	Non cultivées.	Cultivées, rente = 0.

L'observation de Ricardo est vraie, quoiqu'on soit en droit de lui objecter que le phénomène de rente représentant l'action coopérative du sol peut se produire — et se produit légitimement — même pour la dernière qualité des terres exploitées. En vain des économistes, tels que Bastiat en France et Carey en Amérique, ont prétendu renverser cette théorie, le premier en s'appliquant à prouver que la terre n'a de valeur que par les capitaux et le travail que l'homme y enfouit et que, par elle-même, elle donne, comme tous les agents naturels, sa force productive gratuitement ; le second en montrant en outre, par des exemples pris dans les défrichements de son pays, que les terres les plus fertiles ne sont pas ordinairement les premières que l'homme cultive, parce qu'elles sont souvent situées au fond de vallées qui exigent des travaux préparatoires et, par conséquent, une certaine civilisation pour être rendues habitables. Ils n'y sont pas parvenus.

Peu importe en effet que les premières terres défrichées soient foncièrement ou ne soient pas les plus fertiles : elles étaient les plus productives dans la situation où se trouvaient les premiers colons. Il peut même, comme cela a lieu aujourd'hui (1886) en France pour certaines terres, venir un temps où la rente diminue, sans que la théorie de la rente soit renversée par ce fait.

Sans doute, le capital améliore le sol, et il est souvent impossible de démêler la part de l'un et de l'autre dans la valeur d'un fonds de terre ; souvent aussi la valeur d'un bien-fonds reste fort au-dessous de la valeur totale des capitaux et du travail qui y ont été successivement dépensés, mais qui le plus souvent n'ont plus rien à réclamer, ayant été amortis par les revenus. Il n'en est pas moins vrai que la terre a une force productive qui lui est propre, que cette force n'est pas la même pour toutes les terres et pour tous les usages, et qu'il faut la payer suivant la mesure de l'utilité qu'elle procure. *Il y a toujours à un moment donné,* comme dit Roscher, *des terres qui, avec le même capital et le même travail, rendent plus que d'autres ; la différence qui existe alors entre le rendement des plus favorisées et celui des moins favorisées constitue la rente.*

Bastiat voulait prouver que la terre ne différait en rien des autres capitaux, et que sa valeur émanait tout entière du travail de l'homme ; il croyait fortifier par là le droit de propriété. Sa proposition, qui contient une grande part de vérité, est cependant inexacte, étant absolue. S'il y a en effet sur le globe bien des terres qui ne valent rien, parce que la présence et le travail de l'homme civilisé ne les ont pas vivifiées, il arrive souvent aussi qu'un fonds de terre acquiert une plus-value de rente sans que son propriétaire ait dépensé un capital ou un travail supplémentaire, c'est le cas, par exemple, d'un champ éloigné de tout débouché, près duquel on vient à construire un chemin de fer conduisant à un marché important, ou d'un terrain qui, dans une ville, se trouve en façade sur une grande rue nouvellement percée. On a beau dire que c'est le travail de la société qui a fait la plus-value : ce n'est pas moins le propriétaire qui a — et qui a légitimement, ainsi que nous l'avons dit (voir § 44) — le bénéfice, c'est-à-dire la rente.

Cette rente n'existe pas seulement pour des champs de blé. Le vent souffle pour tout le monde; cependant, de deux moulins construits exactement de la même manière et avec un capital égal, mais placés l'un sur une éminence dominant toute la région, l'autre dans un pli de terrain, le premier donnera une rente et le second n'en donnera peut-être pas.

On voit aussi que la rente n'augmente pas nécessairement le prix des choses; car *elle est la conséquence et non la cause de la hausse.* A cet égard, on ne saurait donc lui reprocher de porter préjudice aux intérêts des consommateurs : nous verrons que dans certains cas, au contraire, elle leur est favorable.

Mais, si le fait observé par Ricardo est exact, certaines conséquences qu'il croit pouvoir en tirer et qui ont effrayé, après lui, d'autres économistes sont moins exactes ou sont moins à redouter qu'il ne le fait croire.

Si la rente augmente à mesure que la population augmente, c'est que le prix du blé augmente; si, d'autre part, les salaires restent stationnaires et que l'ouvrier paye son pain plus cher, le résultat définitif est que les pauvres s'appauvrissent, pendant que les riches s'enrichissent davantage : voilà la thèse de Ricardo. Pour que cette thèse fût l'expression de la réalité, il faudrait supposer que, durant cette évolution de la rente, aucun progrès n'a été accompli ni dans la culture, ni dans l'industrie ; sans quoi le progrès agricole aurait abaissé le prix de l'hectolitre ou le progrès industriel aurait élevé les salaires. Ce n'est pas ce que l'expérience des faits montre, depuis que Ricardo a produit sa théorie. Il y a eu en France, en Angleterre et dans la plupart des pays civilisés, à la fois un progrès agricole, ayant pour résultat des récoltes plus abondantes, un progrès commercial, permettant un plus large approvisionnement des marchés, un progrès industriel, rendant le travail de l'ouvrier plus fécond et, en somme, il s'est trouvé que c'était le prix du blé qui demeurait à peu près stationnaire, tandis que les salaires haussaient.

La rente a augmenté cependant aussi d'une manière générale en Europe et en Amérique, dans les trois premiers quarts du xix° siècle, tout en se déplaçant quelquefois. Ainsi, telles terres qui avaient le privilège de nourrir une grande ville ont pu perdre une partie de leur rente dans le même temps que les chemins de fer accroissaient la rente de certaines autres terres en leur ouvrant un débouché jusqu'à cette ville. Plus tard, par suite de nouveaux progrès des transports, telles terres ont pu voir leur rente réduite par la concurrence de blés venus de pays lointains : c'est l'effet qu'a produit en Europe depuis une quinzaine d'années la concurrence des blés américains et indiens.

50. La théorie générale de la rente. — Nous avons fait remarquer que le champ de blé n'a pas seul le privilège de la rente, que les terrains à bâtir y contribuent aussi, de même que les mines, dont les unes, une fois ouvertes, s'épuisent vite, tandis que d'autres recèlent des richesses immenses. C'est encore trop peu dire ; car la rente est un phénomène beaucoup plus général.

En effet, tout instrument de production et tout travailleur ayant une supériorité naturelle quelconque au point de vue de la production sur les autres instruments ou sur les autres travailleurs du même genre jouissent d'une rente.

Un marchand de vin est établi à un coin de rue très fréquenté ; en se donnant la même peine, il fait plus d'affaires que ses concurrents placés dans les rues adjacentes : il y a là un phénomène de rente, et il est probable que le propriétaire en prélève une partie en faisant payer le loyer de la boutique plus cher qu'ailleurs.

Un fermier élève plusieurs chevaux qui mangent chacun la même quantité d'herbe, de foin et d'avoine ; il s'en trouve un qui est plus fort et plus résistant que les autres, et le fermier s'en sert avec profit pour les gros charrois et les labours profonds : il y a phénomène de rente.

Un manufacturier a acheté chez un constructeur une machine à vapeur qu'il a payée d'après le même tarif que les autres acheteurs ; mais à cause, soit de quelque détail du mécanisme, soit de l'installation, elle brûle moins de charbon que les autres pour fournir une même quantité de vapeur et le manufacturier s'en applaudit : il y a phénomène de rente.

Un avocat a un remarquable talent de parole et de la finesse d'esprit; il n'avait pas plus travaillé que ses condisciples à l'École de droit et il ne prend pas aujourd'hui plus de temps qu'eux pour étudier un dossier. Cependant les affaires affluent dans son cabinet, quoiqu'il se fasse payer plus cher que ses confrères, et il est en train de faire une grande fortune : il a une rente.

Un forgeron a une grande force musculaire; comme il fait plus d'ouvrage que les autres ouvriers, il reçoit un salaire plus élevé : il a une rente.

Une couturière adroite n'arrête presque jamais sa machine et ne casse pas son fil; elle fait tous les jours plus de mètres de piqûre que les autres ouvrières de l'atelier, et, comme le travail est aux pièces, elle gagne davantage : elle a une rente.

Aucune de ces rentes ne grève le consommateur. Le marchand ne vend pas son vin plus cher; le prix du fer et celui des piqûres n'en sont pas affectés, et les plaideurs, qui peuvent choisir entre les avocats, croient sans doute avoir avantage à préférer celui qui demande plus que les autres.

Toutes sont, au contraire, des *suppléments de services rendus par l'instrument ou par le travailleur à la société*, et la société, qui vit de services, y gagne. Elle a intérêt à la multiplication de ces supériorités.

Qu'arriverait-il si le nombre en augmentait considérablement? Les supériorités se feraient concurrence, et, comme elles produisent avec moins d'efforts, elles donneraient leurs services à meilleur marché. Il y aurait, et il y a souvent en réalité, un abaissement des prix, une diminution de la rente, c'est-à-dire un résultat tout opposé à l'hypothèse dont s'effrayait Ricardo.

51. La coopération du capital. — *Il faut de toute nécessité que, pour produire, le travail et le capital soient associés.* Nous l'avons prouvé en traitant du rôle du capital.

A quelles conditions se fait l'association? A des conditions diverses selon les cas, mais qui toutes impliquent un *par-*

tage du produit, puisqu'il y aura eu participation de l'un et de l'autre à l'œuvre de la production.

Le cas le plus élémentaire est celui où le capital et le travail sont réunis dans une même personne, c'est-à-dire où le travailleur produit avec des outils et des matières premières qui lui appartiennent en propre. Ce n'est pourtant pas, au point de vue de l'analyse scientifique, le plus-simple à étudier. En effet, les deux facteurs de la production y sont si intimement mêlés qu'on ne prend pas toujours garde dans la pratique de les distinguer. Le savetier, dans son échoppe, paye un loyer, se nourrit, possède un matériel industriel, c'est-à-dire travaille avec un petit capital. Songe-t-il à lui faire une part distincte dans les bénéfices? Non; il songe à vivre. Cependant, s'il cède quelque jour ce matériel et sa clientèle à un camarade, il saura très bien que tout cela a une valeur; il en demandera et en obtiendra une certaine somme d'argent. L'influence du capital est certaine.

Deux tisserands de campagne travaillent, celui-ci sur son propre métier, celui-là sur un métier appartenant à un fabricant du bourg voisin; le premier reçoit le prix intégral de la façon de ses toiles; le second reçoit un prix moindre, le fabricant retenant quelque chose pour la participation de son capital. L'influence du capital apparaît ici plus manifeste.

Elle devient si clairement manifeste, lorsque l'industriel a des ouvriers et un établissement organisé, qu'il est inutile d'insister; il suffit de renvoyer à ce que nous avons dit plus haut à propos du rôle de l'intelligence et de celui du capital (voir § 18 et 24).

Ce précieux coopérateur qui augmente dans une proportion si considérable la puissance productive du travail, *il est juste de le payer*. Comme tout associé, il a droit à sa part.

52. La gratuité du crédit. — Hâtons-nous d'ajouter : *Il est impossible de ne pas le payer*, aussi bien qu'il est impossible de ne pas payer le travail. Un ami peut gratuitement nous prêter une somme d'argent, comme il peut gratuitement nous rendre un service ou nous donner un produit de son travail : ce sont là des actes que la sympathie inspire et que ne règle pas l'économie politique. Dans les rapports ordinaires de la vie, les hommes échangent entre eux des services. « J'ai besoin de votre capital, dit le travailleur, parce qu'avec son aide je produirai beaucoup plus. — Le voici, répond le capitaliste; quelle part du produit lui réserverez-vous? » Qu'il propose lui-même les conditions ou qu'il attende qu'on les lui fasse, il ne donnera son argent qu'avec l'espérance d'un profit raisonnable. L'emprunteur offre-t-il moins que son voisin, le capitaliste prêtera probablement au voisin, s'il trouve la même sécurité.

Si tous les emprunteurs, imbus d'idées fausses et s'imaginant que les capitalistes abusent d· leur position en réclamant une part du profit, refusaient absolument de donner cette part, qu'adviendrait-il? Les capitalistes garderaient leurs fonds. Les uns, les plus sensés, se mettraient à travailler pour utiliser eux-mêmes l'instrument dont ils n'auraient pu trouver le placement lucratif et en tireraient un revenu; les autres le consommeraient d'une manière improductive, aimant mieux, tout calculé, se procurer des jouissances temporaires que de s'imposer les privations d'une épargne sans fruit.

Car il ne faut pas oublier que la source du capital est l'épargne et que l'épargne est une privation de jouissances. Or l'homme prévoyant ne se prive dans le présent qu'en vue d'une jouissance dans l'avenir, pour lui ou pour les siens; supprimez le droit à la jouissance dans l'avenir, c'est-à-dire le profit du capital prêté, et vous supprimerez du même coup l'épargne.

Cette supposition est d'ailleurs imaginaire et *la gratuité du crédit est une utopie.* Les hommes sont guidés en pareille matière par leur intérêt; et, comme l'intérêt des travailleurs à se procurer du capital n'est pas moins grand que l'intérêt des capitalistes à trouver de l'emploi à leurs capitaux, l'accord est en quelque sorte nécessaire. Mais les préjugés, comme les mauvaises lois, peuvent le rendre plus difficile.

53. Le taux de l'intérêt. — Comme toutes les valeurs, le capital est soumis à la loi de l'offre et de la demande. Le taux de sa rémunération est fixé au point où s'accorde le capitaliste qui cherche le plus grand profit possible et l'emprunteur qui cherche la moindre dépense. Nous pouvons dire d'une part : *capital rare, capital cher,* c'est-à-dire *intérêt élevé; capital abondant, capital à bon marché,* c'est-à-dire *intérêt bas.*

Nous n'avons ainsi qu'une des faces du problème; il faut ajouter d'autre part : *les capitaux très demandés sont chers; les capitaux peu demandés sont à bon marché.*

Le taux de l'intérêt se règle principalement : 1° *sur l'état général de la richesse sociale, qui tend à faire baisser d'autant plus l'intérêt qu'elle est elle-même plus abondante;* 2° *sur l'activité de l'esprit d'entreprise et la productivité du capital, qui tend à faire hausser l'intérêt d'autant plus qu'elles sont plus grandes elles-mêmes.*

On peut comparer ce jeu du taux de l'intérêt au mouvement d'une balance. Dans le plateau de l'offre, ajoutez du capital : aussitôt le fléau de la balance incline vers la baisse. Mais mettez de nouveaux emprunteurs ou de plus forts profits dans le plateau de la demande : le fléau se relève vers la hausse; chaque oscillation marque *non la quantité absolue de capital disponible, mais le rapport entre cette quantité et la demande.*

C'est ainsi que, dans une époque de langueur du commerce, on voit s'abaisser l'intérêt. Est-ce que le capital est plus abondant? Nullement; mais il est moins demandé. Aujourd'hui, à cause de l'abondance de l'épargne, il y a dans presque tous les pays civilisés une tendance à la baisse de l'intérêt.

Il en résulte que, si un intérêt bas est chose bonne et possible, l'abaissement du taux de l'intérêt jusqu'à zéro est une utopie. Les faits sont en contradiction avec une pareille théorie. Le raisonnement l'est aussi. *Ce qui est désirable, c'est que les capitaux soient toujours à la fois très abondants et très demandés.* Ce qui signifie : il est désirable qu'il y ait beaucoup d'instruments de travail à la disposition de l'industrie humaine et que ces instruments soient constamment employés à produire, parce que ce sont deux conditions qui concourent puissamment à conduire l'œuvre économique vers son but. Trop haut, l'intérêt entrave la production; trop bas, il n'encourage pas la formation du capital. Mais la moyenne ne saurait jamais être déterminée sans témérité; car elle varie suivant les cas, les lieux et les temps.

Quand les *capitaux* sont *associés*, ils peuvent avoir de grandes chances de profit, de même qu'ils courent de graves risques de perte. Si l'affaire est très avantageuse, c'est peut-être par 10, 20, 50 p. 100 et plus que se compte le profit; si elle est tout à fait mauvaise, non seulement le profit est nul, mais le capital est détruit en totalité ou en partie, et le capitaliste perd intérêt et principal.

Le prêteur peut se mettre à l'abri de ces grandes oscilla-tions. Au lieu d'un revenu variable et proportionnel aux bé-néfices faits dans l'année, il peut stipuler d'avance un revenu fixe, calculé à peu près sur la moyenne des bénéfices annuels de l'entreprise ou réglé d'après la valeur qu'ont les capitaux sur le marché. Dans ce cas, les fonds qu'il fournit ne sont pas du capital associé, mais du *capital salarié*. Tous les ans, le prêteur recevra l'intérêt stipulé, soit, par exemple, 5 p. 100. Si le travailleur qui a fait l'emprunt a réalisé de gros bénéfices, tant mieux pour lui; il en est le seul et légi time propriétaire, quand une fois il a payé la somme con-venue; mais si, d'autre part, son profit total n'est que de 4 p. 100, il faudra, pour s'acquitter, qu'il prélève 1 sur son avoir, et le résultat pour lui sera une perte. Le capital prêté n'aurait de risques à supporter que si l'entreprise était tel-lement mauvaise que, loin de donner des bénéfices, elle dévorât improductivement tous les fonds de l'emprunteur et la totalité ou une partie des fonds prêtés : ce qui, d'ailleurs, n'est pas sans exemple.

Aussi le capital salarié fait-il son choix et ses conditions. Dans une industrie qui présente de bonnes garanties et avec des industriels qui méritent le crédit par leur richesse ou leur réputation, il s'offre avec facilité et se donne, eu égard à l'état général du marché, à bon marché; dans les entre-prises où il y a beaucoup à hasarder, soit à cause de la na-ture du travail, soit à cause du peu de fortune ou du peu de moralité du travailleur, il évite de s'engager ou il ne le fait qu'avec la perspective d'un intérêt assez élevé pour compenser la possibilité d'une perte. Pour cette cause, on dit que *le taux de l'intérêt est généralement proportionnel aux risques*, c'est-à-dire que *les entreprises hasardeuses payent un intérêt supérieur, et les entreprises très solides un intérêt inférieur au taux moyen du pays dans le temps donné.*

Le capital mobilier peut être prêté sous différentes formes : sous la forme générale de numéraire propre à être employé au gré de l'emprunteur en instruments de production ou en marchandises, sous celle de crédit ouvert sur les ivres d'une maison de banque ou d'une maison de commerce, etc. Chacune de ces formes exerce une influence sur le taux et sur les conditions du prêt.

54. La conservation du capital. — La situation du capitaliste est assurément plus agréable et plus facile que celle de l'ouvrier auquel le travail de chaque jour est nécessaire pour gagner le pain du lendemain. L'administration d'un capital n'est pourtant pas une sinécure; elle suppose une qualité qui n'est pas aussi commune qu'on pourrait le penser, l'esprit de conservation. Un économiste a cru même pouvoir désigner cette fonction du capitaliste sous le nom de travail-épargne, mot excessif, parce que l'épargne consiste beaucoup plus dans un effort d'abstention que dans un effort d'action.

Le capitaliste doit posséder d'abord la vertu de l'épargne : c'est l'effort d'abstention qui lui fait épargner une portion de son revenu et conserver son capital, qu'il l'ait formé par son propre travail ou reçu en héritage. Tous les propriétaires ne savent pas faire cet effort; la preuve est qu'il y a des prodigues qui se ruinent. On en rencontre, il est vrai, beaucoup moins parmi ceux qui, ayant eux-mêmes amassé leur fortune petit à petit, connaissent le prix de l'argent, que parmi ceux qui ont reçu de leurs parents une fortune toute faite.

C'est beaucoup de ne pas ruiner son fonds en prodigalités; ce n'est pas tout, il faut, encore, savoir l'administrer; si ce sont des biens-fonds, ne pas en amoindrir la valeur faute d'entretien et même s'ingénier à l'accroître par des améliorations judicieuses; si ce sont des capitaux mobiliers, ne pas se laisser induire à de mauvais placements par la perspective trompeuse d'un gros bénéfice, se rendre compte de la moralité et de la capacité des gens avec lesquels on traite et apprendre à connaître le marché des capitaux, comme un meunier connaît le marché des farines. La preuve que cet art n'est pas sans difficulté, c'est qu'on voit beaucoup de capitalistes compromettre leur situation et même se ruiner entièrement, quelques-uns parce qu'ils ont été malheureux dans leurs opérations, beaucoup parce qu'ils ont été ignorants ou téméraires.

Or, quelle que soit la cause de la destruction des capitaux, prodigalité ou insuccès, la société subit un préjudice, puisque l'abondance des capitaux lui est profitable ; par contre, *elle retire une utilité du seul fait de la conservation du capital par son propriétaire.*

RÉSUMÉ

Le *métayage* est un contrat par lequel le propriétaire fournit la terre et le matériel d'exploitation et a droit à une part déterminée dans les produits. — Le *fermage* est un contrat par lequel le propriétaire loue sa terre pour un temps et moyennant une somme déterminés. — Le prix de location (lorsque le propriétaire n'a pas dépensé de capitaux en amélioration) est la **rente** ou part de la terre dans la répartition.

La *grande propriété* est nécessaire à la vie de chasse et à la vie pastorale. Elle est liée intimement à la constitution d'un Etat aristocratique. — Elle assure à un petit nombre de personnes un grand revenu territorial.

La *petite propriété*, donnant plus de produit brut, nourrit un plus grand nombre d'hommes. La prédominance de la petite propriété est en harmonie avec la constitution d'un Etat démocratique.

La meilleure répartition de la propriété, *comme de l'exploitation du sol,* au point de vue économique, est celle qui résulte de la liberté des transactions.

La rente, dans le sens théorique, est cette portion du produit de la terre que l'on paye au propriétaire pour avoir le droit d'exploiter les facultés productives et impérissables du sol. — Il y a toujours à un moment donné des terres qui, avec le même capital et le même travail, rendent plus que d'autres; la différence qui existe alors entre le rendement des plus favorisés et celui des moins favorisés constitue précisément la rente. — La rente est la conséquence et non la cause de la hausse des prix.

Tout instrument de production et tout travailleur ayant une supériorité naturelle quelconque au point de vue de la production sur les autres instruments ou sur les autres travailleurs du même genre jouissent d'une rente. — Tous les phénomènes de rente ont pour origine des suppléments de service rendus par l'instrument ou par le travailleur à la société.

Il est juste de payer la coopération du capital. — Il est impossible de ne pas la payer; la gratuité du crédit est une utopie.

Capital rare, capital cher ou intérêt élevé. — Capital abondant, capital à bon marché ou intérêt bas.

Le capital prêté à intérêt fixe est un capital salarié. — Le taux de l'intérêt est généralement proportionnel aux risques.

La société retire une utilité du seul fait de la conservation du capital par son propriétaire.

III

LE PROFIT DE L'ENTREPRENEUR

SOMMAIRE. — 55. Le profit de l'entreprise. — 56. Le dividende.

55. Le profit de l'entreprise. — Le profit de l'entreprise est un chapitre tout à fait distinct des deux autres chapitres de la répartition. En effet, la rémunération du capital, sous forme de loyer de la terre ou d'intérêt du capital, et le salaire du travail font partie des *frais de production* et constituent, avec les *matières premières* employées pour la fabrication du produit et la part des *frais généraux* afférente, le *prix de revient* du produit; le profit est le *bénéfice* de l'opération.

Les premiers sont pour ainsi dire nécessaires, préalables et certains, c'est-à-dire déterminés d'avance; ils sont souvent payés, ils sont toujours dus avant la vente et même avant l'achèvement du produit, puisque travail et capital sont consommés pour la fabrication et pendant cette fabrication. Le dernier est éventuel et n'existe, lorsqu'il existe, qu'au moment où la vente du produit, ajoutons même, pour être plus précis, au moment où le payement par l'acheteur de ce produit permet à l'entrepreneur de calculer avec précision l'*excédent du prix de vente sur le prix de revient du produit, c'est-à-dire sur la somme totale des déboursés en salaires, en capitaux et en intérêts;* la différence est le **profit de l'entreprise.**

Convient-il de faire entrer dans les frais généraux les dépenses de maison de l'entrepreneur? Nous le pensons. L'entrepreneur est un des travailleurs de l'entreprise : il doit vivre de son travail, aussi bien que ses salariés, et compter ses frais d'existence, à condition de ne pas les élever au delà du niveau que comporte sa situation individuelle, comme il compte le salaire de ses coopérateurs. Ainsi, les associés stipulent souvent dans l'acte d'association la somme qui sera allouée à chacun d'eux pour ses dépenses personnelles. Ainsi, quand l'entreprise, sous forme de société anonyme, est conduite non par un patron, mais par un directeur, les émoluments de ce directeur, quelque considérables qu'ils soient, comptent dans les frais généraux et sont considérés non comme des profits, mais comme des dépenses de l'entreprise ; le directeur peut avoir, en outre, part aux profits, s'il est intéressé dans l'affaire.

L'entrepreneur d'industrie ne peut donc savoir s'il a un profit qu'après l'achèvement complet de l'opération. Lorsque l'opération est simple, comme l'entreprise des terrassements d'une voie ferrée, il se rend compte de sa situation au terme de son unique entreprise. Lorsqu'elle est complexe, comme celle d'un agriculteur ou d'un manufacturier qui continuellement achète, produit et vend de grandes quantités d'objets, il s'en rend compte en faisant, à la fin de l'année, son inventaire, et en calculant si, toutes dépenses payées, son avoir est supérieur à celui de l'inventaire précédent. Il peut se trouver dans un des trois cas suivants :

1° Il fait des *profits*, c'est-à-dire que, tous frais comptés sans omission et prélevés, il a un actif supérieur à celui de l'année précédente ; cet actif peut consister en espèces, en marchandises ou en matériel.

2° Il ne fait pas de *profits*, c'est-à-dire que son actif est égal à celui de l'année précédente. L'industriel a vécu pendant ce temps et se félicitera peut-être d'avoir traversé une crise sans sombrer, mais il ne s'est pas enrichi.

3° Il subit une *perte*, c'est-à-dire que son actif est moindre que l'année précédente.

L'inventaire est nécessaire à tout négociant pour la connaissance de ses propres affaires : c'est par là qu'il apprend si la voie qu'il suit est bonne et conduit vers la fortune, but de ses efforts, ou si elle est mauvaise et aboutit à la faillite, s'il doit poursuivre ou rectifier sa marche, changer de route ou s'arrêter.

Car il ne suffit pas qu'il affiche à 20 francs un objet dans lequel il entre 5 francs de matière première et qui coûte 5 francs de salaire pour qu'il ait le droit de dire : « Je fais un profit. » Il faut savoir s'il trouvera un acheteur à 20 francs, et, en admettant qu'il le trouve pour un article, si les prix ne baisseront pas le mois prochain, si même une partie des articles ne restera pas invendue ou ne se gâtera pas, si les frais généraux, dont on ne discerne pas bien tout d'abord la quote-part afférente à chaque unité de produit, n'ont pas été excessifs. Donc, comme nous le disions, *le profit est essentiellement éventuel et variable*. Il peut être très considérable dans une autre entreprise et à une certaine époque, comme il peut être nul dans une autre entreprise ou à une autre époque; il peut même arriver que le capital qu'emploie l'entreprise et dont elle est responsable soit détruit en partie ou en totalité.

Quand on songe au grand nombre des entreprises, petites ou grandes, qui échouent parmi les entreprises innombrables qui se forment incessamment dans une société active, à la quantité de capitaux qui sont compromis, ébréchés ou entièrement anéantis dans le mouvement économique, on comprend de quel poids est cette responsabilité. Les gros profits ne sont que la compensation des très petits profits et des ruines.

Si la situation de l'entrepreneur a de plus brillantes perspectives que celle du salarié, elle est entourée de plus de périls. En général, ce n'est pas par un coup de dé — et il n'est pas bon, au point de vue de la morale, comme de l'économie politique, qu'on puisse espérer s'enrichir par un coup de dé, — mais par un long et persévérant travail, soutenu de l'esprit d'économie, que les industriels arrivent à amasser de quoi vivre dans le loisir durant leur vieillesse; car la concurrence agit sur les profits comme sur l'intérêt des capitaux. Si les profits sont très élevés dans une certaine industrie, les entrepreneurs s'y portent bientôt en grand nombre, se disputent la clientèle et ne l'obtiennent qu'en abaissant leur prix de vente jusqu'à la limite du moindre profit sur chaque unité de marchandise.

Quelle que soit la moyenne — impossible à fixer — des profits, *il est légitime qu'elle soit supérieure à la moyenne des salaires*, pour deux raisons, parce qu'elle est la récompense d'une responsabilité très lourde en cas d'insuccès et parce qu'elle est la rémunération d'un travail intellectuel qui exerce une action prépondérante sur le résultat de la production.

Les profits sont d'ailleurs soumis dans leurs variations aux mêmes lois générales que les salaires et les capitaux. Dans les industries *où la concurrence est grande, les profits sont médiocres*, parce que les entrepreneurs sont obligés de vendre à bon marché; dans les industries où ils jouissent tout à fait ou presque d'un *monopole, les profits ont chance d'être élevés;* dans les industries qui opèrent avec un *très fort capital, le total des profits peut être considérable, quoique la quotité du profit sur chaque unité soit faible.*

Ajoutons que le profit total dépend aussi beaucoup des *qualités personnelles de l'entrepreneur :* tel s'enrichit dans une industrie où, à côté de lui, d'autres végètent.

50. Le dividende. — Dans la société anonyme, il n'y a que des capitaux associés : ce sont eux qui sont les entrepreneurs; tous les agents sont des salariés. *C'est aux capitaux qu'appartient le profit.* Ils le reçoivent sous forme de *dividende*.

Le dividende, étant un profit, est donc éventuel et variable; il est élevé quand le bénéfice est grand, nul quand il n'y a pas de bénéfice. Car, en s'associant, les capitaux renoncent au bénéfice du salariat, c'est-à-dire de l'intérêt fixe; pour eux intérêt et profit se confondent dans le dividende. Que certaines compagnies payent le dividende en deux coupons dont l'un, censé fixe, est désigné sous le nom d'intérêt, ce mode de comptabilité ne change rien à la nature des choses.

Il résulte de cette condition que si l'entreprise, au lieu de faire des bénéfices, a fait des pertes au moment où elle est liquidée, c'est le *capital des actions* ou capital associé qui supporte ces pertes, tandis que le *capital des obligations*, lequel se compose des capitaux prêtés ou capitaux salariés recevant un intérêt déterminé, est préalablement remboursé, parce qu'il est un capital créancier.

Une part seulement des profits peut être attribuée au dividende, l'autre à la réserve. Le mode de répartition ne change pas non plus la nature des choses. La réserve reste, comme faisant partie du profit, la propriété des actions.

Dans la société en commandite, le capital commanditaire est un associé; mais il n'a dans le profit que la fraction qui lui est attribuée par l'acte d'association.

RÉSUMÉ

Le **profit** de l'entreprise est l'excédent du prix de vente sur le prix de revient, c'est-à-dire sur la somme totale des déboursés en salaires, en capitaux et en intérêts.

Le profit est essentiellement éventuel et variable. — Il est légitime qu'il soit en moyenne supérieur au salaire. — Le profit est généralement médiocre là où la concurrence est grande; il peut être grand là où il y a un monopole ou un gros capital engagé. — Le dividende est la forme du profit des capitaux associés.

IV

LA PART DE L'OUVRIER

Sommaire. — 57. Le salariat. — 58. Le taux des salaires. — 59. Le salaire à la journée ou à la tâche et les heures de travail — 60. Les coalitions. — 61. La participation aux bénéfices. — 62. Les sociétés coopératives. — 63. Une critique du salariat. — 64. Les doctrines socialistes relatives à la répartition de la richesse.

57. Le salariat. — *Le salariat est un contrat libre.* Bastiat a expliqué la loi du salaire et les avantages qui résultent de cette condition du travail par un exemple saisissant.

« Le vieux pêcheur dit un jour à son camarade : — Tu n'as ni barque, ni filets, ni d'autres instruments que tes mains pour pêcher, et tu cours grand risque de faire triste pêche. Tu n'as pas non plus d'approvisionnement, et cependant, pour travailler, il ne faut pas avoir l'estomac vide. Viens avec moi ; c'est ton intérêt comme le mien. C'est le tien, car je te céderai une part de notre pêche, et, quelle qu'elle soit, elle sera toujours plus avantageuse pour toi que le produit de tes efforts isolés. C'est aussi le mien; car ce que je prendrai de plus, grâce à ton aide, dépassera la portion que j'aurai à te céder. En un mot, l'union de ton travail et de mon capital, comparativement à leur action isolée, nous vaudra *un excédent*, *et c'est le partage de cet excédent qui explique comment l'association peut nous être à tous deux favorable.* — Cela fut ainsi. Plus tard, le jeune pêcheur préféra recevoir chaque jour une quantité fixe de poisson. Son profit aléatoire fut ainsi converti en salaire, sans que les avantages de l'association fussent détruits et, à plus forte raison, sans que l'association fût dissoute. »

Voilà l'origine logique du salariat.

Dans ce genre de coopération, qu'est-ce qui distingue essentiellement le patron et l'ouvrier? C'est le capital et la responsabilité de l'entreprise. Le patron est un travailleur qui, à ses risques et périls, entreprend un certain travail avec des capitaux qui lui appartiennent en propre ou qu'il a empruntés. *L'ouvrier est un travailleur qui reçoit sur les capitaux d'autrui une rémunération stipulée d'avance, qu'on nomme* **salaire,** *pour exécuter un certain travail avec les capitaux d'autrui.* Le salaire est payé souvent avant l'achèvement, presque toujours avant la vente du produit.

Le *patron* vend ses *produits*, résultat du travail et du capital; l'*ouvrier* vend son *travail. Le salariat est,* par conséquent, *un contrat de louage de travail.*

Il y a cependant une différence essentielle dans la manière dont se fixe le prix des produits et le taux des salaires. *On tend à acheter les produits ce qu'ils coûtent* et la concurrence rapproche en effet le prix de vente du prix de revient : ce qui est un bien, puisque la consommation y gagne. L'ouvrier discute son salaire et *le travail tend à se vendre ce qu'il vaut,* c'est-à-dire à obtenir une rémunération égale à l'utilité qu'il procure : ce qui est encore une chose bonne et juste.

58. Le taux des salaires. — Le taux des salaires, c'est-à-dire le *prix du travail, est relativement beaucoup plus fixe que le prix des produits :* c'est une vérité que tout industriel a apprise par son expérience personnelle. L'industriel gagne aujourd'hui, il perdra peut-être demain; à côté des ventes avantageuses qu'il fait, il a des articles sur lesquels il doit se résigner à des sacrifices, parce que les cours ont baissé ou parce que la mode s'est portée ailleurs. Il serait impossible que le salaire des gens qu'il emploie suivît ces variations. Le salaire, qui représente pour ainsi dire une moyenne entre ces extrémités de hausse et de baisse, de gain et de perte, peut être comparé non seulement à une association, mais à une *assurance* contre les non-valeurs de la production, telles que produits démodés ou invendus, baisse des cours, crise. Le salarié acquiert cette assurance en échange d'un renoncement aux profits élevés que la vente du produit donnera peut-être.

Pour être moins variable que la marchandise, le salaire n'est cependant pas fixe, et il ne saurait l'être; il serait absurde d'y prétendre. *Comme tout ce qui a une valeur, il est soumis à la loi de l'offre et de la demande.*

Voici les causes principales qui règlent le taux des salaires :

1° *La productivité du travail.* Lorsque l'industrie dont le salarié est le collaborateur donne de gros profits, la part de celui-ci peut être et est presque toujours plus forte que dans une industrie qui ne donne que de très petits profits. La productivité du travail dépend elle-même de causes diverses : de la nature de l'industrie, de la puissance des instruments de travail, de l'habileté de l'ouvrier et quelquefois aussi de la bonne direction de l'entreprise. C'est ainsi que les salaires, comme l'intérêt des capitaux, sont élevés dans les pays nouveaux, tels que les États-Unis et les colonies, parce que les profits y sont en général élevés; c'est ainsi que la fileuse qui conduit un métier renvideur peut avoir un salaire supérieur à celui de la fileuse au rouet, parce qu'elle produit beaucoup plus de fil. On paye en général l'ouvrier *non parce qu'il travaille, mais parce qu'il produit et en raison de ce qu'il produit.* Le perfectionnement de l'outillage facilite l'élévation des salaires (voir le paradoxe économique, p. 39) et les salaires élevés stimulent le perfectionnement de l'outillage.

2° *L'état général de la richesse dans la contrée.* On peut dire en effet : *capitaux abondants, salaires élevés,* en désignant surtout par là le capital circulant sur lequel le salaire est payé et que les économistes de la première moitié du xix° siècle désignaient sous le nom de « fonds des salaires ». C'est ainsi que, dans certaines campagnes de France où il y a peu d'argent, on donne encore moins de 1 fr. à une couturière que l'on payerait plus de 3 fr. à Paris, quoique toutes deux fassent à peu près le même ouvrage et qu'étant nourries elles n'aient pas à régler leur salaire sur le prix de leur alimentation ; c'est ainsi que le niveau moyen du salaire est généralement plus haut dans les pays riches que dans les pays pauvres, dans les pays manufacturiers et commerçants que dans les pays purement agricoles et que, dans tous les pays civilisés, il a monté au xix° siècle avec le progrès de la richesse. Les gages des domestiques ont à peu près doublé depuis un demi-siècle : ce n'est pas que leur travail soit devenu plus productif ni qu'ils aient plus à payer pour se nourrir, mais c'est que les maîtres dépensent plus facilement l'argent.

3° *La demande et l'offre du travail*, autrement dit le rapport entre la population ouvrière, laquelle constitue l'offre, et l'importance des entreprises, représentée par le nombre des entrepreneurs et par la somme totale de leurs capitaux, laquelle constitue la demande. Cobden a traduit cette loi par une expression pittoresque : « Quand deux patrons courent après un ouvrier, les salaires haussent ; quand deux ouvriers courent après un patron, les salaires baissent. » — Si l'on suppose en effet que la somme des capitaux et le nombre des entrepreneurs n'aient pas varié, non plus que les autres conditions du marché, une augmentation dans le nombre des ouvriers qui offrent leur travail fera baisser le taux des salaires et une diminution le fera hausser. L'augmentation ou la diminution des capitaux et des entrepreneurs, dans l'hypothèse d'un état des choses d'ailleurs constant, produiront un résultat inverse.

4° *Le coût de la vie.* L'ouvrier doit vivre de son salaire. Il y a donc un *minimum* au-dessous duquel ce salaire ne saurait descendre, sinon par exception et pour peu de temps, sans quoi les ouvriers émigreraient ou mourraient. Mais ce minimum ne saurait être déterminé ; car il varie beaucoup suivant les pays et les temps ; le minimum d'un Américain du nord et celui d'un Anglais sont bien au-dessus du minimum d'un Hindou; en France, les ouvriers ne se contenteraient pas aujourd'hui de ce qui leur suffisait au xviii° siècle. On peut dire cependant qu'étant donné ce minimum, dans un certain temps et dans un certain pays, le salaire des manouvriers qui n'ont que leurs bras à offrir tend à s'en rapprocher par la concurrence qu'ils se font, mais que, d'autre part, le progrès de la richesse tend à élever le niveau des besoins et, par conséquent le minimum, et qu'enfin le progrès de l'instruction chez les ouvriers et de l'outillage dans les fabriques tend à accroître le nombre de ceux qui n'ont pas à subir cette loi du minimum. D'autre part, le coût de la vie ne limite en aucune façon le maximum du salaire.

C'est surtout à propos du minimum qu'il convient de distinguer le *salaire nominal*, c'est-à-dire la somme d'argent donnée au salarié, et le *salaire réel*, c'est-à-dire la quantité de marchandises qu'il peut se procurer avec cette somme. Le salaire nominal peut hausser, pendant que le salaire réel reste stationnaire : c'est ce qui a lieu lorsque le prix des choses utiles à la vie s'est élevé exactement dans la même proportion que le salaire; or, au xix° siècle, l'un et l'autre salaire ont augmenté en France, cependant le salaire réel un peu moins que le salaire nominal, parce qu'il y a eu une certaine hausse dans le prix des aliments et du loyer.

5° *Les qualités personnelles du salarié.* L'habileté, l'instruction, l'intelligence, l'assiduité mettent entre les salariés des différences considérables sous le rapport de la productivité et, par conséquent, du salaire; c'est ainsi que les terrassiers sont moins payés que les forgerons, les tisserands de calicot moins que les graveurs de cylindre pour l'impression des étoffes.

Dans une entreprise industrielle, il y a plusieurs catégories de salaires :

Salaire ou *traitement du directeur*, s'il s'agit d'une entreprise fondée par des capitaux associés et conduite par une personne n'ayant que le titre de mandataire des capitalistes, comme dans la société anonyme; ce salaire est naturellement très élevé, parce qu'il rémunère les qualités, nombreuses, diverses et rares, d'un chef de maison.

Salaires ou *appointements des employés*, qui rémunèrent des qualités diverses, instruction, pratique du métier, etc., et qui sont eux-mêmes très différents selon les personnes, puisqu'ils s'adressent à une catégorie nombreuse, depuis le commis subalterne et novice qui fait œuvre de copiste jusqu'au caissier d'une riche banque, dont il est juste de payer largement la probité éprouvée et la lourde responsabilité.

Salaires proprement dits, ou *salaires des ouvriers*, qui se subdivisent eux-mêmes en deux espèces distinctes : *salaires des chefs d'ateliers*, contremaîtres ou autres surveillants du travail, dont la position tient à quelques égards de celle des employés et qui souvent sont payés, comme eux, au mois ; *salaires des ouvriers* proprement dits.

Les ouvriers dans une manufacture, même lorsqu'ils sont payés à la journée, n'ont pas droit au même salaire. Il est cependant fréquent aujourd'hui de voir les ouvriers d'une même profession prétendre imposer l'égalité des salaires et les patrons céder, au moins en apparence, sur ce point. Les bons ouvriers sont, dans ce cas, dupes de la masse des ouvriers médiocres ou mauvais qui imposent leur volonté, parce que les uns sont jaloux des supériorités qu'ils regardent comme préjudiciables à leurs intérêts et parce que les autres gagnent au tarif commun un prix supérieur à celui que vaut réellement et à ce qu'obtiendrait, sans cela, leur travail. Les patrons sont victimes aussi de ce système, qui décourage les bons de produire autant qu'ils le pourraient s'ils espéraient une rémunération adéquate. *L'égalité des salaires, c'est la loi des majorités faisant passer le niveau de la médiocrité sur le travail.*

6° *Les institutions politiques et la coutume.* Plusieurs des causes indiquées ci-dessus peuvent rentrer les unes dans les autres, par exemple, les qualités personnelles et la productivité, l'état de la richesse et la demande, le coût de la vie et l'offre : il est bon cependant de les énumérer séparément pour les bien mettre en lumière.

Leur action est contre-balancée dans une certaine mesure : 1° par les *institutions politiques*, qui peuvent contrarier le jeu naturel des lois économiques en gênant la liberté, soit par des privilèges comme ceux dont jouissaient autrefois les corps de métiers, soit par des règlements comme la limitation des heures de travail ou les obstacles à l'émigration; 2° par la *coutume*, qui souvent maintient longtemps dans une profession ou dans une localité les salaires à un niveau différent de celui qu'on observe dans les professions ou dans les localités voisines. La coutume retient quelquefois ces salaires au-dessous du niveau moyen du pays; parfois aussi, après une période de hausse suivie de dépression, elle apporte un obstacle très résistant à la baisse.

59. Le salaire à la journée et à la tâche et les heures de travail. — Les principaux modes de louage du travail de l'ouvrier sont le *travail à la journée* et le *travail à la tâche.* Le premier stipule une somme fixe par heure, ou pour la journée entière, qui varie suivant les lieux et les professions. Le second stipule une somme fixe par unité de produit fabriqué ou de travail effectué. L'un et l'autre sont payés le plus souvent tous les huit ou tous les quinze jours; le second est payé quelquefois après la confection du produit commandé.

. L'un et l'autre mode ont leurs avantages. Pour les travaux que la précipitation de l'ouvrier pourrait altérer, comme la ciselure d'un bronze d'art, ou pour ceux dans lesquels l'ouvrier passe souvent d'une opération à une autre, le travail à la journée est bon ou même nécessaire. Pour les travaux courants au contraire, qui, toujours semblables, s'additionnent ou se mesurent facilement, *le travail à la tâche est souvent préférable:* c'est le mode dans lequel l'ouvrier, stimulé par l'intérêt personnel, produit le plus et est le plus assuré d'obtenir une rémunération proportionnelle à ses œuvres.

Le travail à la journée et même à la tâche implique en général un nombre déterminé d'*heures de travail* par jour. Dans beaucoup d'ateliers, ce nombre est moindre aujourd'hui qu'il n'était il y a cinquante ans. La diminution des heures est, comme l'augmentation des salaires, une conséquence de la productivité plus grande du travail. Mais l'État ne doit pas plus ordonner l'une qu'il ne peut prescrire l'autre par une loi; la question doit être débattue et réglée, suivant les circons-

tances et pour chaque cas particulier, par les parties intéressées. L'État, qui peut poser des conditions dans l'intérêt
des mineurs, va au delà de son droit et risque de compromettre la production de la richesse en stipulant, au nom de
personnes majeures et libres et en leur imposant une règle
inflexible qui peut être incompatible avec l'état économique
du pays et contraire à l'intérêt des deux parties.

60. Les coalitions. — Le taux des salaires n'est pas arbitraire. Le travail, comme les produits, a sa valeur. Nous venons
de dire que cette valeur, comme celle des produits, ne saurait
être convenablement fixée que par un débat libre entre celui
qui offre et celui qui demande, sans contrainte, pression ou
monopole. Toutefois la liberté absolue des contractants, de
part et d'autre, est un idéal que les faits économiques, même
en l'absence de monopoles légalement constitués, ne reproduisent que d'une manière imparfaite.

Les patrons jouissent de deux avantages : ils ont un capital
sur lequel ils peuvent vivre quelque temps pendant le chômage; ils sont relativement peu nombreux, parce qu'il y a,
dans la grande industrie surtout, plus d'ouvriers que de
patrons. Par conséquent, soit qu'il y ait entre ces derniers
entente directe, soit qu'il y ait simplement désir commun
de ne pas surélever les salaires, *leur action sur le prix du
travail rentre en partie dans le cas où le nombre des vendeurs est illimité et celui des acheteurs restreint.*

Isolé, l'ouvrier qui ne possède pas un talent exceptionnel ou
qui n'est pas seul de son espèce, n'a en général qu'à accepter le
prix du marché, tel qu'il est établi par l'usage. Il ne peut faire
valoir ses prétentions à un supplément de salaire que dans certains moments où le travail de sa profession est très demandé.

Réunis, concertant leur demande d'augmentation et leur
refus de continuer le travail si l'augmentation n'est pas
accordée, les ouvriers disposent, au contraire, d'une grande
force, capable de contre-balancer les avantages des patrons.

En France, le législateur a longtemps craint de remettre
aux mains de la population ouvrière cette force. C'est une
loi de 1864 qui a établi que *le fait de coalition n'est pas
un délit.*

La **coalition** est en effet un *droit qui dérive logiquement du principe de la liberté du travail*, c'est-à-dire de la liberté d'offrir son travail à tel ou tel prix, de travailler ou de ne pas travailler, de conseiller à un camarade, dans un intérêt commun, de cesser aussi le travail et de ne le reprendre qu'à des conditions déterminées. Ainsi pratiquée, la coalition n'est en effet qu'une manière d'être de la liberté individuelle. Dans ces certains cas, elle peut contribuer — et elle a contribué plus d'une fois — à relever les salaires.

Mais *la coalition est une véritable guerre*, et, qui pis est, une guerre civile. Lorsque les ouvriers coalisés ont posé leurs conditions et que, n'ayant pu les faire accepter, ils persistent néanmoins, leur arme est la *grève*, c'est-à-dire l'abandon simultané des ateliers. Or, dès que les ateliers sont déserts, tout le monde s'appauvrit; l'ouvrier dévore ses épargnes et s'endette pour manger; l'entrepreneur voit son activité paralysée; le capital chôme, et s'amoindrit, le matériel se détériore. Appauvrissement de l'ouvrier et de l'industrie : voilà souvent la conséquence de la grève.

. On doit d'autant plus se pénétrer par avance de cette funeste conséquence que, lorsque la guerre commence, ouvriers et patrons se laissent souvent emporter par la passion jusqu'à méconnaître, ne voulant pas céder, leurs véritables intérêts et à perdre le respect des droits d'autrui. Les ouvriers sont plus exposés que les patrons à commettre certaines fautes de ce genre. Ils se concertent; mais, si quelques-uns d'entre eux ne sont pas disposés à suivre la masse dans le projet de déclaration de guerre, la majorité prétend leur imposer sa décision par intimidation. Quelquefois même ils se portent à des violences contre les biens et même contre la personne de leurs patrons.

Quand ils obéissent, en outre, à des passions politiques, ils sont exposés, surtout dans les grandes agglomérations ouvrières, à troubler par leur soulèvement l'ordre social : les grèves deviennent alors un danger public.

C'est bien mal comprendre le principe de la coalition, lequel repose sur la liberté individuelle, que d'asservir la liberté des uns aux résolutions des autres et de violer la propriété. La loi punit justement ces violences. En face d'un péril politique, le gouvernement a le droit de prendre des mesures répressives, afin de sauvegarder la sûreté de l'État, plus précieuse encore pour la liberté individuelle que le droit de coalition.

La coalition est donc un droit; mais, comme du *droit de guerre* pour les nations, *il n'en faut user qu'à la dernière extrémité*, après s'être bien assuré qu'on a raison et après avoir épuisé tous les moyens de conciliation, et cela dans l'intérêt des deux parties.

61. La participation aux bénéfices. — La *participation aux bénéfices* est une *convention librement contractée entre le patron et ses salariés par laquelle ceux-ci, outre le salaire ordinaire, reçoivent une part, le plus souvent au prorata du salaire, dans les bénéfices de l'entreprise, sans participer aux pertes.* Elle repose sur ce double principe : l'intérêt personnel est le meilleur stimulant de l'activité humaine; à chacun suivant ses œuvres.

Cette part, fixée d'avance à raison de tant pour cent sur les bénéfices, est attribuée aux salariés, généralement comme une manière de dividende après l'inventaire. La quote-part de chaque salarié intéressé est proportionnelle aux bénéfices réalisés, et il n'y a participation qu'autant qu'il y a eu bénéfices. Les participants savent donc que, s'ils sont laborieux, s'ils économisent le temps, la matière première et les outils, si les clients sont satisfaits et si les commandes affluent, le profit qui résultera d'une bonne gestion sera en partie pour eux. Ils ont un intérêt personnel à faire des efforts conscien- cieux et à se surveiller les uns les autres. Ce moyen n'est efficace qu'autant que la quote-part est assez importante pour éveiller réellement l'intérêt personnel.

La participation n'est pas une association. Le patron reste en général maître de son entreprise, Il n'admet même pas ordinairement tous ses salariés à ce bénéfice, et il fixe lui- même certaines conditions de stage dans ses ateliers ou de chiffre moyen du salaire. Cependant c'est un contrat, et la participation promise est due. Elle diffère essentiellement de la *gratification* que certains patrons donnent à leurs employés au jour de l'an ou après l'inventaire, et elle constitue un mode de rémunération plus certain.

Il y a longtemps que les grandes maisons de commerce et les grandes fabriques l'ont pratiquée à l'égard de quelques employés supérieurs, qui sont dits, à cause de cela, *intéressés;* beaucoup de magasins de nouveautés, par exemple, donnent aux employés tant pour cent sur les ventes qu'ils font et aux chefs de rayon un intérêt sur le total des affaires de leur comptoir. L'application de ce système à la masse des ouvriers ou des employés d'un établissement est plus récente : elle ne date guère que de la seconde moitié du xix° siècle.

Sans doute, ce moyen ne convient pas à toutes les entreprises et il ne saurait être appliqué avec les mêmes règles à toutes les entreprises auxquelles il peut convenir. C'est néanmoins une institution économique très importante, quoique peu pratiquée jusqu'ici, et *un des meilleurs modes d'intéresser le travail salarié au succès de l'entreprise.* Bien appliqué, il est profitable aux deux parties, d'abord au salarié, qui y trouve un supplément de bien-être, un motif de stabilité dans la même maison, et qui conçoit une idée plus juste de la mesure des profits en général; ensuite au patron, qui ne fait pas un acte de charité, mais d'administration intelligente en instituant la participation et qui y trouve, grâce à un travail plus consciencieux, une ample compensation au sacrifice pécuniaire qu'il a consenti.

62. Les associations ouvrières (sociétés coopératives) et les syndicats. — La participation aux bénéfices peut améliorer la condition du salarié. Les *sociétés coopératives* visent plus haut : elles se proposent d'émanciper l'ouvrier et d'en faire un entrepreneur. Les premières se sont formées en France après 1830; mais elles n'ont pris faveur qu'après le succès de l'association des *Pionniers de Rochdale,* fondée en 1860 en Angleterre, et celui de Schultze-Delitsch qui a répandu l'idée de coopération en Allemagne.

Au fond, la société coopérative n'est autre chose qu'une *association de capitaux et de travailleurs.* En principe, elle semble ne rien apporter de nouveau dans l'organisation du travail; en fait, elle produit des effets autres que les associations ordinaires de capitaux et les associations en nom collectif, formées par quelques industriels. C'est aux plus humbles qu'elle offre ses services sous trois formes.

La *société de crédit mutuel*. Elle engage ses membres à lui déposer, comme à une caisse d'épargne, leurs petites économies ; elle les y stimule ou même les y oblige en leur imposant une cotisation mensuelle, et elle leur promet, en échange, indépendamment de la conservation de leur argent, un crédit qui, grâce à la solidarité de l'emprunteur avec un ou plusieurs associés, peut s'élever au double ou au triple de leur dépôt.

La *société de consommation*. Elle offre à ses membres, par l'achat en commun des denrées, le bénéfice qui peut résulter des opérations faites en gros et la garantie d'une qualité meilleure.

La *société de production*. Celle-ci associe ses membres pour pratiquer une industrie par leur travail commun ; elle forme, à l'aide de leurs épargnes ou d'emprunts, un capital social ; si ce capital premier est insuffisant, elle les excite à le compléter peu à peu à force de travail et de privations.

De ces trois formes, la première peut donner des résultats satisfaisants quand des idées étrangères au but primitif et surtout des visées de transformation radicale de la société ne faussent pas l'institution. L'épargne est le pivot du progrès social : tout ce qui peut y pousser les hommes, surtout les ouvriers qui sont plus imprévoyants parce qu'ils ont en général devant eux un horizon plus borné, est digne d'approbation. Mais ce qui est difficile pour des ouvriers associés ainsi, c'est de bien surveiller le maniement de leurs fonds, de ne faire que des placements solides, et de limiter les prêts : or la faillite d'une société de crédit peut non seulement détruire des épargnes, mais encore décourager l'esprit d'épargne.

La seconde a jusqu'ici réussi sur certains points et a échoué sur d'autres. Elle est, en effet, aussi d'une pratique difficile. Dans les grandes villes, la clientèle de ces sociétés est souvent trop disséminée ; dans les petites, comme dans les grandes, les marchands en détail leur font une vive concurrence. La ménagère aime mieux aller chez la fruitière, sa voisine, ou chez le boulanger du coin que de courir, quand elle rentre fatiguée de l'atelier, jusqu'au magasin coopératif; d'ailleurs, chez son fournisseur, elle obtient au besoin un crédit qu'il serait dangereux d'ouvrir dans la société de consommation. Enfin la société elle-même ne peut donner des produits de bonne qualité qu'à la condition d'avoir un gérant capable de les bien acheter et de les bien manutentionner. Des sociétés de ce genre peuvent rendre de grands services quand elles sont convenablement organisées. On en a de nombreux exemples à l'étranger; on en a en France, particulièrement dans les villes et dans certains syndicats agricoles.

La troisième forme est le but suprême des coopérateurs qui prétendent *affranchir l'ouvrier du patron* et *supprimer le salariat.*

On ne supprimera pas le salariat, parce qu'il y aura toujours beaucoup d'industries dont l'exploitation par des ouvriers associés sera impossible ou désastreuse et un très grand nombre de travailleurs pour lesquels, par un effet de leurs goûts ou de leurs aptitudes, le salariat restera la forme de rémunération la plus convenable. On peut même ajouter que la coopération, dont l'usage est jusqu'ici très limité, ne paraît destinée à remplacer le salariat dans aucune industrie et que l'expérience de faits récents témoigne plutôt d'une tendance à la concentration d'un grand nombre d'ouvriers sous l'autorité d'un patron ou d'un directeur (sociétés anonymes) qu'à la multiplication et au succès des sociétés coopératives. L'idée coopérative ne transformera donc pas le monde économique; mais, si elle réussit sur certains points, elle prendra utilement place parmi les divers modes du travail libre.

Voici, en premier lieu, ses avantages :

L'homme travaille d'autant plus et d'autant mieux qu'il est plus *stimulé par l'intérêt personnel* et plus *soutenu par la responsabilité;* or ces deux conditions existent à un beaucoup plus haut degré dans la coopération que dans le salariat. — Première considération.

Pour travailler, le coopérateur s'aperçoit promptement qu'il ne suffit ni des bras, ni de l'intelligence : il faut du capital, beaucoup de capital souvent. Si le coopérateur a la ferme volonté de réussir, il redoublera d'efforts et de privations pour créer et pour grossir ce fécond capital. Il sera·ainsi beaucoup mieux stimulé à l'épargne que par le plus éloquent sermon, et il *comprendra* aussi, d'une manière générale, beaucoup plus sûrement par sa propre expérience que par les meilleurs raisonnements économiques, *que le capital a droit à une part dans la rémunération.* — Seconde consi-dération.

Il peut donc en résulter pour certains coopérateurs ce qui résulte pour tous les producteurs d'une plus grande activité laborieuse et d'une plus sévère épargne : un accroissement de richesse et finalement·de bien-être.

Et pour les ouvriers qui resteront dans le salariat?·— Si les salariés voient que les coopérateurs gagnent beaucoup plus qu'eux, ils auront un excellent argument pour demander une élévation du prix de la journée à leurs patrons, sauf, si le patron refuse, à entrer eux-mêmes dans quelque associa-tion. Mais s'ils voient que, peinant beaucoup, les coopéra-teurs ne font pas des journées sensiblement plus lucratives que les leurs, ils seront mal venus à se plaindre de leur con-dition et à accuser leurs patrons. *La société coopérative pourra, dans certains cas, servir de thermomètre des sa-laires* et prévenir peut-être quelques-unes des guerres intes-tines qu'on appelle des grèves. — Troisième considération.

Voici, en second lieu, les difficultés de la coopération :

Dans la petite industrie, deux ou trois associés, en se par-tageant le travail, parviennent à s'entendre. Mais quinze ou vingt ouvriers coopérateurs, travaillant ensemble, auront beaucoup plus de peine à y parvenir; ce sont quinze ou vingt volontés qui doivent concorder dans une vie pour ainsi dire commune et quinze ou vingt énergies qui doivent toujours être égales.entre elles. — Première difficulté.

Dans une société coopérative, comme dans toute entreprise, il faut une direction; il faut, par conséquent, tout en main-tenant l'égalité, savoir respecter l'autorité du gérant, ce qui paraît difficile à certains esprits, surtout dans la classe ou-vrière. — Deuxième difficulté.

Il y a dans l'industrie des mécomptes qu'il faut savoir héroïquement supporter, même quand on est innocent du mal accompli, et des crises qu'il faut subir en sachant se priver : toutes les âmes ne sont pas trempées de manière à résister à l'épreuve. — Troisième difficulté.

Comme la société commence toujours avec un petit capital, elle est condamnée à se débattre d'abord dans la gêne : il faut avoir la patience d'attendre. — Quatrième difficulté.

Cette pénurie de capital initial semble interdire jusqu'ici à la coopération l'espérance de s'implanter dans la grande industrie. En outre, l'instruction supérieure qui est nécessaire pour diriger certaines entreprises oppose un obstacle non moins insurmontable. — Cinquième difficulté.

Donc, *les sociétés coopératives, surtout les sociétés de production, rencontrent de très sérieuses difficultés de l'ordre économique et de l'ordre moral, qui en limitent nécessairement le nombre et l'importance.*

De ce qui précède, on peut conclure que *les sociétés coopératives de crédit, de consommation et de production ne supprimeront pas le salariat et les marchands, mais que celles qui surmonteront les difficultés inhérentes à leur nature seront utiles aux ouvriers ou aux consommateurs associés.*

Les *syndicats professionnels* que la loi de 1884 a autorisés en France ne sont pas des sociétés coopératives; ce sont des associations formées entre personnes de la même profession en vue de leurs intérêts professionnels. Les syndicats agricoles, par exemple, ont servi aux agriculteurs à acheter avantageusement en commun des engrais; les syndicats ouvriers ont donné à la classe ouvrière la force du nombre pour discuter avec les patrons les questions de salaire; ils ont parfois mésusé de cette force en poussant à la grève.

63. Une critique du salariat. — Le salariat a été amèrement critiqué, comme étant un mode inique d'exploitation du travail par le capital.

Nous savons que *le salariat n'est pas une exploitation du travail par le capital, mais une sorte d'association du travail et du capital.* Sans le travail, le capital ne peut rien; sans le capital, le travail est impuissant, et le travail est d'autant plus fécond et mieux rémunéré que le capital est plus abondant : voilà une vérité que nous avons déjà démontrée (voir § 25).

Le salariat n'est ni une exploitation ni un esclavage, mais un contrat libre. L'homme exploite la matière, et, depuis que la liberté individuelle a été proclamée avec l'abolition du servage en 1789 sur la terre de France, avec l'abolition de l'esclavage dans nos colonies en 1848, le Français n'a plus d'autres esclaves que les forces de la nature appropriées par son industrie; il vit avec des hommes qui sont ses égaux et il passe avec eux des marchés dans lesquels les parties contractantes défendent leurs intérêts. L'ouvrier ne peut pas plus dire qu'il est exploité par son patron, que le patron ne peut le dire de son banquier, le détaillant du négociant en gros, l'acheteur du marchand.

Sans doute la position du capitaliste s'est trouvée souvent plus avantageuse dans le débat du taux du salaire que celle de l'ouvrier. Ce dernier avantage est justice; car, si le capital est une puissance capable d'accroître la force productive et le revenu d'un individu, il est le résultat d'une vertu, l'épargne, justement récompensée par l'accroissement du bien-être de celui qui a fait l'épargne ou de ceux en vue desquels l'épargne a été faite. Aussi le salarié doit-il s'efforcer de devenir lui-même, par l'épargne, un capitaliste.

Il l'est quelquefois. Un grand nombre d'employés, de contremaîtres, de domestiques ont des économies qu'ils placent en actions ou autrement. Tout en restant salariés, ils touchent le revenu de leur capital, et ils doivent comprendre qu'ils ne sont ni exploiteurs ni exploités. D'ailleurs, dans l'état actuel de la société française, il s'en faut de beaucoup que l'avantage reste toujours au patron; l'accroissement des salaires et du prix de certains services fait voir qui l'emporte d'ordinaire du maître ou du salarié, du petit artisan à façon ou du consommateur.

Cependant, comme tous les modes de l'activité humaine, le salariat a ses inconvénients. Un des plus graves est *le peu de ressort qu'il donne au sentiment de la responsabilité et de l'intérêt personnel.* Tel ouvrier travaille mollement et ménage mal les matières premières qui lui sont confiées; tel employé croit suffisamment s'acquitter de son devoir s'il fait acte de présence chez son patron aux heures réglementaires. L'un et l'autre pensent que leur négligence ne les empêchera pas de toucher le prix de leur journée ou de leur mois.

Le *travail à la tâche*, qui rémunère l'ouvrier proportionnellement à la besogne faite, remédie en partie à cet inconvénient. Mais tous les genres de travaux ne peuvent pas se compter ou se mesurer avec exactitude, et d'ailleurs, en employant ce mode de rémunération, qui est d'ordinaire préférable, il se faut garder d'un autre danger, celui de la besogne bâclée, c'est-à-dire faite avec précipitation et sans soin.

Malgré la critique et malgré ces inconvénients, le *salariat* n'en reste pas moins une *forme légitime de l'organisation industrielle* et un *mode équitable de répartition de la richesse*.

64. Le socialisme et ses doctrines relatives à la répartition de la richesse. — Les problèmes que la répartition de la richesse soulève ont fait critiquer non seulement le salariat, mais l'organisation sociale tout entière, et inspiré à des publicistes la pensée de refaire la société sur un plan tel que la misère et toutes les difficultés économiques en seraient bannies. Pour atteindre ce but imaginaire, *tous ont substitué à la répartition naturelle par la liberté une répartition artificielle par voie d'autorité, soit de la totalité, soit d'une portion de la richesse;* la plupart ont confié à l'État le soin de cette répartition, en l'investissant du droit d'intervenir d'une manière plus ou moins absolue dans la production, dans l'échange et même dans la consommation de la richesse. Ces doctrines, très diverses d'ailleurs et parfois contradictoires, constituent ce qu'on appelle, par opposition à l'économie politique proprement dite, le *socialisme*. Socialisme est un mot qui, dans son sens étymologique, indique seulement le fait de l'état social, mais qui, dans l'usage, a pris l'acception particulière que nous venons de définir. Le socialisme, comme l'économie politique, traite de la science économique; mais, par un examen incomplet des données du problème, il aboutit généralement à des conclusions contraires à la liberté, et il aboutirait, s'il était pratiqué, à des conséquences diamétralement contraires au progrès de la richesse.

Saint-Simon et Fourier, dont les principaux écrits datent de la Restauration, époque où le développement de l'industrie commençait à attirer l'attention sur les problèmes relatifs à la richesse, ont fondé en France deux écoles fameuses de socialisme.

Le *saint-simonisme* demandait que tous les capitaux, mobiliers et immobiliers, cessassent d'être des propriétés individuelles et fussent remis, ainsi que tous les produits successivement créés, aux mains du chef de l'État, dit Prêtre social. Le Prêtre social, par lui-même ou par ses agents, remettrait ces capitaux à ceux qu'il jugerait les plus capables de les faire valoir; il distribuerait de sa pleine autorité les rangs et les fonctions dans la société; enfin, à mesure que les produits seraient créés et lui seraient remis, il les donnerait à consommer à ceux qu'il jugerait les plus dignes. Par là, le saint-simonisme espérait tirer des capitaux existants un beaucoup plus grand revenu et détruire les inégalités résultant de la naissance.

Il ne s'apercevait pas qu'il y aurait substitué les inégalités, toujours odieuses, de la faveur; qu'en retranchant l'intérêt personnel que chacun a, dans le régime de la liberté, à épargner, à conserver, à accroître ses propres capitaux, il serait arrivé bientôt à l'anéantissement de capitaux que personne n'aurait eu intérêt à ménager et que chacun aurait, au contraire, été disposé à gaspiller ou à consommer improductivement; qu'il y aurait eu des fraudes continuelles sur le produit dont on aurait cherché à dissimuler une partie, afin de ne pas la livrer au Prêtre social, et qu'en définitive *le saint-simonisme, supprimant la liberté, aurait créé une société uniquement composée de salariés, mais de salariés rémunérés arbitrairement, à la merci d'un despote et de ses agents.*

Le saint-simonisme, au milieu de ses erreurs, a eu cependant le mérite de mettre en relief l'influence de la science dans l'industrie et surtout la *puissance de l'association*, à une époque où cette influence et cette puissance n'étaient qu'à leurs débuts.

Le *fouriérisme* proposait de bannir toute obligation morale, même celle de travailler pour vivre, et d'associer tous les hommes par groupes, dits phalanges, en laissant à toutes les passions humaines leur libre essor et en se confiant au jeu naturel de ces passions pour la production de la richesse et l'accomplissement de toutes les fonctions sociales. Chaque phalanstère, où une phalange de dix-huit cents personnes aurait été installée, se serait composé de constructions symétriques, aussi élégantes que des palais, et de vastes terres à culture. Chacun y aurait eu droit à un minimum de subsistance; mais ce minimum se serait accru selon le *travail*, le *talent* et le *capital* de chaque phalanstérien, dans la répartition annuelle des produits agricoles et industriels de la communauté. Sous prétexte de ne pas gêner la liberté, l'auteur de ce système rejetait toute idée de devoir et de contrainte; il ne voulait même pas qu'on imposât aux enfants la nécessité de s'instruire et il prétendait rendre les hommes beaucoup plus laborieux qu'ils ne le sont dans les sociétés actuelles par le seul attrait d'un travail volontaire et continuellement varié.

En réalité, *le fouriérisme n'organisait que la licence et il autorisait la paresse*, deux vices qui sont mortels à la richesse et dont le premier est destructif de toute société.

Le saint-simonisme préconisait un *despotisme théocratique absolu*, le fouriérisme une *anarchie complète*.

Louis Blanc et d'autres théoriciens, après la Révolution de 1848, ont proclamé le *droit au travail*, c'est-à-dire le droit qu'aurait tout homme de vivre en travaillant; ce droit aurait eu pour corollaire le devoir pour l'État de « fournir du travail aux hommes valides qui ne peuvent pas s'en procurer autrement ». Ils pensaient ainsi supprimer la misère avec le chômage.

Si l'État était le seul entrepreneur, comment arriverait-il à connaître et à satisfaire les besoins infiniment variés des consommateurs mieux que la concurrence des entrepreneurs ne le fait? S'il y réussissait moins bien, le système se trouverait condamné par là seul. S'il y réussissait aussi bien — supposition toute gratuite, — comment, faisant exactement

la même chose, assurerait-il plus de travail aux ouvriers
que le régime de la liberté? S'il produisait davantage dans
certaines industries qu'il exploiterait, il devrait, pour écouler
ses produits, forcer les consommateurs à acheter plus qu'ils
ne voudraient; avec quoi payeraient-ils? Si l'État ne s'enga-
geait à faire travailler que ceux qui ne trouvent pas de travail ailleurs, il verrait affluer dans ses ateliers la masse des
incapables et des fainéants, qui viendraient y chercher, ainsi
qu'on l'a dit, le droit de vivre sans travailler : ce serait un
encouragement à la paresse.

Le droit au travail est une utopie irréalisable comme
application générale, *dangereuse* comme application par-
tielle, à laquelle on a ajouté une autre utopie, qui n'est pas
plus pratique, quoiqu'elle soit partiellement appliquée dans
quelques métiers et qui n'est pas juste, l'*égalité des salaires*.

Proudhon, en imaginant, vers la même époque, la *mutualité des services* et la *gratuité du crédit*, pensait obtenir
l'amélioration du sort des travailleurs par la suppression des
parts du capital et de l'entrepreneur dans la répartition. Nous
savons que penser de la gratuité du crédit (voir § 52). Il est
facile d'écrire que le capital n'a droit à rien; l'impossible est
d'obtenir sa coopération en ne lui offrant rien.

Karl Marx, en Allemagne, a soutenu une thèse à peu près
analogue en demandant que les instruments de travail fussent
mis à la disposition des travailleurs, et en disant que le travailleur a droit à l'*intégralité du produit* qu'il a fabriqué
et que la part prélevée sous les noms de rente, intérêt, profit
est un détournement fait à son préjudice. Prétendre, comme
il le fait, que le capital est inefficace ou n'a qu'une valeur
sociale et n'a pas de valeur comme propriété privée, que le
travail de main-d'œuvre est l'unique créateur de la totalité
de la valeur du produit, c'est méconnaître entièrement la
nature du phénomène de la production (que nous avons
expliqué) et le rôle qu'y jouent les divers éléments. Cette
doctrine est aujourd'hui la plus généralement adoptée par les
socialistes.

Ces doctrines ne sont pas le communisme proprement dit;
mais elles sont des tendances vers cette doctrine. Le *com-*

munisme nie grossièrement toute propriété et toute appropriation individuelles et ne reconnaît qu'à la communauté, c'est-à-dire à l'État, le droit de posséder et de répartir la richesse produite par tous. Une des maximes favorites du communisme, qui se divise lui-même en plusieurs sectes, est : « A chacun suivant ses besoins. » Nous avons dit où aboutirait la pratique de cette maxime.

Toutes ces doctrines sont d'autant plus erronées qu'elles violent davantage les droits de la liberté et qu'elles en repoussent les conséquences, à savoir la propriété individuelle, la concurrence, la rémunération de chacun suivant ses œuvres et par ses œuvres. *Tout autre système que celui de la liberté individuelle, protégée dans ses manifestations diverses par la puissance de l'État, comprime l'essor de la richesse.*

Les doctrines socialistes, qui se sont développées de notre temps au spectacle du développement de la richesse, ont eu le mérite de fouiller plus que n'avait fait l'école économique les abîmes de misère que l'on rencontre dans les bas-fonds de la société et elles ont attiré l'attention sur de graves problèmes qu'il faut essayer de résoudre.

Mais elles ont exagéré l'étendue de ces abîmes, méconnu la véritable harmonie du progrès social, et elles ont porté le trouble dans un grand nombre d'esprits séduits par ce double motif qu'elles condamnent le présent et qu'elles rêvent un avenir parfait. Or l'homme qui souffre sur cette terre — et qui n'a pas ses souffrances? — aime à croire que la faute en est à la mauvaise organisation de la société ou à l'enchaînement des circonstances plutôt qu'à sa conduite personnelle, et il repose volontiers son esprit dans la contemplation d'un idéal meilleur. Les doctrines socialistes mettent sur la terre cet idéal que la religion place dans le ciel.

RÉSUMÉ

Le salariat est un contrat libre de louage du travail. — L'ouvrier est un travailleur qui reçoit sur les capitaux d'autrui une rémunération stipulée d'avance, qu'on nomme salaire, pour exécuter un certain travail avec les capitaux d'autrui.

Comme tout ce qui a une valeur, le salaire est soumis à la loi de l'offre et de la demande. — Principales causes du taux des salaires : productivité du travail, état général de la richesse dans la contrée, demande et offre du travail, coût de la vie, qualités personnelles du salarié, institutions politiques et coutume.

La coalition est un droit qui dérive logiquement du principe de la liberté individuelle ; mais, comme du droit de guerre, il n'en faut user qu'à la dernière extrémité.

La participation aux bénéfices, qui consiste dans une part que l'entrepreneur réserve à ses salariés sur le profit de l'entreprise, indépendamment de leur salaire et le plus souvent au prorata de ce salaire, constitue un des meilleurs modes d'intéresser le travail salarié au succès de l'entreprise.

Les sociétés coopératives de crédit, de consommation ou de production ne supprimeront jamais le salariat ; mais, dans le petit nombre de cas limités où elles parviendront à surmonter les difficultés inhérentes à leur nature, elles pourront être utiles aux ouvriers associés.

Il est faux de dire : le salariat est une exploitation du travail par le capital. — Car le salariat est une sorte d'association du travail et du capital. Quoiqu'on puisse lui reprocher de donner peu de ressort au sentiment de la responsabilité et de l'intérêt personnels, il est une forme légitime de l'organisation industrielle et un mode équitable de répartition de la richesse.

Les doctrines socialistes substituent à la répartition naturelle par la liberté une répartition artificielle par voie d'autorité qui, comme tout système contraire à la liberté, aurait pour résultat de comprimer l'essor de la richesse.

V

LA POPULATION ET LE PAUPÉRISME

Sommaire. — 65. La population, la production et la consommation. — 66. Les causes de la densité. — 67. La théorie de Malthus et l'équilibre de la population et de la richesse. — 68. L'émigration et la colonisation. — 69. La pauvreté et le paupérisme. — 70. L'assistance.

65. La population, la production et la consommation. — La question de la population intéresse toutes les parties de l'économie politique, parce que l'homme est en réalité l'unique agent de tout le mouvement économique : c'est lui qui produit et c'est lui qui consomme. Là où il y a beaucoup d'hommes actifs fournissant beaucoup de travail, il est créé beaucoup de richesse ; mais, d'autre part, beaucoup d'habitants dans un pays consomment beaucoup de richesse pour vivre. *Entre les trois termes, population, production, consommation, il y a un rapport intime.*

Si ce rapport était constant et si la distribution de la richesse·restait toujours la même, c'est-à-dire si chaque homme produisait, recevait et consommait toujours dans le même temps une même quantité de richesse, il n'y aurait pas de question de population ; l'équilibre demeurerait toujours le même et la condition de l'humanité serait uniforme et immuable.

Nous savons qu'il n'en est pas ainsi et que les hommes, dans chaque société, produisent plus ou moins suivant leurs *qualités personnelles*, suivant la somme des *capitaux* et *l'état de la science.*

Parmi les produits qui leur sont utiles pour vivre, les aliments sont au premier rang et ils proviennent de la terre, laquelle est en quantité limitée. La *terre* est un quatrième terme dont il faut tenir compte dans le problème de la population.

Il y a donc une question de la population. Question complexe, une des plus graves même que traite l'économie politique, parce que, la richesse étant faite pour sustenter la vie des hommes et pour leur procurer du bien-être, l'état de la population peut être considéré comme la pierre de touche de l'organisation économique d'une société. C'est aussi une des questions les plus difficiles. Elle est devenue l'objet d'une science particulière, la *démographie*, qui emprunte presque toutes ses données à la statistique.

Avant d'indiquer quelques-uns des résultats de cette science, nous pouvons poser d'avance les conditions générales d'équilibre entre la population et la richesse :

Quand la production de la richesse et les capitaux s'accroissent dans une société, la population a une tendance à s'accroître.

Quand la moyenne de la consommation individuelle dans une société s'accroît, la population a, malgré l'accroissement de la richesse, une tendance à rester stationnaire.

Ces lois, comme toutes les lois économiques, ont leurs exceptions, parce que des causes secondaires en modifient souvent les effets et que l'état des mœurs met, à l'égard de l'accroissement et de la densité, de grandes différences entre les nations.

66. Les causes de la densité. — On peut dire aussi, ce qui est pour ainsi dire un corollaire des propositions précédentes, que *les populations sont groupées sur les diverses parties du globe en quantité proportionnelle aux moyens d'existence qu'elles y trouvent.*

Il y a cependant plusieurs raisons qui ne permettent pas de regarder cette proportion comme une règle absolue ; la principale est que l'expression de moyens d'existence est un terme vague qui ne correspond pas dans tous les pays et dans tous les temps à une même somme de consommation : les Hindous vivent au nombre de plus de 100 sur un kilomètre carré, en produisant et en consommant moins de richesse que les Français, qui ne sont que 72 par kilomètre carré.

Néanmoins il faut remarquer, comme application de la règle, que la zone glaciale n'a presque pas d'habitants, parce qu'elle n'offre que très peu de moyens d'existence et de bien-être, qu'il en est de même des déserts, que les montagnes, peu propres au labourage, et que les steppes, qui n'y sont pas propres, ont, sauf certains cas, une population peu dense; qu'au contraire, la population est ordinairement dense dans les *plaines arables* et surtout dans les *vallées* dont le sol est généralement fertile et par où passent les voies navigables, sur les *côtes* où la pêche procure des aliments et où le commerce construit ses ports, aux principales *étapes des voies de commerce*, naturelles ou artificielles, près des *mines de houille* et près de la *force motrice* des chutes d'eau où l'industrie accumule ses usines, dans les *grandes villes* où le capital abonde et où il y a une grande demande de travail.

Il existe des différences considérables entre le nombre d'habitants que comporte une même étendue de territoire. Ainsi, tandis que, par kilomètre carré, la province d'Arkhangel, région très froide, a une densité de 0,4 habitant et que la province d'Astrakhan, région de steppes, en a 2,9, le Lancashire, région toute manufacturière, compte 707 habitants.

L'homme est attiré vers les régions où la mise en œuvre des richesses naturelles, les conditions avantageuses du sol et les ressources de la civilisation lui font espérer que son travail sera rémunérateur; il s'y fixe et il y multiplie. Aussi, en général, ces régions sont-elles non seulement les plus denses, mais celles dont *la densité augmente le plus rapidement*. Il semble que, dans un même État, une province qui a 50 habitants par kilomètre carré soit plus susceptible de recevoir de nouvelles recrues qu'une province qui en a 150; c'est cependant le contraire qui se produit souvent, précisément parce que la densité de la seconde province était déjà due au privilège qu'elle avait de renfermer beaucoup d'éléments de richesse.

L'attraction de la population vers la richesse peut être assez fortement prononcée pour que, dans un pays dont la population totale augmente peu, la concentration vers les grands centres d'industrie et de commerce ait pour conséquence une diminution du nombre des habitants dans les parties moins favorisées : c'est le cas de la France depuis un demi-siècle.

Quand une contrée acquiert quelqu'une des qualités qui

déterminent la densité, par la découverte d'une mine, par la création d'un port, l'ouverture d'une voie commerciale, la formation d'un centre administratif, les habitants se portent de ce côté et la population y augmente.

67. La théorie de Malthus et l'équilibre de la population et de la richesse. — Les faits montrent donc qu'il existe un rapport intime entre le nombre des habitants et la quantité de richesse produite dans une contrée.

Un des premiers économistes qui aient cherché à déterminer avec précision ce rapport est Malthus. Il était frappé, ainsi qu'il le dit, de « la tendance constante qui se manifeste dans tous les êtres vivants à accroître leur espèce plus que ne comporte la quantité de nourriture qui est à leur portée ». Croyant, d'après ses observations, pouvoir affirmer que la tendance de la population était d'augmenter en proportion géométrique, que, d'autre part, dans les conditions les plus favorables à l'industrie, les moyens de subsistance ne pouvaient augmenter que suivant une progression arithmétique, il posa la formule suivante, que l'on désigne sous le nom de *loi de Malthus* :

Progression de la population : 1, 2, 4, 8, 16, 32.... 4096
     —   des subsistances : 1, 2, 3, 4, 5, 6...... 13

Il concluait que, si l'homme n'avait pas la prévoyance et l'énergie de restreindre volontairement le progrès de la population, la rupture d'équilibre entre le nombre des consommateurs et la quantité des choses consommables aurait pour conséquence fatale la misère de la société et le retranchement par la mort de ceux qui naîtraient en surabondance.

Il y a dans la théorie de Malthus une remarque juste, déjà implicitement comprise dans les formules qui précèdent : *la population a une tendance naturelle à s'accroître; son accroissement est subordonné à ses moyens d'existence et à la somme de ses besoins.*

Mais : 1° il est téméraire de prétendre exprimer par une formule mathématique quelconque un rapport variable qui n'est pas susceptible de précision numérique; 2° la formule est inexacte et l'observation des faits, sans laquelle toute théorie de ce genre manque de fondement, n'autorisait pas alors, malgré la crise que subissait l'Angleterre, et n'autorise pas du tout aujourd'hui à affirmer qu'il existe ainsi des tendances fatalement divergentes.

Il y a peu de pays où la progression de la population soit celle que suppose Malthus. Le fait s'est produit cependant dans quelques pays nouveaux que des hommes de race civilisée ont fécondés par leur colonisation : aux États-Unis, il y a eu jusqu'ici une augmentation dont le rapport est de 1 à 2,4 en moyenne par période trentenaire, c'est-à-dire à peu près par génération; toutefois il faut ajouter qu'une part notable de cet accroissement est due à l'immigration, qui a introduit environ 10 millions d'habitants dans le pays de 1820 à 1880.

Recensement de :	Population.	Progression depuis 1790 :	Progression d'une période trentenaire à l'autre :
1790......	3 929 000	1	
1820......	9 655 000	2,7	2,7
1850......	23 191 000	5,9	2,4
1880......	50 155 000	12,7	2,1
1890......	63 000 000	15,9	.

Un accroissement non moins remarquable s'est produit au Canada et dans les colonies de l'Australie. Cependant les subsistances et la richesse générale ont augmenté dans ces pays plus rapidement que la population. On en peut juger par le commerce extérieur des États-Unis, qui, de 1790 à 1800, était en moyenne de 107 millions de dollars et qui a été de 1843 millions de dollars en 1890; il a augmenté dans la proportion de 1 à 17,2, pendant que la population augmentait dans la proportion de 1 à 15,9. La richesse intérieure a vraisemblablement augmenté davantage.

Même chez les peuplades sauvages où la richesse est très peu considérable et reste stationnaire, parce que la science industrielle ne progresse pas, la mort, qui y fauche sans doute largement, n'a pourtant pas besoin, comme le supposait Malthus, d'abattre en coupe réglée à chaque génération un superflu croissant d'existences. Les institutions et les mœurs y pourvoient d'une manière inconsciente et en grande partie préventive : les naissances sont peu nombreuses. C'est du moins ce qui résulte, à défaut de statistique, de l'observation la plus suivie qui ait été faite à ce sujet, celle d'un Français qui a vécu dix-sept ans avec les sauvages, très grossiers, du nord de l'Australie et qui assure que les femmes mariées, quand elles ont des enfants, n'en ont jamais plus de trois ou quatre, qu'elles nourrissent pendant cinq ans.

Ainsi donc c'est dans d'autres formules que celle de Malthus qu'il faut chercher les *véritables lois expérimentales de la population*. Sans entrer dans le détail d'études qui sont du ressort de la démographie, nous lui empruntons ses conclusions en disant que *le nombre d'habitants que comporte un territoire dépend :*

1° Des *qualités du climat et du sol* que peut utiliser le travail de l'homme, c'est-à-dire des forces de la nature ;

2° De la quantité de *capital* et de l'état de la *science industrielle*, qui augmentent la productivité du travail ;

3° De l'*étendue des débouchés* qui permettent à la population de se procurer des aliments en échange des produits de son industrie ;

·4° De la *moyenne des consommations individuelles*, qui, dans un état déterminé de richesse, permet à d'autant plus d'habitants de vivre que cette moyenne est plus faible ;

5° Du *degré d'égalité dans les consommations individuelles*, qui, en supposant un état de richesse déterminé, permet à un plus grand nombre de petits consommateurs de vivre à mesure que diminue le nombre des gros consommateurs improductifs.

Sur la première condition, celle qui est relative au sol et au climat, l'homme ne peut exercer, dans la plupart des cas, qu'une très faible influence.

Il en exerce une souveraine sur la seconde et sur la troisième, qui, à leur tour, exercent une influence prépondérante et toujours une influence heureuse par leur accroissement sur l'accroissement de la population ; elles sont la grande raison de la densité, quoique, dans certains cas restreints, tels que l'emploi des machines en agriculture et l'extension des prairies, le progrès de la science industrielle tende à diminuer la population sur le territoire agricole. Il est opportun de rappeler à ce propos qu'il y a diverses étapes ou périodes de civilisation économique et que ces périodes, correspondant à des états différents de la science et du capital, comportent des différences de densité considérables :

1° *Période sauvage*, où la chasse et la pêche nourrissent beaucoup moins d'un habitant par kilomètre carré ;

2° *Période pastorale*, où l'élevage des troupeaux ne nourrit guère plus de *3 à 4 habitants par kilomètre carré;*

3° *Période agricole*, où la culture de la terre, avec un faible capital, nourrit (du moins en Europe) de *30 à 50 habitants environ par kilomètre carré;*

4° *Période industrielle et commerciale*, où, grâce à une culture intensive, nécessitant un fort capital, et à l'importation d'un supplément d'aliments payés par la richesse produite sur place, peuvent vivre *plusieurs centaines d'habitants par kilomètre carré.*

Il n'est pas désirable de voir la quatrième condition exercer son influence dans le sens d'un accroissement; car une population qui, dans un pays médiocrement riche, est très nombreuse parce qu'elle consomme peu, est une population misérable. Accroître la moyenne des consommations (pourvu toutefois que ces consommations ne soient pas celles du vice) et par là le niveau du bien-être dans la masse d'une population est un des résultats les meilleurs d'une bonne économie sociale.

La cinquième condition signifie que les institutions qui créent ou maintiennent des inégalités compriment l'essor de l'activité humaine et qu'il faut les éviter; mais il faut bien se garder de toute institution qui, en vue d'une égalité par abaissement, déprimerait cette activité et qui, en arrêtant l'effort des supériorités, arrêterait l'essor de la richesse nationale : on irait ainsi directement à l'opposé du but.

Aux cinq conclusions précédentes il convient d'ajouter :

6° En vertu de lois physiologiques, économiques et sociales, la population a aujourd'hui, dans les pays civilisés, une *tendance générale à augmenter* par un *excédent des naissances sur les décès.*

7° Dans les *centres d'industrie* où l'exploitation des mines, les manufactures, le commerce sont actifs, la population augmente, en outre, par l'*immigration.*

8° Dans l'*état actuel* de la civilisation économique et grâce aux progrès modernes de la science industrielle, la puissance des moyens de production a pour résultat ordinaire que *la richesse s'accroît plus rapidement que la population.*

Il est certain qu'il n'en a pas toujours été ainsi ; l'histoire montre qu'il y a des temps et des pays où la richesse et la population ont été et sont aujourd'hui stationnaires ou même rétrogrades.

9° A mesure qu'une *population devient plus riche*, il peut arriver que le nombre des naissances tende à diminuer, et que, malgré la diminution de la mortalité, surtout de l'enfance, *l'accroissement de la population se ralentisse.* Dans une même population, les classes riches ont, pour plusieurs raisons, cette tendance : c'est presque toujours par l'accession successive de ceux qui montent des rangs inférieurs de la société dans les rangs supérieurs que les classes élevées complètent leur recrutement. Toutefois l'examen des faits prouve que cette dernière loi souffre des exceptions.

68. L'émigration et la colonisation. — L'émigration peut être déterminée par plusieurs causes :

1° Par l'*excès de population* résultant d'une forte natalité ;

2° Par l'*insuffisance de moyens d'existence*, qui est souvent la conséquence d'un excès de population et qui pousse une partie des habitants à chercher du travail hors de leur pays natal ;

3° Par la *perspective d'un meilleur avenir* dans un pays étranger ;

4° Par des *conditions politiques* qui rendent intolérables à certaines catégories de personnes le séjour dans le pays natal ;

5° Par la *facilité des communications* et par la multiplicité des *relations établies* entre les pays d'émigration et les pays d'immigration, par l'influence d'*institutions publiques* ou d'*entreprises privées* qui, dans le pays natal, favorisent l'émigration ou qui, dans le pays de destination, attirent l'immigration.

Les deux premières causes poussent surtout les plus pauvres à émigrer et elles agissent d'ordinaire avec plus d'énergie dans les temps de crise et de disette que dans les temps de prospérité.

La troisième sollicite des individus appartenant à diverses classes de la société, surtout à la classe moyenne, et elle se fait sans souffrance; mais elle n'agit que sur un nombre relativement restreint d'individus, parce que ceux qui ont déjà une certaine situation dans leur pays se résolvent moins facilement à le quitter que ceux qui n'ont rien.

La quatrième est accompagnée de violences et de souffrances morales; cependant elle a été l'origine de plusieurs colonisations fécondes, lorsqu'elle a déporté sur une terre nouvelle des hommes ayant des qualités morales et intellectuelles propres à la formation d'une société régulière.

La cinquième, qui est *aujourd'hui une des plus puissantes*, contribue beaucoup à augmenter et à régulariser le courant de l'émigration, on pourrait même dire dans certains cas à le moraliser.

On peut distinguer les pays vers lesquels se porte l'*immigration* en anciens et en nouveaux.

Les *anciens pays* sont ceux où, la terre étant complètement appropriée et cultivée, l'immigrant est attiré par un appât autre que l'espérance de la propriété foncière. Entre les anciens pays il existe des courants particuliers que déterminent des intérêts privés et qui portent dans presque tous les pays des hommes de presque toutes les nations; il existe aussi des courants généraux, un, par exemple, qui porte *des pays les plus avancés en civilisation vers les pays moins avancés* des émigrants de la seconde catégorie (émigration en vue d'un avenir meilleur), s'adonnant principalement au commerce et aux professions libérales, un autre qui porte *des pays ayant relativement plus d'habitants que de capitaux vers des pays ayant plus de capitaux que de bras* des émigrants de la première catégorie, appartenant principalement à la classe des salariés.

Quand les lois contrarient ces courants, elles entravent le progrès économique, parce qu'il est toujours bon que le capital et le travail, qui se cherchent l'un l'autre, puissent se rencontrer.

Un État qui arrête l'émigration porte atteinte à la liberté individuelle et condamne une partie de ses citoyens à la misère. Un État qui prévient ses citoyens des fraudes par lesquelles on peut chercher à les attirer à l'étranger sert, au contraire, leurs intérêts.

Un État qui empêche l'immigration porte une atteinte à la liberté du travail et un préjudice au capital national. D'autre part, il est incontestable, en considérant les choses du point de vue élevé de la politique, qu'il vaudrait beaucoup mieux qu'une nation fût capable de satisfaire par l'accroissement de sa propre population aux emplois nouveaux que l'accroissement de son capital requiert; mais, si cette condition désirable ne se réalise pas, c'est la natalité de l'État et non sa capitalisation et l'immigration qu'il faut blâmer.

L'immigration dans les *pays nouveaux* se lie intimement à la question de la *colonisation;* c'est en effet le plus souvent dans l'espérance d'acquérir de la terre et de se faire une nouvelle patrie qu'y vont les émigrants, même ceux qui n'ont d'abord que la perspective du salariat, et c'est, en conséquence, vers les pays où les richesses naturelles, mines ou terres, ne sont pas entièrement appropriées qu'ils se dirigent de préférence.

Cette tendance est *un bien pour l'humanité* envisagée dans son ensemble, puisqu'elle a pour résultat de mettre en œuvre dans le monde une plus grande quantité de richesses naturelles et de faire que l'homme civilisé prenne plus complètement possession de la terre, son domaine. Elle est *un bien pour les émigrants*, qui ne réussissent sans doute pas tous, mais dont beaucoup fondent des familles vivant dans une plus grande abondance qu'elles n'auraient pu le faire au pays natal.

Elle est *un bien*, sous le rapport politique et économique, *pour le pays nouveau*, auquel manquaient des bras et des capitaux pour faire valoir ses richesses naturelles.

Elle est *un bien pour l'État d'où partent les émigrants*, parce qu'il y gagne directement si le pays nouveau est sa colonie et indirectement si le pays n'est pas sa colonie. Car le fait seul d'une colonisation nouvelle étend le marché commercial des nations, et la circonstance particulière d'émigrants qui ont la langue et les mœurs d'une nation profite d'une manière spéciale au commerce de cette nation; l'influence économique et politique du pays natal se répand ainsi dans le monde par les essaims qui en sont sortis.

Aussi un État qui possède des colonies a-t-il intérêt à y faire des travaux préparatoires et à y prendre des mesures propres à favoriser la colonisation, et un pays nouveau à attirer l'immigration.

C'est par la colonisation que la race européenne s'est répandue hors d'Europe depuis la découverte de Christophe Colomb, qu'elle a occupé à peu près toute l'Amérique du Nord entre le 52e et le 22e parallèle, qu'elle s'est mêlée ou substituée en partie à la race indigène dans la zone tropicale et dans la zone subtropicale de l'Amérique du Nord et de l'Amérique du Sud et qu'elle y a importé à sa suite la race noire, qu'elle a peuplé la partie méridionale et une portion de là région méditerranéenne de l'Afrique, qu'elle a établi sa domination sur l'Inde, sur une partie de l'Indo-Chine, de la Malaisie et de la Sibérie et qu'elle a créé, au XIXe siècle, un foyer nouveau de civilisation dans l'Australie. On peut évaluer aujourd'hui (1886) à plus de 85 millions les représentants de la race européenne, pure ou mélangée, qui vivent dans les pays hors d'Europe : on sait quelle grande influence cette diffusion a eue sur la richesse de l'Europe, sur celle du monde en général et comment elle a déplacé l'équilibre politique des races et des États dans le temps présent.

60. La pauvreté et le paupérisme. — Dans toutes les sociétés il y a des individus qui n'ont pas de moyens suffisants pour vivre, c'est-à-dire qui sont *dans l'impossibilité de subvenir aux besoins nécessaires de l'existence*, alimentation, vêtement, logement, par leur travail, par leur revenu ou par l'aide de leur famille : ils sont *indigents*.

Il ne faut pas confondre le *pauvre* et l'*indigent*, la *pau-*

vreté et le *paupérisme*. Le premier a peu, le second n'a pas assez. L'état de pauvreté est tolérable et il y a des sociétés dont presque tous les membres sont pauvres : telles sont, par exemple, les peuplades sauvages. L'indigence est une souffrance, parce qu'elle est une privation de choses nécessaires à la vie, et elle peut devenir intolérable. L'indigence est ordinairement l'exception dans une société. Il n'est cependant pas sans exemple qu'une grande partie d'une population tombe dans l'indigence; on l'a vu plus d'une fois à la suite de disettes dans l'Inde et à la suite des ravages de la guerre de Cent ans dans certaines provinces de France.

Quand l'indigence est non une exception, mais l'état permanent d'une partie de la population et qu'elle sévit comme une maladie endémique, elle constitue le *paupérisme*. Le mal est ancien; mais il a pris un caractère particulier d'intensité dans les sociétés industrielles de l'époque contemporaine et, surtout, il a éveillé la curiosité des recherches scientifiques et la sollicitude de la charité à un tel point qu'on l'a cru nouveau, comme l'est le mot qui le qualifie. Cependant, dans les siècles qui ont précédé le nôtre, les nombreux hospices et hôpitaux créés par la charité chrétienne ne restaient pas vides, les mendiants pullulaient dans les campagnes et les villes étaient infestées de truands que la police pourchassait sans parvenir à en détruire la race. Proportionnellement au nombre des habitants, il y avait à Paris plus d'indigents et beaucoup plus de mendiants au xviii° siècle qu'aujourd'hui.

Le paupérisme se produit quelquefois dans une population rurale : l'Irlande en est un exemple. Mais il attaque plus souvent les populations urbaines et surtout les cités manufacturières où un grand nombre de familles ouvrières se trouvent agglomérées et où les conditions de la vie sont rendues plus difficiles par la cherté des denrées, par l'entassement des habitants et l'insalubrité des logements, par les chômages de certaines industries, par les tentations de dépense de la cité, enfin par le contact et le contraste de la misère et du luxe. En effet, l'indigence même est chose en partie relative. Dans un pays où tout le monde est pauvre, on se résigne sans murmure à vivre de très peu ; dans un pays où s'étale la richesse, ce peu paraît beaucoup trop peu et la charité se fait un devoir d'y ajouter quelque supplément : la plupart des indigents de Paris, qui vivent, il est vrai, sous un climat différent de celui du Sahara, ne consentiraient pas à se nourrir avec la ration moyenne d'un Touareg. Aujourd'hui que les sociétés produisent plus de richesse, on peut affirmer que le bien-être est plus général et *la misère moindre qu'autrefois ;* mais le *paupérisme* est *plus apparent* et *plus concentré,* comme l'est l'industrie elle-même.

Il paraît être comme certaines maladies du corps humain dont une bonne hygiène atténue les effets pernicieux, mais qu'elle ne supprime pas, de même que la religion et la morale ne suppriment pas le vice.

Il y a diverses catégories d'indigents :

1° Ceux qui, n'ayant que des ressources très limitées par leur travail, sont exposés à tomber *accidentellement dans l'indigence* quand le travail vient à leur manquer ;

2° Ceux qui ont un salaire trop modique et une famille trop nombreuse pour subvenir régulièrement à tous leurs besoins et qui sont dans une sorte de *demi-indigence à l'état permanent,* obligés, tout en travaillant, de tendre la main à la charité ;

3° Ceux qui sont dans une *complète indigence,* étant *incapables de travailler,* comme les enfants abandonnés, les infirmes, les vieillards sans ressources ;

4° Ceux qui, étant valides, sont trop *paresseux* ou trop *vicieux* pour gagner leur vie par le travail et qui préfèrent mendier ou voler.

Il est logique que les individus des deux premières catégories soient en grand nombre dans les villes très peuplées et très industrielles, précisément parce que ces villes renferment beaucoup de gens vivant de salaires ; ceux de la troisième catégorie proviennent le plus souvent de familles appartenant à la seconde catégorie et se trouvent par conséquent dans les mêmes localités. De toutes les couches de la société et surtout des couches exposées à l'indigence, le vice fait tomber constamment des individus pervers dans les bas-fonds de la société; là croupissent pour le mal les misérables que la grande ville a produits et les misérables qui y affluent de toutes parts, parce qu'ils y sont plus dans l'ombre et qu'ils trouvent plus d'occasions de satisfaire leurs mauvais instincts. Ceux qui sont dans la misère sans être tombés dans le vice obéissent quelquefois à la même attraction et quittent leurs foyers pour venir là où ils espèrent obtenir plus de secours : *l'assistance attire l'indigence.* Cette situation impose aux grandes cités des obligations toutes spéciales de charité et de police.

70. L'assistance. — Sous le rapport du paupérisme, ce qui distingue surtout les sociétés civilisées et riches des sociétés grossières et pauvres, c'est que celles-là s'appliquent à étudier le mal et possèdent plus de ressources que celles-ci pour appliquer des remèdes. L'historien Macaulay a dit avec raison : « La vérité est que les misères sont anciennes; ce qui est nouveau, c'est l'intelligence qui les découvre et l'humanité qui les soulage. »

On peut dire cependant que, dans tous les temps et dans toutes les sociétés, il y a eu et il y a une portion du revenu national consommée en œuvres de charité. Mais *cette consommation charitable,* ou consommation en vue de l'assistance, *est beaucoup plus considérable dans les sociétés riches que dans les autres,* précisément parce qu'elles disposent d'un produit net beaucoup plus considérable. Les dépenses de l'assistance publique en France dépassaient 160 millions de francs en 1882.

La plupart des consommations de ce genre font partie du groupe des consommations improductives.

Sont-elles un bien ou un mal? La question a été posée : il faut y répondre.

La première réponse à faire est qu'à les considérer d'une manière générale, elles s'imposent comme une nécessité morale et sociale. Par un sentiment naturel de sympathie, l'homme qui possède est porté à soulager la misère de l'homme qui n'a rien; d'autre part, par une considération d'ordre public, une société a intérêt à adoucir les souffrances de ses membres.

La morale dit : L'homme a le devoir d'assister ses semblables.

L'économie politique ajoute :

1° *L'indigence n'a pas de droit à l'assistance*, parce que nul n'a droit de réclamer pour lui-même et de consommer sans autorisation le bien d'autrui : c'est un corollaire du droit de propriété. C'est à tort qu'on a dit que l'État avait le devoir d'entretenir à ses frais l'indigent à titre d'indemnité pour le préjudice que l'état social lui cause en ne lui permettant pas de cueillir les fruits naturels de la terre ; car l'état social ne porte aucun préjudice à la richesse ; il en favorise au contraire considérablement l'accroissement et il facilite par conséquent à quiconque veut et peut travailler les moyens d'en acquérir quelque portion.

2° *Les individus et les sociétés font de la richesse un usage généreux et en même temps conforme à l'intérêt public en employant une partie du fonds de consommation improductive à assister l'indigence.*

Des économistes ont reproché à la charité d'entretenir et d'étendre la plaie du paupérisme au lieu de la guérir. Il est certain que des secours donnés avec profusion et sans discernement, encourageant la paresse et le vice, risquent d'amollir le ressort qui soutient le pauvre dans le travail, c'est-à-dire d'énerver son courage par la perspective d'une vie facile dans l'oisiveté. La mendicité vagabonde, telle qu'elle existe encore dans certaines parties de la France, et la taxe des pauvres en Angleterre tombent sous ce reproche. En général, la permanence des secours attribués à des adultes valides, qui constitue au profit de gens capables de vivre en travaillant une sorte de rente prélevée sur le bien d'autrui, est un mal. Mais l'abus ne doit pas faire condamner l'usage bien réglé et *la charité, faite avec intelligence, est, dans les sociétés humaines, un mode légitime et utile de distribution de la richesse ;* car elle atténue quelques-unes des inégalités extrêmes de la fortune, elle adoucit des cruautés, souvent imméritées, du sort, et elle peut même conserver à la société une partie de ses forces productives. Voilà ce que la science économique constate.

Ainsi la charité faite sans discernement est une caus, d'aggravation du paupérisme, et la charité faite avec discernement aux adultes tombés dans la misère soulage leur souffrance sans diminuer le paupérisme; d'autre part, la *charité préventive*, se produisant tantôt sous forme d'assistance à l'enfance qu'elle tire du dénuement ou du vice et qu'elle élève ou contribue à élever, tantôt sous forme de patronage à l'égard des adultes qu'elle aide à se préserver de la misère, exerce une action efficace pour la diminution du paupérisme.

L'assistance est donnée :

1° Par les *particuliers* agissant en leur nom privé et sous l'impulsion d'un sentiment religieux ou sympathique : il y a ainsi une quantité considérable de consommations d'assistance qui ne figurent dans aucune statistique de la bienfaisance ;

2° Par les *associations charitables*, ayant les unes un caractère religieux, les autres un caractère laïque et alimentant leur fonds de consommation charitable par les cotisations de leurs membres ou par le revenu des capitaux mobiliers et fonciers qui leur appartiennent en propre;

3° Par les *services publics*, qui sont en France les communes, les départements et l'État et dont le fonds est alimenté par des cotisations volontaires, par les revenus propres des établissements de bienfaisance et par l'impôt. On désigne ce genre de charité sous le nom d'*assistance publique*.

L'assistance publique représente la part de la société dans le soulagement de la misère. Elle a une action plus générale et plus régulière, mais moins de délicatesse que la charité privée. C'est surtout à cause d'elle que se posent les questions de droit et de mesure en matière de charité et qu'il faut dire que, *si l'assisté ne peut se prévaloir d'aucun droit à l'assistance, l'État, chargé de veiller à l'intérêt public, remplit un devoir social en assistant certaines infortunes, dans la mesure où ses ressources lui permettent de le faire.*

L'assistance, qu'elle soit privée ou publique, peut être donnée sous des formes et dans des circonstances diverses :

1° En temps de chômage, sous forme de travail dans des *ateliers de charité* où sont reçus les ouvriers sans ouvrage.

Cette forme peut produire de bons ou de mauvais résultats suivant la manière dont les ateliers sont administrés ; elle en a donné de médiocres dans les workhouses de l'Angleterre et de mauvais dans les ateliers nationaux de 1848 en France.

2° Sous forme de *secours en argent ou en nature*. Ces secours peuvent être soit temporaires et accidentels quand il s'agit d'ouvriers privés de ressources par le chômage, de pauvres souffrant momentanément d'une disette ou d'un hiver rigoureux, soit réguliers et permanents quand il s'agit d'individus et de familles incapables de suffire à leurs besoins ordinaires. Ils ne constituent en général qu'une portion et même qu'une minime portion des moyens d'existence de l'indigent. Ils peuvent être délivrés soit au domicile de celui qui donne le bienfait, soit au domicile de l'assisté ; ce dernier mode est préférable, quand il peut être appliqué, parce qu'il permet de connaître avec plus d'exactitude les véritables besoins de l'indigent.

3° Dans les *crèches*, *hôpitaux* et *hospices*, où sont soignés des malades et recueillis des enfants, des infirmes, des vieillards. C'est assurément une des formes les plus nécessaires de l'assistance et une des consommations charitables qui peuvent devenir reproductives surtout lorsqu'elles s'adressent à des enfants qu'elles ont pour but de préserver de la mort ou du vice.

4° Sous forme de *patronage* dans des asiles, dans des écoles, dans des sociétés de protection en faveur de certaines catégories de personnes, telles que les apprentis ou les condamnés libérés. C'est encore une espèce de consommation charitable qui peut être reproductive.

RÉSUMÉ

Entre les trois termes, population, production, consommation, il y a un rapport étroit.

Lois générales d'équilibre de la richesse et de la population : quand la production et les capitaux s'accroissent dans une société, la population a une tendance à s'accroître ; quand la moyenne de la consommation individuelle s'accroît, la population a une tendance à devenir stationnaire; quand toute la terre est occupée et cultivée dans un pays, l'accroissement de la population y devient plus difficile.

Les populations sont groupées sur les diverses parties du globe en quantité proportionnelle aux moyens d'existence qu'elles y trouvent. Les vallées, les plaines arables, les côtes, les voies de commerce, les mines, les forces motrices, les grandes villes sont propices à la formation de populations denses.

La population a une tendance naturelle à s'accroître. Son accroissement est subordonné à ses moyens d'existence et à la somme de ses besoins.

Lois expérimentales de la population. — Le nombre d'habitants que comporte un territoire dépend des conditions physiques du climat et du sol, du capital et de la science industrielle, de la moyenne des consommations individuelles, du degré d'égalité dans les consommations individuelles. — On peut distinguer, sous le rapport de la densité que comporte un territoire, la période sauvage, la période pastorale, la période agricole, la période industrielle et commerciale. — La population a une tendance générale à augmenter par un excédent des naissances sur les décès. — Elle augmente dans les centres industriels par l'immigration. — Aujourd'hui, la richesse s'accroît dans beaucoup de pays civilisés plus vite que la population. — Dans une population qui s'enrichit, l'accroissement tend souvent à se ralentir.

L'émigration a pour causes principales l'excès de population, l'insuffisance des moyens d'existence, la perspective d'un meilleur avenir, certaines conditions politiques et surtout la facilité des communications.

L'immigration dans les anciens pays a lieu soit des

pays les plus avancés en civilisation dans les pays moins avancés, soit des pays ayant relativement plus d'habitants que de capitaux dans les pays ayant plus de capitaux que de bras.

L'immigration dans les pays nouveaux et la colonisation sont un bien pour l'humanité, pour les émigrants, pour le pays nouveau qui les reçoit et pour le pays ancien d'où ils partent.

La misère est moindre dans les sociétés modernes qu'elle n'était autrefois; mais le paupérisme est plus apparent et plus concentré.

Les indigents sont des gens qui se trouvent dans l'impossibilité de satisfaire aux besoins nécessaires de l'existence; on comprend sous cette dénomination ceux qui tombent momentanément dans l'indigence, ceux qui sont à l'état permanent dans une demi-indigence, ceux qui, ne travaillant pas par impossibilité physique ou par vice, sont dans une complète indigence.

La consommation charitable soulage l'indigence. — L'indigence n'a pas un droit à l'assistance; cependant la charité faite avec intelligence est, dans les sociétés humaines, un mode légitime et utile de distribution de la richesse.

L'assistance est donnée par les particuliers, par les associations charitables et, sous forme d'assistance publique, par les services publics. — Si l'assisté ne peut se prévaloir d'aucun droit à l'assistance, l'Etat, chargé de veiller à l'intérêt public, remplit un devoir en assistant certaines infortunes dans la mesure que ses ressources lui permettent.

L'assistance est donnée sous forme d'ateliers de charité, de secours en argent et en nature, de crèches, hôpitaux ou hospices, de patronage.

TROISIÈME PARTIE

LA CIRCULATION DE LA RICHESSE

I

L'ÉCHANGE ET LA VALEUR

Sommaire. — 71. L'échange. — 72. La loi de l'offre et de la demande, la concurrence et le monopole. — 73. Les conditions fondamentales de la valeur. — 74. Des causes de variation de la valeur. —75. La distinction entre valeur et richesse. — 76. Le prix.

71. L'échange. — Dans une société civilisée, il n'y a guère de production qui ne soit accompagnée d'échange; le fait seul du salariat implique un échange de travail contre du capital. Cependant on peut théoriquement concevoir la production sans l'échange : Robinson, seul dans son île, produisait et n'échangeait pas. **Produire et consommer** sont les deux seuls phénomènes économiques absolument nécessaires à la vie humaine; c'est le *principe* et la *fin* de l'évolution économique. **L'échange** est la *phase intermédiaire.*

Cherchons à définir, par des exemples, divers modes d'échange.

1° Paul est chasseur; Pierre est pêcheur. Isolés, ils sont réduits à une nourriture monotone. Si, guidés par un intérêt réciproque, ils entrent en relation d'affaires, ils peuvent se procurer l'un et l'autre, sans plus de travail, des aliments plus variés. — « J'ai passé ma matinée à pêcher cette douzaine de soles, dit Pierre; tu as passé la tienne à tuer ce lièvre. J'ai d'autres soles; tu as d'autres lièvres. Faisons un échange; donne-moi un lièvre pour mes douze soles, et chacun de nous aura sur sa table viande et poisson. » Paul accepte et l'échange a lieu. N'examinons pas en ce moment si les conditions seront toujours réglées de cette manière. Voilà le principe : il suffit d'abord de comprendre que la forme élémentaire de l'échange consiste à *donner un produit pour avoir un autre produit équivalent.*

Si, à côté de Pierre et de Paul, avaient vécu Jacques le charpentier et Simon le potier, les rapports, pour être un peu plus complexes, n'auraient pas changé de nature. Jacques, naturellement, ne mange pas son bois, pas plus que Simon ses pots; mais Jacques aurait construit et réparerait la cabane de Pierre et de Paul, parce qu'il serait plus habile qu'eux dans le maniement de la cognée. Pierre et Paul lui donneraient en échange une part de leur pêche et de leur venaison proportionnelle à son travail et conforme aux stipulations qu'ils auraient faites entre eux. De même, Simon fournirait d'ustensiles de ménage ses voisins, qui lui bâtiraient sa chaumière et lui fourniraient des vivres.

S'ils n'étaient que quatre, les échanges ne seraient pas assez multipliés pour que chacun, surtout Jacques et Simon, pût vivre entièrement de son industrie spéciale. Ils seraient réduits à n'y adonner qu'une partie de leur temps et à employer l'autre à se procurer directement le reste de leur subsistance : c'est encore ce qui a lieu dans des contrées civilisées pour un grand nombre d'industries de campagne que les mêmes individus exercent concurremment avec la culture de la terre. S'ils étaient cent mille, Jacques et Simon auraient toujours de la charpente et de la poterie à faire et trouveraient à se procurer par l'échange, dans la mesure de leurs ressources, tout ce dont ils auraient besoin.

L'échange s'appelle *troc* quand il a lieu en nature, produit contre produit, et *vente* quand il se fait avec de l'argent, produit contre monnaie.

2° Survient Jean, qui s'établit charpentier à côté de Jacques. Mais Jean est jeune; il a moins d'expérience et moins de capital que son devancier; il a moins d'outils, il manque de bois, et son travail n'est pas fait avec le même art; aussi risque-t-il beaucoup de chômer une partie du temps et peut-être de mourir de faim. Jacques le tire d'embarras. « Veux-tu échanger le travail de ta journée contre une subsistance assurée? lui dit-il. Je fais marché avec toi. Je te prêterai une partie de mes outils; je guiderai ton inexpérience, et je te ferai exécuter sous ma direction les travaux que de toutes parts on me confie et que probablement on ne viendrait pas te confier. Tant que les conditions que nous faisons en ce moment nous conviendront réciproquement, ton travail m'appartiendra pendant le nombre d'heures fixé entre nous, et tu recevras de moi en échange une certaine quantité de produits, soit en nature, soit en argent. » La convention est faite. Jean travaille pour le compte de Jacques, et tous deux s'en trouvent bien, parce que Jean, ayant désormais un travail régulier, au lieu de chômer fréquemment, peut vivre, et parce que Jacques, pouvant avec quatre bras faire plus de besogne qu'avec deux, entreprend plus d'ouvrage et, tout en rémunérant son compagnon, gagne lui-même davantage.

Voilà une seconde forme à ajouter, celle de l'*échange d'un travail contre un produit*. Nous en avons déjà parlé à propos du *salariat*.

3° Ces deux formes sont les plus saillantes; mais elles sont loin d'être les seules. Si Jacques s'est construit une cabane plus grande que ses besoins personnels ne le comportent, il peut en céder une partie à Simon, en lui disant : « Simon, il t'en coûterait trop de te construire une cabane. Voici la mienne, où tu peux facilement te loger. Je n'entends pas du tout me dessaisir de ce qui est à moi, ni te donner une partie de ma propriété; mais, si tu veux me payer un prix convenable, je te céderai, pour un temps déterminé, l'usage d'une portion de cette propriété. Tu échangeras ainsi ton produit, poterie ou argent, contre la jouissance temporaire de mon bien. » Simon accepte et fait un contrat de louage, c'est-à-dire *échange la possession d'un produit contre la jouissance temporaire d'une autre marchandise.*

4° Jacques, qui a beaucoup à travailler et qui n'a pas le temps de donner ses soins aux détails de la vie, prend un domestique et stipule que, moyennant la nourriture et une certaine somme payable par mois, ce domestique lui rendra dans son intérieur les services personnels dont il aura besoin. Encore une nouvelle forme, laquelle consiste dans l'*échange de produits contre des services permanents.*

Jacques est malade; il fait appeler un médecin qui indique des remèdes propres à le guérir. Jacques a un fils; il fait appeler un professeur qui lui donne des leçons. Il paye le médecin et il paye le professeur, *échangeant des produits contre des services déterminés.* Mais le médecin consulte Jacques sur la manière de bâtir sa maison, sur le meilleur plan à suivre, et Jacques, rendant avis pour avis, peut s'acquitter ainsi, *échangeant un service contre un service.*

Bastiat s'est appliqué à ramener à l'unité ces formes diverses, et il y a réussi (voir § 9). Les hommes échangent des produits contre des produits, ou des produits contre des services, ou des services contre des services. Or qu'est-ce qu'un produit? C'est le résultat d'un travail, et le produit lui-même ne vaut que par la quantité d'utilité qu'il contient; nous ne nous le procurons par l'échange qu'en vue de l'utilité que nous y trouverons, c'est-à-dire du service qu'il nous rendra ou, en remontant au principe, du service que nous rendra, par l'intermédiaire de ce produit, le créateur du produit. Nous achetons donc en réalité un certain service dont la source principale est dans le travail d'un ou de plusieurs hommes. Ainsi fait, d'autre part, le patron qui achète le service de l'ouvrier; ainsi fait le maître qui achète le service de son domestique; ainsi fait tout homme qui, en quelque circonstance que ce soit, se procure à titre onéreux le produit ou le service d'autrui. C'est pourquoi l'on peut rassembler ces divers modes de l'échange en une formule et dire que, dans les sociétés humaines, **les services s'échangent contre des services.**

72. La loi de l'offre et de la demande, la concurrence et le monopole. — D'après quelles règles l'échange se fait-il? L'observation des faits sociaux peut seule répondre, et elle répond d'une manière différente selon les cas.

L'échange est une conséquence de la liberté. Sans liberté, en effet, il peut y avoir répartition de la richesse, mais il ne saurait y avoir échange. Ainsi, un maître donnait autrefois des aliments, des vêtements, en un mot de la richesse à consommer à ses esclaves, et il leur imposait un certain travail; il y avait *répartition en vertu de l'autorité*, il n'y avait pas échange; au contraire, un esclave qui, avec l'argent de son maître ou avec son propre argent, achetait des légumes au marché, faisait un échange. De même, un père qui nourrit ses enfants et qui les fait travailler ne fait pas un échange, à moins que les enfants ne travaillent chez lui à des conditions déterminées, comme des gens de service; il fait une répartition de richesse par autorité. *Pour que l'échange se fasse en vertu de la liberté*, il faut que les parties puissent débattre les termes du contrat.

Pour que le débat soit sérieux et que les conditions stipulées ne soient pas dommageables à l'un ou à l'autre, il est nécessaire qu'il y ait **concurrence** (voir § 44), autrement dit que le marché soit assez étendu pour que, dans le même temps et dans le même lieu, plusieurs offrent et plusieurs demandent le même produit ou le même travail. C'est alors que les divers intérêts en présence trouvent leur équilibre le plus naturel et que la **loi de l'offre et de la demande** produit ses plus larges conséquences.

1° Prenons d'abord un exemple où la concurrence n'apparaisse pas encore. Dix hommes ont fait naufrage sur un rocher, à une assez grande distance de la côte pour ne pouvoir espérer aucun secours, tant que sévira la tempête. Ils ont froid et faim. Un seul d'entre eux a quelques biscuits et une gourde de rhum; il est disposé à céder un biscuit et la moitié de sa gourde. Mais à quel prix? Tous ses compagnons d'infortune se disputent cet aliment qui peut entretenir en eux la vie jusqu'à ce que des sauveurs arrivent de terre, et ils donneraient, s'il le fallait, pour l'obtenir, tout ce qu'ils possèdent.

A quelques lieues de là peut-être, au marché du village,

des paysans ont apporté des quantités considérables de fruits mûrs et qui ne tarderont pas à se gâter s'ils les remportent. Il y a peu d'acheteurs. Supposons même qu'il n'y en ait qu'un; celui-ci obtiendra la quantité de fruits qui lui conviendra pour un prix très minime, chacun lui en offrant et aimant probablement mieux retirer de son produit une légère rémunération que tout perdre.

Dans les deux cas, il y a dommage pour une de deux parties, pour les acheteurs dans le premier, pour les vendeurs dans le second, forcés de subir, quelles qu'elles soient, les conditions qui leur sont imposées. C'est le cas des *monopoles*, dans lequel *l'offre restreint la demande par l'élévation du prix*. Il faut éviter les monopoles.

2° Examinons le phénomène tout contraire, celui où la *concurrence* serait, de part et d'autre, presque complète et *illimitée*. Du côté des acheteurs, rien de plus facile à supposer, si la population est suffisamment nombreuse; car la plupart des hommes cherchent à se procurer le plus grand nombre possible de satisfactions et ils ne sont arrêtés dans leurs consommations que par la limite de leurs ressources. Cette limite sera naturellement d'autant plus vite atteinte que le produit sera plus cher.

La vente se réglera, dans ce cas, sur la facilité d'acquérir que les marchands donneront aux acheteurs par le bon marché.

Supposez une population étagée en manière de pyramide, et chaque couche de cette pyramide formée de personnes ayant même revenu, les plus riches au sommet et les plus pauvres à la base (voir la figure ci-jointe); ces derniers sont naturellement les plus nombreux, et la pyramide a nécessairement une base très large, beaucoup plus large en réalité que nous ne la figurons ici.

Représentez ensuite par une nappe d'eau d'un niveau variable l'obstacle à la consommation, c'est-à-dire le prix qui interdit l'achat à tous ceux qui ne sont pas assez riches pour le pays.

Si le prix est considérable, autrement dit si l'obstacle est très haut, le niveau de la nappe atteindra peut-être le sommet de la pyramide; il n'y aura qu'un seul acheteur à qui sa fortune permettra en quelque sorte d'émerger de manière à se trouver dans la zone de consommation; tous les autres seront en quelque sorte noyés dans l'impuissance et ne figureront pas comme compétiteurs à la possession de l'objet. Mais l'acheteur privilégié sera loin de jouir des bénéfices du monopole; car il ne demeure seul que par l'élimination de tous ceux qui, comme lui, auraient désiré acheter, et il ne l'a que parce qu'il peut payer plus cher qu'eux.

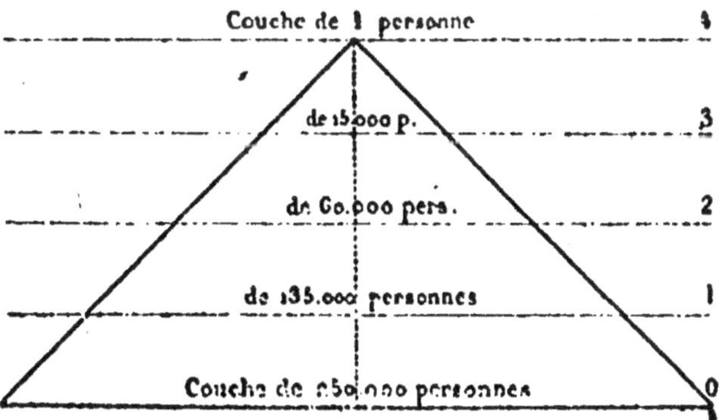

Supposez maintenant que le prix, que nous avions d'abord figuré par le nombre 4, tombe à 3, soit parce que la production locale est devenue moins coûteuse, soit parce que le marché est mieux approvisionné par les forains et que la concurrence des vendeurs est devenue plus grande. L'obstacle, autrement dit la nappe d'eau, s'abaisse, et les couches supérieures, émergeant jusqu'à celle qui se compose de 15 000 personnes, se trouvent dans la zone de consommation : la demande augmente. Que le prix descende à 2, à 1, la nappe s'abaissera jusqu'à la couche de 60 000, puis jusqu'à celle de 135 000 consommateurs; la demande augmente progressivement.

Descendez jusqu'à 0, c'est-à-dire supprimez par la pensée tout obstacle; faites — ce qui est irréalisable — que le nombre des produits soit infini et que, leur possession ne coûtant plus aucun effort, la couche infime de la population, supposée de 250 000 personnes, puisse elle-même y prétendre. Vous aurez autant de consommateurs ou du moins de consommateurs possibles que d'habitants, parce que nul peut-être ne se refusera une satisfaction qui ne coûterait ni peine ni dépense.

Donc, dans le cas de concurrence, *l'offre étend la demande à mesure qu'elle abaisse le prix.* La demande est en effet d'autant plus grande que le produit est à meilleur marché ; elle s'accroît même, en général, *dans une proportion plus forte que ne diminue le prix de la marchandise offerte ;* il n'y a pas seulement proportion, il y a *progression.*

On voit d'ailleurs que c'est surtout **l'offre qui détermine la demande**. c'est du moins le cas le plus fréquent.

Pour exercer son effet, il n'est pas nécessaire que la concurrence soit toujours réelle et, pour ainsi dire, matériellement présente ; il suffit qu'elle soit virtuelle, autrement dit possible.

Voici un marché de grains ; il est approvisionné par les campagnes du canton ; mais défense expresse a été faite aux cultivateurs de ce canton de porter ailleurs leur blé, comme aux cultivateurs des cantons voisins de faire pénétrer leurs denrées sur ledit territoire. Sur ce marché isolé, le prix du blé haussera et baissera sans aucun rapport avec les prix des cantons voisins, et ces variations, exposées à être très fortes et très subites, dépendront uniquement de l'état de la récolte sur place et des spéculations des fermiers du canton.

Qu'on supprime les défenses, qu'on laisse les grains entrer et sortir librement, qu'on fasse de bonnes routes, et tout sera changé sur le marché, sans peut-être qu'on y voie souvent de nouveaux visages. Voici ce qui se sera passé. Les fermiers voudraient bien vendre encore, comme au temps de la défense, leur blé très cher ; mais ils savent que, s'ils tiennent l'hectolitre à 1 franc seulement au-dessus du prix des cantons voisins, des fermiers accourront de vingt marchés différents pour profiter d'un bénéfice extraordinaire. Par suite, ils sont obligés de se maintenir au niveau commun, c'est-à-dire au prix courant, pour conserver la possession d'un marché désormais ouvert à tous. Dans ce cas, la *concurrence est virtuelle ;* mais ses effets n'en sont pas moins réels.

Au lieu de canton, nous aurions pu prendre pour exemple un grand État et ses relations commerciales avec tous les

pays du monde; car les phénomènes y obéissent exactement
à la même loi.

73. Les conditions fondamentales de la valeur. — La
loi de l'offre et de la demande conduit directement à l'idée de
la **valeur**, notion fondamentale en économie politique. Cette
notion est tellement importante que certains auteurs ont prétendu, non sans exagération, il est vrai, que la science économique devait être définie la « science des valeurs ».

1° Il faut d'abord la distinguer de l'idée d'utilité. Ce qui
n'a pas d'utilité a-t-il de la valeur? Évidemment non; *l'utilité*
est la condition première et indispensable de la valeur.
Mais un objet vaut-il exactement en proportion directe de
l'utilité qu'il renferme?

Eclaircissons la démonstration par quelques exemples.

Quoi de plus utile que l'air? Si, pendant quelques minutes
seulement, il venait à nous manquer, nous péririons tous
asphyxiés. Et cependant l'air nous enveloppe en si grande
abondance que nous n'avons aucun effort à faire pour en
remplir incessamment nos poumons; aussi n'a-t-il aucune
valeur. Il en acquerrait une considérable, si des hommes
étaient enfermés dans une cloche à plongeur et obligés de se
procurer par de grands efforts cette substance vitale; il en a
dans certaines mines où il compte au nombre des frais généraux de l'exploitation.

Voici l'eau : elle est presque aussi nécessaire à la vie des
hommes que l'air. Mais elle est abondante, quoiqu'elle ne soit
pas, comme l'air, directement à la portée de notre bouche.
Pour l'amener jusque dans nos maisons, il faut prendre au
moins la peine de la tirer de la source, du puits ou de l'apporter de la rivière; aussi a-t-elle en général une légère valeur, et cette valeur varie avec la somme d'efforts nécessaire
pour se la procurer.

Voici du blé : c'est le fond de la nourriture végétale des
hommes; pourtant le blé vaut moins, poids pour poids, que
le cuivre, métal qui est très utile sans doute, mais qui n'est
pas indispensable à l'existence et qui vaut infiniment moins
que le diamant, simple objet de parure.

Donc, *la valeur ne se mesure pas exclusivement à l'utilité,* si, par utilité des choses, on entend l'importance qu'ont les choses relativement à la conservation et à l'entretien de l'espèce humaine. Car si, avec certains économistes, on entendait par ce mot l'utilité subjective des choses, c'est-à-dire l'opinion que nous en avons et le prix que nous sommes disposés à en donner, les expressions d'utilité et de valeur seraient bien près de se confondre.

Les premiers économistes faisaient cette distinction en disant que les choses avaient deux sortes de valeurs : *valeur en usage*, c'est-à-dire utilité considérée par rapport à l'usage personnel, et *valeur en échange* ou *valeur commerciale*, c'est-à-dire puissance d'acquisition, capacité de s'échanger contre une certaine quantité d'autres produits. C'est dans ce dernier sens seulement que nous prenons le mot de valeur, exprimant l'autre idée par le mot d'utilité, afin d'éviter la confusion.

2° La valeur est-elle fondée sur la **rareté**? Assurément elle a encore avec cette qualité un rapport intime. Pourquoi l'air n'a-t-il aucune valeur? Parce qu'il est très abondant. Pourquoi l'eau a-t-elle peu de valeur? Parce qu'elle est abondante. Pourquoi le diamant a-t-il une très grande valeur? Parce qu'il est très rare. Pourquoi le blé vaut-il sur le marché moins quand la récolte est bonne, plus quand la récolte est mauvaise, sans que sa qualité et que sa puissance d'alimentation aient en rien changé? Uniquement parce qu'il est abondant ou rare. Il en est ainsi de toutes les marchandises qui ont un cours. Rareté signifie offre insuffisante.

Mais, du moins, pour que la rareté agisse sur la valeur, il faut que la demande existe. Tel a en sa possession un mouton qui a six pattes ou du moins l'apparence de six pattes. Rien de plus rare que cette monstruosité; mais qui s'en soucie? Ce mouton n'acquerra pas pour cela une grande valeur; il sera bon tout au plus à être montré dans quelque foire de campagne. Supposez qu'un jardinier soit parvenu à produire le fameux dahlia bleu que les amateurs ont longtemps et vainement cherché. Comme les horticulteurs s'en préoccupaient et qu'il serait unique en son genre, il aurait une assez grande valeur. Si le jardinier avait produit un coquelicot bleu — ce dont personne peut-être ne s'inquiète, — ce coquelicot, tout aussi rare que le dahlia, aurait sans doute très peu de valeur. Ce n'est en effet pas la rareté absolue d'une chose qui en détermine précisément la valeur, puisqu'il faut tenir compte non seulement de l'offre, mais aussi de la demande. Toutefois, on peut dire que, *sans rareté, il n'y a pas de valeur*, et que, *lorsqu'une marchandise est demandée, sa valeur s'accroît avec sa rareté.*

3° La valeur est-elle fondée sur le **travail**? Sans doute c'est parce qu'il a fallu quelque travail pour se procurer l'eau qu'elle a quelque valeur; c'est parce qu'il a fallu beaucoup de travail pour extraire le diamant de la mine que le diamant a beaucoup de valeur. La valeur a des points de contact nombreux avec la notion de travail. Cependant elle ne se confond pas avec elle et l'idée de travail n'est pas elle-même assez simple pour fournir à la notion de valeur une base suffisamment fixe. Nous avons déjà expliqué comment le travail lui-même valait, non par l'effort fait, mais par le résultat obtenu, par l'utilité créée (voir § 11 et 58). En effet, dans un placer de Californie, un mineur trouve une grosse pépite d'or dès les premiers coups de pioche. Vaut-elle moins que le lingot de même poids que plusieurs de ses voisins n'ont obtenu qu'en lavant pendant tout un mois les sables de leur concession?

Si tous les mineurs étaient tous les jours aussi heureux, l'or vaudrait assurément beaucoup moins. Ainsi, l'air n'a pas de valeur, parce qu'il ne faut faire aucun travail pour en avoir.

Il suffit donc de dire : *Sans travail, pas de valeur.*

On peut cependant dire plus encore. Sous le régime de la libre concurrence, chacun, pour attirer à lui la clientèle, cherche à offrir son produit au meilleur marché qu'il lui est possible; de là une tendance des prix à descendre à leur niveau le plus bas. Quelle sera la limite extrême de cette baisse? Ce sera le prix de revient de la marchandise, ou *coût de production*, lequel se compose de travail et de capital dépensés; car la valeur ne saurait tomber au-dessous de ce niveau sans qu'il y ait perte pour le producteur, partant appauvrissement et bientôt, si elle y restait, cessation de production.

Voilà comment, dans l'état normal, *le coût de production est la limite inférieure de la valeur des choses.*

Utilité, rareté, travail sont les trois conditions fondamentales de la valeur; mais aucune n'explique complètement la valeur. C'est que la valeur a sa nature propre; elle naît au moment même de l'échange et elle résulte des conditions mêmes de chaque échange. Quand Pierre et Paul s'entendaient pour échanger douze soles contre un lièvre, que valait le lièvre? Douze soles. Que valait la sole? Un douzième de lièvre. Peut-être le lendemain, le chasseur, plus amplement approvisionné, a-t-il cédé un lièvre pour neuf soles? Le lièvre a valu alors neuf soles et la sole un neuvième de lièvre. Tout échange suppose un débat, chacune des parties contractantes désirant avoir plus et donner moins; le point où s'établit l'accord entre les deux prétentions contraires est la valeur de la marchandise. Ce point d'ailleurs est essentiellement mobile; dans un débat subséquent entre les mêmes parties contractantes ou entre d'autres, il peut se trouver en deçà ou au delà. *La* **valeur** doit donc être définie *le rapport de quantité qui s'établit par l'échange entre deux produits ou services.*

74. Des causes des variations de la valeur. — Pour être un rapport essentiellement variable, la valeur n'obéit pas moins à des lois. Nous venons déjà de voir comment elle est limitée par l'utilité, la rareté et le travail; elle est beaucoup plus étroitement circonscrite encore par la *loi de l'offre et de la demande*, qui est son *principal régulateur.*

. 1° Examinons d'abord, ainsi que l'a fait clairement John Stuart Mill, le *cas des monopoles.* Que valait l'unique biscuit que le naufragé consentait à céder à ses neuf compagnons d'infortune? La vie étant en jeu, le sacrifice que consentaient à faire les acheteurs n'avait pas de limite. Les plus pauvres n'y pouvaient donc prétendre, puisque les riches offraient plus qu'eux, et un seul, le plus riche de tous, devait l'obtenir, en donnant un peu plus que la somme que le second en richesse pouvait offrir.

. C'est ce qui se passe en réalité dans les enchères. Voici en vente un tableau de Rubens : c'est un chef-d'œuvre unique en son genre. Qui l'aura? Tout le monde le voudrait; mais ceux qui ne sont pas très riches savent qu'ils ne peuvent pas élever leurs visées assez haut, et ils n'entrent même pas en lice. Dix personnes en offrent 100 000 francs; les enchères portent le prix à 150 000 francs : huit prétendants tiennent encore; à 200 000 francs, cinq tiennent toujours; à 300 000, il n'y a plus que deux rivaux; mais l'un d'eux est à la limite du sacrifice qu'il veut faire, et une surenchère de 5000 francs suffit pour livrer le tableau au dernier prétendant, demeuré seul sur ce champ de bataille ou, pour reprendre une comparaison déjà employée, émergeant seul au-dessus de la marée montante du prix.

La valeur d'un objet unique est fixée au point où, par les surenchères successives, tous les prétendants, moins un, ont été éliminés.

Seulement, dans l'exemple du biscuit où il s'agissait de la vie, le sacrifice n'avait pas de limite. Il en a une dans l'exemple du tableau; cette limite se trouve dans le nombre même des amateurs, qui est d'autant moindre que l'objet est moins utile à l'existence ou moins recherché. C'est ce que des faits journaliers démontrent. Que les noisettes viennent à manquer, beaucoup se passeront de noisettes cette année-là, et la valeur de celles qui se vendront sur le marché n'en sera pas de beaucoup accrue. Que le blé vienne à manquer, c'est une tout autre affaire. Il fallait 100 millions d'hectolitres pour nourrir la nation française; la récolte n'en a donné que 75. Voilà donc — en supposant qu'on ne puisse pas en faire venir de l'étranger — le quart des habitants réduits à mourir de faim ou la moitié à ne manger pendant toute l'année qu'une demi-ration. On ne se résigne aisément ni à l'une ni à l'autre de ces deux extrémités. On se dispute la précieuse et trop rare denrée, dont *la valeur s'élève, non pas dans la proportion du manquement, mais dans une progression plus rapide,* causée par la crainte et l'empressement des acheteurs.

2° Le *second cas* est celui de la *concurrence illimitée.* Sous ce régime, le produit peut être multiplié d'une manière à peu près indéfinie, sans que la production de la cent millième unité coûte plus que la production de la première : par exemple, le tissage d'un mètre de calicot, en supposant que le prix du coton brut ne varie pas, ou la fabrication de le poterie commune, dont la matière première, l'argile, est si abondante. Lorsque *la marchandise peut être multipliée sans accroissement des frais de production* — ce qui a lieu pour beaucoup de produits manufacturés, — l'offre, c'est-à-dire la production, cherche à deviner et à solliciter la demande; la demande se règle elle-même sur la valeur; *la valeur se règle sur le coût moyen de production*. En d'autres termes, les fabricants, par une vue juste de leurs intérêts et contrairement au premier mouvement qui les porterait à demander cher, sont amenés par la concurrence à vendre au meilleur marché possible, de manière à ne pas laisser leurs concurrents leur enlever la clientèle. Dans ce cas, le travail — nous ajoutons le travail productif — devient la mesure de la valeur de la marchandise.

3° Il y a un *troisième cas*, celui où *la production ne peut augmenter qu'avec une augmentation progressive des frais de production*. C'est ce qui a lieu pour beaucoup de produits naturels. Si la demande s'accroît, on peut faire rendre à une surface donnée de terrain une fois et demie plus de substances alimentaires; mais — en supposant que les procédés scientifiques demeurent stationnaires — il faudra peut-être employer, en façons et en engrais, deux fois plus de capitaux. Tous les champs n'en auront naturellement pas exigé autant; cependant les produits auront-ils une valeur différente suivant la somme de travail dépensé sur le champ d'où ils seront sortis? Non. Sur le marché, on ne connaît que la qualité du produit, on ne s'inquiète pas des moyens de production. Si l'on a besoin de consommer 100 millions d'hectolitres, le dernier million est demandé et enlevé, aussi bien que le premier, dans le cours de l'année. Il faut donc que la consommation paye ce dernier million pour le moins au prix de son coût de production, soit, par hypothèse, 20 francs l'hectolitre, pour qu'on consente à le produire régulièrement chaque année. Or les autres producteurs, qui ont obtenu leur blé avec moins d'efforts, soit à raison de 18 et 26 francs, mais qui savent que la consommation est disposée à consentir au sacrifice nécessaire de 20 francs, se gardent bien de céder leur denrée à meilleur marché : et vingt francs deviennent le prix normal du marché. Lorsque la marchandise très demandée ne peut être produite en quantité croissante que par un travail plus coûteux, *la valeur se règle sur le coût de production le plus élevé :* de là le phénomène de la *rente* que nous avons déjà expliqué (voir § 49).

En somme, pour que la valeur se produise, il faut deux conditions : un objet désirable (utilité), et l'impossibilité de se procurer cet objet sans effort (rareté et travail). A chacun de voir s'il aime mieux satisfaire son désir ou ne pas faire l'effort, *s'épargner là peine d'une privation ou la peine d'un travail* (voir § 6).

75. La distinction entre valeur et richesse. — A faire de la valeur le pivot de toute l'économie politique il y a un grave inconvénient. On peut être porté à conclure que la richesse d'un pays se compose de l'ensemble des valeurs que ce pays possède et à préconiser la valeur : vue incomplète contre laquelle il faut être en garde. L'utilité objective est une qualité positive, éminemment désirable : *on ne saurait jamais avoir trop de choses utiles. La rareté,* au contraire, qualité négative, *est un mal* que les efforts du travail tendent à combattre. La valeur a quelques-uns des défauts de la rareté, à laquelle elle est liée. Autrefois en France, quand la récolte était d'un quart inférieure au rendement ordinaire, que l'importation ne comblait pas le déficit et que le prix de l'hectolitre doublait, la valeur totale du blé, représentée par 1 dans les années normales, s'élevait à 1 1/2. Était-ce un bien, et la nation en était-elle plus riche? Évidemment non. Quand, par suite d'une invention, un produit manufacturé peut être obtenu avec moins de travail ou avec une consommation moindre de matières, la concurrence, qui tend à ramener toute chose vers la limite du coût de production, ne tarde pas à en réduire la valeur. Et pourtant n'est-ce pas là un bien! Quand le commerce, apportant en beaucoup plus grande quantité certains produits sur le marché, détermine une abondance d'approvisionnement et une baisse de prix, doit-on nécessairement s'affliger d'un supplément de richesse?

Le progrès de la science appliquée à la fabrication ou au

transport des produits tend précisément, comme nous l'avons remarqué, à réduire sans cesse le coût de production et, comme conséquence, la valeur des marchandises. Si cette réduction n'est pas plus apparente, c'est souvent parce qu'elle est très générale. En effet, si elle avait lieu sur une seule espèce de marchandises, deux unités de cette espèce ne vaudraient bientôt plus qu'une unité des autres espèces; mais si, en même temps et dans la même mesure, elle avait lieu aussi sur les autres espèces, une unité continuerait à s'échanger contre une autre unité. *La valeur, c'est-à-dire le rapport résultant de l'échange, ne serait nullement modifiée; néanmoins, les habitants du pays, pouvant se procurer plus de jouissances avec une même quantité de travail, seraient plus riches.*

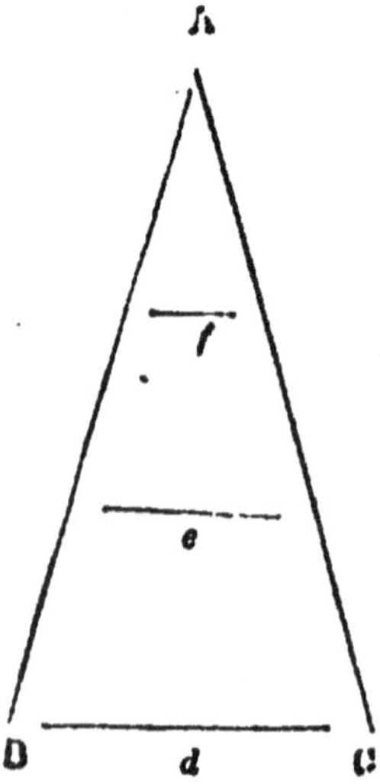

En généralisant cette observation, on arrive à comprendre une comparaison géométrique par laquelle un économiste américain, Carey, figurait ingénieusement le progrès industriel (voir la figure ci-jointe). Il faisait un angle : un des deux côtés (AB) représentant la nature, c'est-à-dire les forces et la matière, l'autre (AC) représentant le produit façonné par l'industrie humaine, apporté sur le marché par le commerce et prêt à être consommé; l'écartement des deux lignes mesurait l'effort nécessaire pour mettre la nature à la portée de la consommation.

Dans les temps barbares, l'écart est très grand, comme on le voit par la ligne *d* : ce qui signifie qu'il faut beaucoup d'efforts et de travail pour obtenir la transformation des matériaux de la nature en produits propres à satisfaire des besoins. Si ce grand effort est nécessaire pour l'ensemble de la production, c'est la preuve que la civilisation économique est peu avancée; s'il porte seulement sur tel produit particulier, ce produit pour la fabrication duquel on a dépensé beaucoup d'efforts a une grande valeur relativement à d'autres produits qui auront exigé moins d'efforts et cependant il ne représente peut-être qu'une somme peu considérable d'utilité. Quand l'humanité s'élève en civilisation et que les procédés industriels se perfectionnent, il faut moins d'efforts pour obtenir le même résultat, qu'il s'agisse de l'ensemble de la production ou de la création de tel produit particulier : l'écart (ligne *e*) diminue. Il en faut moins encore quand le niveau de la civilisation économique s'élève jusqu'à la ligne *f*. Enfin, si l'humanité montait jusqu'en A, au sommet où les deux lignes se confondent, c'est que l'effort serait devenu nul ; la matière se plierait d'elle-même instantanément à la satisfaction de tous nos besoins : ce serait un pays de Cocagne.

Pays de chimères sans doute : atteindre cet idéal est absolument impossible à l'humanité. Mais le progrès consiste à s'en rapprocher, et nous avons montré, en traitant de l'intelligence et du capital et en expliquant le paradoxe économique (voir § 19), comment on s'en rapprochait. Il s'ensuit qu'il tend à diminuer la valeur de chaque objet en particulier. Un progrès de ce genre n'empêcherait cependant pas que la somme totale des valeurs qu'enregistrerait un inventaire général des richesses d'une nation dans le même temps où se produisait cette diminution, ne se fût accrue par la multiplication des biens.

76. Le prix. — Le **prix** n'est autre chose que *l'expression de la valeur d'une marchandise en monnaie.*

Puisque la valeur est le rapport qui s'établit par l'échange entre deux ou plusieurs marchandises, on peut l'exprimer comme on veut. On peut dire, par exemple : le lièvre vaut douze sols ; le lièvre vaut un quart d'hectolitre de blé. Mais une telle diversité de mesures causerait une confusion inextricable. Pour s'entendre, il a fallu nécessairement que les hommes, dans un même pays, prissent un même terme de comparaison, ici telle mesure du blé, là un bœuf. De bonne heure, dans la plupart des pays, la supériorité qu'ont les métaux précieux pour servir de terme commun de comparaison a été reconnue, et la **monnaie** a été créée.

On a fabriqué des disques de métal auxquels on a donné certains noms particuliers. Ils ont constitué la monnaie, la-

quelle est un produit, obéissant, comme les autres produits,
aux lois générales de l'échange. On ne l'obtient qu'en livrant
un autre produit qui en soit l'équivalent. Le lièvre est sur le
marché. « Combien ? — Six francs. » Je l'achète et je dis :
« Ce lièvre *vaut* six francs, ou six francs sont le *prix* de ce
lièvre. » Je pourrais dire de même : « Six francs valent un
lièvre. » « Combien les soles ? — Cinquante centimes ou
six francs la douzaine. » « Combien l'hectolitre de blé ? —
Vingt francs. » On a désormais un terme de comparaison,
disons un dénominateur commun de toutes les valeurs : »
la *monnaie*, laquelle sert en effet à exprimer la valeur des
choses.

RÉSUMÉ

La production et la consommation étant le principe
et la fin de l'évolution économique, l'échange est la
phase intermédiaire.

L'échange a diverses manières d'être : produit contre
produit équivalent, travail contre produit, possession
d'un produit contre jouissance temporaire d'une autre
marchandise, produit contre service. — De toute manière, *les services s'échangent contre des services.*

La richesse peut être répartie en vertu de l'autorité.
— Dans l'échange, elle est distribuée en vertu de la
liberté, conformément à la loi de l'offre et de la demande.

L'offre détermine la demande. — Dans le cas de monopole, l'offre restreint la demande par l'élévation du
prix ; dans le cas de concurrence (actuelle ou virtuelle),
l'offre étend la demande par l'abaissement du prix. —
La demande s'accroît en général dans une progression
plus rapide que la diminution du prix de la marchandise offerte.

Utilité, rareté, travail sont les trois conditions fondamentales de la valeur. — La **valeur** est le rapport de quantité qui s'établit par l'échange entre deux produits ou services. — La loi de l'offre et de la demande en est le principal régulateur.

La valeur d'un objet unique est fixée au point où, par les surenchères successives, tous les prétendants, moins un, ont été éliminés.

La valeur d'une marchandise devenue rare s'élève non dans la proportion du manquement, mais dans une progression plus rapide : c'est le cas des *monopoles*.

Lorsque la marchandise peut être multipliée sans accroissement des frais de production, la valeur se règle sur le coût moyen de production : c'est le cas de la *concurrence illimitée*.

Lorsque la production ne peut augmenter qu'avec une augmentation progressive des frais de production, la valeur se règle sur le coût de production le plus élevé : c'est le cas qui donne lieu à la *rente*.

La rareté est un mal ; on ne saurait jamais avoir trop de choses utiles.

Si les produits de tout genre augmentaient en même temps d'une quantité égale et par un effort égal, leur valeur ne serait nullement modifiée ; néanmoins les habitants du pays seraient plus riches.

Le prix est l'expression de la valeur d'une marchandise en monnaie.

II

LA MONNAIE

— 80. La monnaie divisionnaire. — 81. Les systèmes monétaires. — 82. La valeur des métaux précieux.

77. La nature et le rôle de la monnaie. — *La monnaie est par excellence l'instrument des échanges,* puisque c'est par elle que s'effectue le plus souvent l'échange.

Qu'est-ce que la **monnaie?** *C'est une* **marchandise** *qui, suivant la loi commune de l'échange, se vend et s'achète ce qu'elle vaut, mais qui, étant revêtue d'un* **caractère légal,** *sert* **d'instrument général** *des échanges, comme mesure et intermédiaire dans la vente et l'achat des marchandises, et de* **dénominateur commun** *dans la comparaison des valeurs.* Les termes de cette définition ont besoin d'être expliqués.

1° La monnaie est une *marchandise.* En effet, elle ne saurait être un simple signe, une chose de pure convention. Il faut qu'elle soit une chose réelle, un produit obtenu par des efforts humains, portant le triple caractère d'utilité, de rareté et de travail sans lesquels la valeur n'existe pas et soumis, dans la fixation de sa valeur, comme toute marchandise, à la loi de l'offre et de la demande. C'est ce qui fait dire que *la monnaie est un équivalent,* c'est-à-dire qu'elle vaut par elle-même précisément autant que l'objet contre lequel elle s'échange, autrement dit, en renversant les termes, que la monnaie s'achète et se vend ce qu'elle vaut.

2° La monnaie est un *instrument général des échanges, servant de mesure et d'intermédiaire.* En effet, elle est partout, réellement ou nominalement, dans tous les échanges d'une société civilisée, mais elle n'est ni le premier ni le dernier terme des échanges : c'est le terme moyen. On n'achète pas de la monnaie (car c'est ainsi qu'on peut définir l'acte d'échanger une marchandise contre de la monnaie, c'est-à-dire de vendre) dans le but final d'avoir de la monnaie, mais dans le but d'avoir en sa possession *l'instrument avec lequel on peut se procurer une marchandise quelconque.*

Un layetier vend une malle ; le soir, il paye son dîner ; le lendemain, il achète un chapeau et des planches. Quel rôle a joué l'argent? Le layetier, qui travaillait pour vivre, ou, en d'autres termes, qui produisait pour consommer, a reçu de la monnaie en échange de sa malle, résultat de son travail, et il l'a donnée en échange de son dîner, de son chapeau, consommations personnelles, et de ses planches, consommation industrielle : services pour services. Ces échanges n'auraient pas pu se faire sans l'intermédiaire de la monnaie; car les fournisseurs du layetier n'avaient pas besoin d'une malle, et le voyageur n'était ni restaurateur, ni chapelier, ni marchand de planches.

3° La monnaie est un *dénominateur commun des valeurs*. En effet, deux quantités égales à une troisième sont égales entre elles. Si un chapeau vaut 20 francs, et si quatre poulets valent 20 francs, un chapeau vaut autant que quatre poulets, ou un poulet a une valeur quatre fois moindre qu'un chapeau. Quel rapport de valeur établir entre une traversée en paquebot du Havre à New York et un paletot? Ce sont là des choses qui ne présentent d'abord à l'esprit aucun rapport. Mais la monnaie intervient comme *terme de comparaison*, autrement dit comme *mesure*. Quand on sait que le passage coûte 500 francs et le paletot 100 francs, on n'a aucune peine à dire qu'il en coûte cinq fois plus pour se rendre du Havre à New York que pour acheter un paletot. On peut dire que *la monnaie est à l'échange des produits ce que le langage est à l'échange des pensées*.

4° La monnaie a un *caractère légal*. C'est même à ce caractère qu'elle doit d'être véritablement un dénominateur commun. C'est avec de l'or et de l'argent, ainsi que nous allons le dire, qu'on fait la monnaie. Mais un lingot n'est pas pour cela une monnaie; c'est une marchandise. Afin de faciliter les échanges, chaque État donne *cours légal* aux monnaies frappées conformément aux règles qu'il a établies; ces règles déterminent le nom, la forme, le poids, le titre des monnaies, mais elles n'en fixent pas la valeur. Ainsi l'État peut décider qu'une pièce de cinq francs pèsera 25 grammes d'argent à 9/10 de fin et que toute personne à qui sont dus cinq francs sera tenue d'accepter en payement une de ces pièces, si son débiteur la lui offre; mais il ne saurait décréter qu'on donnera en échange de cette pièce une quantité déterminée de blé ou de drap.

Pour qu'une monnaie ait légitimement cours légal sans restriction, il faut que le métal contenu dans la pièce ait la même valeur intrinsèque qu'un lingot de même métal et de même poids, moins peut-être les frais de fabrication. S'il en était autrement, la pièce ne serait qu'une monnaie de convention, un signe et non un équivalent. Quand la monnaie divisionnaire est frappée comme simple monnaie de convention, il n'y a pas d'inconvénient et il peut y avoir avantage, pourvu que le cours légal en soit limité par la loi à une faible somme. Mais quand la monnaie principale est frappée de cette manière — comme cela avait lieu souvent au moyen âge —, il y a toujours un grave inconvénient pour le commerce : la mesure des valeurs est faussée.

78. Les qualités des métaux précieux comme monnaie. — Pourquoi a-t-on choisi les *métaux précieux* comme matière de la monnaie? Parce qu'ils possédaient au plus haut degré les qualités requises pour cet emploi.

1° Il était bon que la monnaie fût une chose rare et coûteuse, ayant *une grande valeur sous un petit volume*, de façon qu'on ne fût pas trop embarrassé en transportant cet intermédiaire indispensable. Les Lacédémoniens eurent une monnaie de fer; mais les Lacédémoniens étaient pauvres et peu commerçants. Imaginez donc un homme qui aurait 300 francs d'achats à faire dans sa journée et qui serait obligé de porter avec lui plus de 1000 kilogrammes de fonte. L'argent et l'or, péniblement extraits des mines par un laborieux travail, recherchés à cause de leur beauté et de leur éclat pour la parure, ont une valeur supérieure à tous les autres métaux usuels (excepté le platine et peut-être l'aluminium), puisque le kilogramme d'or fin vaut 3444 francs et que le kilogramme d'argent a valu pendant plus de la moitié du xix° siècle 222 francs. — Première qualité.

2° Il était nécessaire que la monnaie fût faite avec une *substance parfaitement homogène et inaltérable*. Si un kilogramme du métal monétaire eût pu être tantôt d'une qualité supérieure, tantôt d'une qualité inférieure, si, avec le temps, cette qualité avait été susceptible de s'améliorer ou de se détériorer, il n'y aurait plus eu de dénominateur commun; 20 francs auraient pu n'être pas l'équivalent de 20 francs. C'est ce qui serait arrivé si l'on avait pris pour unité monétaire la livre de bœuf : entre une livre d'aloyau et une livre de jarret, il n'y a pas homogénéité et, partant, pas équivalence. Qu'est-ce qu'une livre de viande huit jours après qu'on l'a achetée? L'altération est si grande que la valeur est réduite à rien. Le même inconvénient existerait si l'on avait pris pour unité le litre de vin; il y a des vins de toutes qualités et à tout prix; un vin de la dernière récolte ne vaut pas, à beaucoup près, un vin ayant cinq ans de bouteille. Au contraire, avec l'or et l'argent fins, cette uniformité est complète : entre un kilogramme d'or venu des mines du Mexique il y a deux siècles et un kilogramme d'or recueilli dans l'Oural l'année dernière, il n'y a aucune différence ni dans le poids, ni dans l'état moléculaire, ni dans l'aspect, ni partant dans la valeur. — Deuxième qualité.

3° Il était bon que la marchandise-monnaie pût être *divisible sans que la somme des parties eût moins de valeur que le tout.* Cette qualité se rencontrait dans quelques monnaies rudimentaires, comme le tabac qui servit aux échanges dans la Virginie jusqu'au milieu du xviiie siècle; mais elle ne se rencontrait pas dans les fourrures dont se servirent autrefois les Russes. Elle ne se rencontrerait pas non plus dans les pierres précieuses qui ont la qualité de posséder une très grande valeur sous un petit volume. Parvenez à briser un beau diamant en deux; portez les fragments chez un marchand, et vous verrez si chaque morceau vaut encore la moitié de ce que valait la pierre entière. Au contraire, prenez un lingot d'or fin; coupez-le en quatre, en dix, en cent morceaux. Si les morceaux sont parfaitement égaux, chacun d'eux vaudra exactement le quart, le dixième, le centième du lingot. Fondez-les; vous aurez recomposé le lingot, et la valeur sera toujours la même. — Troisième qualité.

4° Enfin il était bon que la marchandise-monnaie eût une *valeur aussi fixe que possible.* La vouloir absolument fixe est une chimère et une contradiction avec le sens même du mot valeur qui désigne un rapport variable par essence. Mais, d'un autre côté, la supporter très variable, c'est annuler une

des fonctions essentielles de la monnaie, celle de dénomina·
teur commun des valeurs : une mesure qui varie sans cesse
ne permet aucune comparaison suivie.

C'est ce qui serait arrivé si l'on avait adopté le blé, mar·
chandise qui possède la qualité d'être très généralement
demandée. Mais, d'une année à l'autre, la récolte peut varier
beaucoup. Comme le blé se consomme en grande partie
d'une moisson à l'autre et que l'approvisionnement ne se
compose jamais de deux récoltes entières, une mauvaise
récolte produit immédiatement sur l'approvisionnement général un déficit très sensible d'un vingtième, d'un dixième,
même plus, et une bonne récolte produit en sens inverse des
effets analogues. La hausse et la baisse des prix correspondent
à ces variations de quantité et peuvent, sur certains marchés,
aller jusqu'à doubler, dans l'espace de moins de six mois, le
prix de l'hectolitre.

Avec les métaux précieux, l'inconvénient est bien moindre.
Ils varient sans doute de valeur, et, quand on envisage un
long espace de temps, on s'aperçoit que ces variations sont
considérables. Mais ce phénomène ne se produit pas instantanément. En voici la raison principale. On a beau découvrir
de nouvelles mines ou exploiter plus savamment des mines
anciennes, la production d'une année plus ou moins abondante ne constitue jamais qu'une très minime portion de
l'approvisionnement général du monde, composé de presque
toute la production de toutes les années antérieures. Car
l'usage ne détruit pas les métaux précieux; il les emploie,
les transforme; mais la matière demeure, diminuée seule·
ment de la poussière impalpable que le frottement enlève
et des pertes causées par la thésaurisation et les nau-
frages. Il n'y a pas de marchandises qui possèdent cette
qualité au même degré que les métaux précieux, parce qu'il
en est peu qui soient moins altérables. Aussi a-t-il fallu
un concours particulier de circonstances pour amener la
baisse de la valeur de l'argent qui s'est produite depuis 1870.

Les métaux précieux sont donc bien ce que le commerce
cherchait : une marchandise précieuse (*grande valeur*), tou·
jours la même (*homogénéité* et *divisibilité*), facile à con-,

server (*inaltérabilité*), facile à accumuler (*densité*), propre à servir de mesure commune (*stabilité relative de valeur*).

Aussi sont-ils la matière dont on fait la monnaie, mais ils ne sont pas précisément la monnaie même. Voici un lingot. Quel est son poids? Est-il fin? On pourrait bien avec une balance s'assurer du poids; mais on ne peut constater le degré de fin que par une longue et difficile opération chimique. Ce sont là autant d'obstacles à l'échange. En Chine, on se sert de lingots portant l'indication du poids, du titre et souvent la marque des principaux négociants qui les ont reçus; mais de telles formalités sont gênantes, et de pareils lingots peuvent être rognés. Dès l'antiquité, on avait imaginé un système bien meilleur, qui est aujourd'hui celui de tous les peuples civilisés, la Chine exceptée. Il consiste à frapper, *sous la garantie et avec l'empreinte de l'État, des disques d'or et d'argent* dont la forme, le poids, le titre sont rigoureusement déterminés par la loi, que les particuliers peuvent par conséquent reconnaître aisément et qu'ils sont obligés d'accepter comme monnaie dans les payements, parce que ces pièces en forme de disque ont *cours légal.* C'est, commé nous l'avons dit, un des caractères essentiels de la monnaie.

79. Les deux étalons. — Les pièces de monnaie peuvent être frappées suivant des systèmes qui diffèrent : 1° sous le rapport du métal ou des métaux adoptés par la loi comme mesure fondamentale et régulatrice de la valeur; 2° sous le rapport du poids et du titre et, par conséquent, de la valeur des pièces.

La première considération soulève la question dite de l'*étalon monétaire.* On entend par « étalon » l'unité de mesure des valeurs fixée par la loi d'un pays. Quand la loi a établi le mètre ou le litre, elle leur a attribué une certaine longueur ou une certaine capacité, qui sont identiques à elles-mêmes dans tous les temps, dans tous les lieux, quel que soit l'objet long ou l'objet volumineux à mesurer, et qui, indépendantes de cet objet, le mesurent sans être mesurées par lui.

Quand la loi établit une unité monétaire, elle n'en fixe

pas, comme nous l'avons dit, la valeur, puisque la valeur de la monnaie est mesurée à chaque échange par l'objet qu'elle achète, comme elle mesure elle-même la valeur de cet objet. La loi ne fixe en réalité qu'une chose : la nature de la pièce de monnaie servant d'unité de compte, c'est-à-dire son type, son poids, son titre. Cette pièce sera-t-elle en or? sera-t-elle en argent? sera-t-elle indifféremment faite d'or ou d'argent? C'est là une question importante. Car les métaux précieux sont au nombre de deux; et, puisque toute valeur est variable, le rapport qui existe entre l'un et l'autre ne peut pas être immuable; que le kilogramme d'or s'échange à un moment contre 15 kil. 1/2 d'argent, cela ne signifie pas que 15 kil. 1/2 d'argent vaudront toujours 1 kil. d'or (en 1889, il fallait 22 kilogrammes d'argent pour acheter 1 kilogramme d'or). Or, un emprunteur reçoit 310 000 francs qu'il s'engage à rendre dans vingt ans et il reçoit cette somme en monnaie d'or; que doit-il restituer? 100 kil. d'or ou 1550 kil. d'argent? La loi peut trancher la question de trois manières différentes :

1° Par l'adoption de l'étalon d'or : c'est le système anglais;

2° Par l'adoption de l'étalon d'argent : c'est en fait le système indien;

3° Par l'adoption du double étalon, avec ou sans restriction : c'était le système français.

Le système *double étalon* ou bimétallisme aurait, s'il était généralement pratiqué, l'avantage de constituer un *marché monétaire plus large* et un *stock métallique plus considérable*, parce qu'il admet également l'un et l'autre métal avec la même autorité, et, par conséquent, d'*amortir davantage les brusques oscillations de la valeur*. En effet, représentez la quantité de l'or existant dans le monde par 100, et supposez qu'il soit seul étalon; si, par suite d'une découverte, vous ajoutez en quelques années 10 à cette quantité, l'accroissement sera de 1/10. Représentez par 100 la quantité d'argent et admettez le double étalon; la masse des métaux monnayables sera égale à 200; par conséquent, l'addition de 10 ne l'augmentera que de 1/20, et la dépréciation sera moindre.

Mais le double étalon a deux graves inconvénients : *il rend ces oscillations plus fréquentes*, puisqu'elles peuvent résulter de la production des mines d'argent ou de celles des mines d'or, et *il pousse toujours à la baisse de la monnaie*, parce que, dans les pays à double étalon, les débiteurs étrangers ont intérêt à se libérer avec celui des deux métaux qui, ayant cours légal, vaut le moins, et les banquiers exportent à l'étranger, comme lingot, celui qui vaut le plus.

Les partisans du *bimétallisme* pensent que, si plusieurs grands États s'entendaient pour adopter d'un commun accord le même rapport, soit celui de 1 à 15 1/2, entre les monnaies d'or et d'argent, cette entente suffirait pour fixer à peu près le rapport de valeur des deux métaux dans le commerce et procurerait sans inconvénient un large marché monétaire. Une pareille mesure contribuerait sans doute à maintenir jusqu'à un certain point l'équilibre, parce que le monnayage étant le principal emploi des métaux précieux, l'un et l'autre auraient un placement assuré à un prix déterminé. Mais il n'est jamais sage de substituer un équilibre factice et conventionnel à l'équilibre naturel des valeurs; rien n'empêcherait un État qui penserait y avoir intérêt, de rompre cet équilibre en dénonçant la convention.

Le monométallisme ou système de l'*unité d'étalon*, or ou argent, est préférable parce qu'il est plus praticable, plus logique, plus conforme à l'objet de la monnaie qui est d'*être une mesure fixe, sinon quant à la valeur — ce qui est impossible, — du moins quant à la matière*. Tel emprunte 100 kil. d'or à 9/10 de fin, ce qui s'exprime par les mots 310 000 francs; il rendra 100 kil. d'or. Il est bon que les contrats soient clairs : celui-ci l'est parfaitement. Ces 100 kil. vaudront-ils plus ou moins? Peu importe; il n'y a pas d'ambages; ce que l'emprunteur a reçu, il le restituera.

Dans le choix du métal auquel l'État conférera la qualité d'étalon, l'*or* est en général préférable. Il est, comme on l'a dit avec raison, la *monnaie des peuples riches*. Aujourd'hui il est devenu assez abondant en France pour y suffire, avec le secours du crédit et des monnaies auxiliaires, à la circulation. L'or remplit, mieux encore que l'argent, deux des conditions requises pour la monnaie : il a beaucoup *plus de valeur* sous un même volume et, partant, il est plus facile à transporter ; il est *plus inaltérable* et, partant, l'usure en est moindre. Enfin l'adoption de l'étalon d'or ne bannit pas l'emploi de l'argent comme monnaie secondaire, tandis que celle de l'étalon d'argent rend incommode l'emploi de l'or, devenu une simple marchandise.

Les partisans de l'étalon d'or ne sont pas des monométallistes exclusifs ; on pourrait même les nommer trimétallistes, puisqu'ils admettent à la fois, à des degrés divers, l'or, l'argent et le bronze, comme étant tous trois nécessaires à une bonne circulation monétaire.

80. La monnaie divisionnaire. — Nous avons dit qu'unité d'étalon ne signifie pas proscription du métal qui n'a pas cette qualité. Le métal-étalon sert à fabriquer la monnaie principale avec laquelle tout débiteur a le droit de s'acquitter et que le créancier ne peut refuser en aucun cas. Mais, à côté de cette monnaie principale, il doit exister des monnaies secondaires, *n'ayant cours légal que dans des limites restreintes*. Par exemple, comme il est impossible de faire des pièces d'or d'une valeur minime, on a besoin de frapper de menues pièces d'argent et des pièces de cuivre destinées à servir d'appoint ; dans ce cas, l'État détermine par une loi le maximum au delà duquel nul ne peut être contraint de les accepter dans un payement. Ces pièces sont dites *monnaies divisionnaires*.

Puisqu'elles ne sont qu'un simple appoint, on conçoit que, sans manquer à la règle fondamentale de la monnaie, on puisse leur donner une *valeur réelle inférieure à leur valeur nominale* ; c'est ce qui a toujours eu lieu pour les pièces de billon ou de bronze, et ce qui, en France, a lieu aujourd'hui pour les pièces d'argent au-dessous de cinq francs. On comprend aussi pourquoi, lorsqu'elles cessent d'être un équivalent pour devenir un simple signe représentatif de la valeur, il est nécessaire de limiter à une petite somme la quantité qu'un débiteur peut forcer son créancier à accepter.

81. Les systèmes monétaires. — La considération du poids et du titre des pièces de monnaie conduit à l'étude des systèmes monétaires des différentes nations.

Il suffit de bien connaître celui de notre propre pays, qui est, en même temps, par une convention internationale du 23 décembre 1865, celui de la Belgique, de la Suisse, de l'Italie et de la Grèce; ces États ont formé une *Union monétaire*, dite vulgairement *Union latine;* ils sont aujourd'hui sous le *régime du double étalon mitigé.*

Les lois du 18 germinal an III (7 avril 1795), du 28 brumaire an III et du 7 germinal an XI (28 mars 1803) avaient décidé que l'unité monétaire serait le **franc,** pesant 5 grammes d'argent au titre de 9/10 de fin (autrement dit contenant 4 gr. 5 d'argent fin), et que l'on frapperait des pièces d'or dont le poids était réglé sur une valeur de 15 fois 1/2 la valeur du même poids en argent. Les monnaies d'argent sont restées jusqu'en 1849 le principal instrument des échanges.

Depuis cette époque, la grande production et l'affluence de l'or, ayant fait baisser la valeur de ce métal, ont déterminé l'exportation de l'argent et l'or est devenu le principal instrument de nos échanges. Afin d'empêcher la sortie des pièces divisionnaires d'argent qui sont indispensables à la circulation pour les petits payements, deux lois, en 1864 et 1866, et la convention internationale de 1865 ont réglé que les pièces de 2 francs, de 1 franc, de 0 fr. 50 et 0 fr. 20, au lieu d'être fabriquées au titre 900/1000 de fin, le seraient dorénavant à celui de 835/1000, c'est-à-dire qu'elles contiendraient moins d'argent tout en conservant le même aspect; ces pièces, ayant ainsi une valeur réelle inférieure à leur valeur nominale, ne pouvaient plus désormais être exportées sans perte pour l'exportateur. Mais la loi a décidé en même temps que l'on ne pourrait pas faire accepter dans un payement pour plus de 50 francs de cette monnaie, précaution nécessaire pour que le système monétaire ne perdît pas le caractère d'*équivalence.* Les pièces de 5 francs ont conservé leur titre et leur poids, et, par conséquent, toute leur puissance libératrice comme monnaie. La *tolérance* du poids est de 2 milliémes ou en trop ou en moins pour les pièces d'or de 10 et de 20 francs, et de 3 millièmes pour les pièces d'argent de 5 francs.

La continuation de la baisse de l'argent a déterminé les États de l'Union monétaire à suspendre complètement le monnayage des pièces de cinq francs depuis 1878.

Quant aux pièces de bronze (10, 5, 2, 1 centimes), dont la valeur réelle est inférieure au tiers de la valeur nominale, on ne peut être contraint d'en accepter pour plus de cinq francs.

82. La valeur des métaux précieux. — *Lingots et monnaies ne sont qu'une seule et même marchandise; il ne peut exister d'une manière permanente entre la valeur de l'un et de l'autre que la différence des frais de fabrication de la monnaie.* Dans les pays où, comme en Angleterre, ces frais sont à la charge de l'État, une pièce de monnaie ne vaut ni plus ni moins qu'un lingot de même poids et de même titre. En France, où, ces frais étant à la charge du porteur, on retient 6 fr. 70 pour convertir en pièces de monnaie un kilogramme d'or à 900/1000, c'est-à-dire pour fabriquer 155 pièces de 20 francs, le lingot d'un kilogramme à 900/1000 de fin ne peut guère descendre au-dessous de 3100 francs moins 6 fr. 70, soit 3093 fr. 30.

La raison en est facile à comprendre. Si la valeur du kilogramme tendait à descendre plus bas, on aurait intérêt à le porter à l'hôtel des Monnaies, qui donnerait 155 pièces de 20 francs en échange de 1 kilogramme d'or et de 6 fr. 70. D'un autre côté, si le lingot tendait à s'élever plus haut, seulement d'un centième et demi, chacun fondrait sa monnaie, certain d'échanger ses 155 pièces réduites en lingot contre 156 pièces monnayées. Le niveau se maintient ainsi nécessairement de lui-même. Si cette égalité subit quelques exceptions dont profitent les banquiers pour exporter ou pour importer, la différence, dans les pays civilisés, est toujours trop légère pour infirmer la loi économique que nous venons d'exposer.

On exprime la valeur d'une marchandise quelconque par son prix : ceci vaut 4 francs; cela vaut 100 francs. Si, le lendemain, on disait : cela vaut 101 francs ou 99 francs, on saurait clairement que la marchandise en question a haussé ou baissé. On ne saurait faire de même pour les métaux précieux servant de monnaie, puisque la monnaie et le métal ont toujours une valeur identique. Il faut renverser le rapport. Si la monnaie est la mesure de toutes les marchandises, toutes les marchandises peuvent être prises pour mesure de la monnaie; nous disons toutes, ou du moins un très grand nombre.

En effet, si l'on n'en prenait qu'une, on n'en pourrait rien conclure. Exemple : le blé, qui valait 18 francs l'hectolitre l'an dernier, vaut 19 francs; est-ce le blé qui a haussé? est-ce la monnaie qui a baissé?

Mais, si le prix de la plupart des marchandises a haussé d'un dixième, on n'en conclura pas que la valeur de toutes ces marchandises est en hausse dans une même proportion; car, la valeur n'étant qu'un rapport, une hausse ou une baisse de l'ensemble de toutes les valeurs est un non-sens. Mais on en conclura légitimement que la valeur des métaux précieux, c'est-à-dire le rapport d'une marchandise à toutes les autres, a baissé dans cette proportion. Ainsi, on juge de la valeur des métaux précieux d'une manière en apparence tout opposée à celle dont on juge de la valeur des marchandises. *Plus le prix des marchandises est élevé,* c'est-à-dire plus il faut donner d'or ou d'argent pour se les procurer, *moins les métaux précieux ont de valeur;* réciproquèment, *moins le prix des marchandises est élevé, plus les métaux précieux ont de valeur.*

Qu'est-ce qui détermine et, par suite, qu'est-ce qui fait varier cette valeur? L'offre et la demande.

L'offre d'abord, qui détermine la demande et qui est elle-même déterminée par la quantité existant en circulation et limitée par le coût de production de nouvelles quantités de métaux. Si la quantité des métaux précieux en circulation venait à doubler, en supposant que l'activité commerciale du monde fût demeurée la même, les métaux perdraient moitié de leur valeur; si la découverte de procédés plus économiques ou de mines plus riches permettait d'extraire le kilogramme d'or fin avec une dépense de 2000 francs, les capitaux et les travailleurs se porteraient avec empressement vers cette industrie lucrative, et il s'ensuivrait une abondance de production qui ferait vraisemblablement baisser, après un certain temps, la valeur de l'or.

Mais l'activité commerciale n'est pas une quantité immuable. Il y a, selon les temps, plus ou moins de salaires à payer et de produits à échanger; les produits peuvent passer dans un plus ou moins grand nombre de mains, et la transmission peut en être plus ou moins rapide. Ce sont là les éléments qui constituent la demande. Or il est évident que, si cette demande avait doublé pendant que doublait l'offre, la valeur des métaux précieux serait demeurée la même, mais que, si cette demande avait triplé, la valeur des métaux serait en hausse.

Des variations de ce genre se sont produites dans l'un et dans l'autre sens.

Durant l'antiquité et le moyen âge, le marché n'était alimenté que par les mines d'Europe. Les métaux précieux étaient bien moins abondants que dans les temps modernes; mais le commerce était beaucoup plus restreint; et, comme les communications étaient plus rares, le niveau de la valeur des métaux était et restait très différent dans diverses contrées.

Il s'abaissa durant les premiers siècles de l'Empire romain, qui possédait toutes les mines connues du bassin de la Méditerranée.

Il se releva au iv° siècle, surtout durant la période des invasions, parce que la crainte des barbares faisait enfouir les trésors et arrêtait l'exploitation des mines.

Il tendit vers la baisse à la suite des croisades, parce que, si le commerce reprenait alors son essor, des exploitations minières, commencées ou renouvelées en Espagne, en Allemagne, en Hongrie, approvisionnaient mieux le marché.

Il se releva au xv° siècle par suite d'un commerce plus actif coïncidant avec un état stationnaire des mines, lorsque Christophe Colomb découvrit l'Amérique.

Les Espagnols trouvèrent au Mexique et au Pérou des mines dont la richesse dépassait de beaucoup tout ce qu'avaient connu l'antiquité et le moyen âge. Il s'ensuivit, comme le remarquaient avec chagrin des contemporains, « une *cherté excessive de toute chose* », c'est-à-dire une grande et rapide dépréciation des métaux précieux : à Paris, l'hectolitre de froment, qui coûtait environ 10 grammes d'argent fin à la fin du xv° siècle, était payé plus de 80 grammes dans la première moitié du xvii°. En même temps, le rapport de l'or à l'argent se modifiait. Il avait été environ de 1 à 12; mais, les mines d'Amérique étant surtout des mines d'argent, il ne tarda pas à être de 1 à 15.

Au reste, les communications entre les marchés éloignés ayant été difficiles pendant tout le moyen âge, il y avait entre la valeur des métaux précieux dans un lieu et leur valeur dans un autre lieu des différences beaucoup plus grandes qu'aujourd'hui.

Vers 1848, la production annuelle des métaux précieux était d'un peu plus que de 200 millions de francs, dont 3/4 environ en argent et 1/4 en or. A cette époque, la découverte des mines d'or de la Californie, puis de l'Australie, et le développement des exploitations de l'Oural et de la Sibérie élevèrent cette production à près de 1 milliard, dont les 5/6 étaient en or. Comme conséquence, *la valeur des métaux précieux s'est abaissée sensiblement pendant plus d'un quart de siècle depuis 1848*. Elle se serait abaissée beaucoup plus sans le développement que le commerce, stimulé par diverses causes, a pris dans le même temps.

Comme les nouvelles mines avaient surtout produit de l'or, ce fut l'or dont la valeur baissa le plus d'abord. Cependant, depuis 1870, quelques pays, comme l'Allemagne, ayant adopté l'étalon d'or, et les mines d'argent des États-Unis étant devenues très productives, l'argent s'est trouvé à son tour surabondant et sa valeur est tombée bien au-dessous de 15 fois 1/2 son poids d'or (24 kil. d'argent pour 1 kil. d'or en 1893). En 1892, la production des métaux précieux était de plus de 1300 millions de francs, dont 650 millions en or.

De l'histoire des métaux précieux il résulte que :

1° Les *variations de valeur entre les deux métaux* ont été *continuelles*, sans cependant que le rapport de l'argent à l'or dans le monde civilisé ait été au-dessous de 10 ou se soit élevé jusqu'ici à plus de 24 pour 1.

2° Les *variations de prix*, c'est-à-dire de la valeur de la monnaie, ont été *continuelles* aussi et ont eu des amplitudes *beaucoup plus considérables;* on peut dire approximativement qu'un kilogramme d'argent achetait, à la fin du xve siècle, huit à dix fois plus de denrées qu'aujourd'hui.

3° Les variations de prix ont été *plus souvent dans le sens de la baisse* des métaux précieux que dans le sens de la hausse.

4° Si l'on embrasse une *courte période* (or tous les échanges du commerce ordinaire se font dans une courte période), *la monnaie est la mesure des valeurs la plus exacte.*

5° On a pris quelquefois comme mesure comparative de la valeur la *journée du manœuvre* ou le *prix du blé* : mesures très insuffisantes. La seule manière de comparer la *valeur commerciale* de la monnaie, c'est-à-dire sa puissance d'achat, à deux époques ou dans deux régions déterminées, consiste à chercher dans chacune d'elles les prix en centigrammes d'argent fin d'un très grand nombre de marchandises diverses et à établir le *rapport moyen des deux séries de prix.*

RÉSUMÉ

La· monnaie est par excellence l'instrument des échanges. C'est une *marchandise* qui, selon la loi commune de l'échange, se vend et s'achète ce qu'elle vaut, mais qui, étant revêtue d'un *caractère légal*, sert d'*instrument* général des échanges, comme mesure et intermédiaire, et de *dénominateur commun* dans la comparaison des valeurs.

Les métaux précieux ont les qualités requises pour servir de monnaie : grande valeur sous un petit volume, homogénéité et divisibilité, inaltérabilité, densité, stabilité relative de valeur.

Le système monétaire peut être fondé sur le double étalon ou sur l'unité d'étalon. — Le double étalon fournit un marché monétaire plus large et un approvisionnement métallique plus considérable; il amortit les brusques oscillations de valeur de la monnaie, mais il rend ces oscillations plus fréquentes et il pousse à la baisse de la monnaie. — L'unité d'étalon est un système plus logique, parce qu'il fournit une mesure fixe, sinon quant à la valeur, du moins quant à la matière. — L'étalon d'or convient aux peuples riches.

Les monnaies divisionnaires peuvent avoir une valeur réelle inférieure à leur valeur nominale, à condition que le cours légal en soit limité.

La France et les États qui ont contracté avec elle l'Union monétaire sont sous le régime du double étalon mitigé.

Lingots et monnaies sont une même marchandise : il ne peut exister entre la valeur des uns et des autres que la différence des frais de fabrication.

Plus le prix des marchandises est élevé, moins les métaux précieux ont de valeur; moins le prix des marchandises est élevé, plus les métaux précieux ont de valeur.

L'histoire montre que les variations de valeur entre les deux métaux ont été continuelles; que les variations de prix ont été continuelles aussi et beaucoup plus considérables; qu'elles ont eu lieu le plus souvent dans le sens de la baisse des métaux précieux; que, dans une courte période, la monnaie est la mesure des valeurs la plus exacte, mais que, dans une longue période, elle devient une mesure tout à fait insuffisante.

III

LE CRÉDIT

Sommaire. — 83. La nature du crédit. — 84. L'influence du crédit. — 85. Les principaux modes de crédit. — 86. Les effets de commerce. — 87. Le rôle des banques. — 88. Le mécanisme des banques. —

89. Le billet de banque. — 90. Les mouvements de l'encaisse, du portefeuille et de la circulation. — 91. Le papier-monnaie. — 92. Le mode d'émission des billets de banque. — 93. La Banque de France.

83. La nature du crédit. — Si la monnaie est le seul dénominateur commun, elle n'est pas le seul instrument des échanges. Elle a un puissant auxiliaire dans le **crédit**. Nous pouvons déjà dire d'une manière générale que le crédit consiste dans *l'échange d'une réalité actuelle*, c'est-à-dire d'une richesse existant actuellement sous forme de monnaie, de marchandise ou de valeur quelconque, *contre une probabilité future*, c'est-à-dire contre le remboursement, à une époque ultérieure et si le débiteur est solvable, de la richesse prêtée et des intérêts du prêt.

Etudions la nature de cet instrument en prenant le cas le plus simple.

Un ouvrier a besoin de pain; mais il n'a pas d'argent, parce qu'il a déjà dépensé la paye de la dernière quinzaine et qu'il faut attendre encore huit jours la paye prochaine. Il va chez le boulanger, qui lui donne un pain dont il lui promet de payer la valeur dans huit jours. En réalité, il n'a généralement besoin de rien promettre; il prend son pain; le boulanger a l'habitude de le lui donner chaque jour; l'ouvrier a l'habitude de le payer chaque quinzaine; le premier en use de même avec toutes ses pratiques en qui il a confiance : c'est un contrat tacite qui est avantageux à tous, puisqu'il permet à l'ouvrier de manger sans argent, au boulanger de vendre un pain qui aurait peut-être inutilement attendu dans sa boutique un autre consommateur. Voilà le phénomène du crédit sous sa forme la plus simple. C'est ce qu'on appelle « faire crédit » et « acheter à crédit » : le langage ordinaire est ici d'accord avec le langage de la science.

Que s'est-il passé? Le boulanger a eu **confiance** dans la probité et la solvabilité de son acheteur : voilà le *principe*. Il lui a livré sa marchandise sans en exiger immédiatement le payement, c'est-à-dire qu'il lui a fait **avance** de la valeur de cette marchandise : voilà le *fait*. La marchandise, que l'ouvrier n'aurait pu acheter au comptant que dans huit jours, est entrée plus tôt dans la **circulation** : voilà le *résultat*.

Si le boulanger n'avait pas cru l'ouvrier assez honnête ou assez riche pour payer son pain, si même il n'avait pas trouvé quelque avantage à se défaire promptement de sa marchandise, il n'aurait peut-être pas agi ainsi; la confiance et la circulation jouent donc un grand rôle dans le crédit. Toutefois le crédit, considéré en lui-même, a été une manière de **prêt**, une *faculté de consommer ou d'utiliser une certaine valeur appartenant à autrui sans que le consommateur donne en même temps une valeur égale.* S'il avait donné cette valeur égale, l'échange eût été parfait : l'acte de crédit est un échange inachevé.

C'est par la contingence même d'un des deux termes du rapport que le crédit diffère essentiellement de l'échange ordinaire. Dans l'échange ordinaire, où on livre produit contre produit, l'opération est complète du premier coup. Dans un fait de crédit, l'échange reste comme suspendu jusqu'à ce que le débiteur se soit acquitté. Celui-ci a donc, en premier lieu, l'usage, pendant un certain temps, d'un produit dont il ne fournit pas l'équivalent; en second lieu, il est certain qu'il a reçu, tandis qu'il est seulement probable qu'il rendra. De là la *légitimité de l'intérêt* qu'il paye à·son créancier comme prix de l'usage, et l'*élévation du taux de cet intérêt* d'autant plus grande que l'éloignement de l'époque du remboursement ou le peu de confiance qu'inspire l'emprunteur rendent moins certaine la livraison future du produit équivalent.

Toutes les autres formes du crédit ne sont que des variations plus ou moins compliquées du phénomène que nous venons d'analyser et peuvent toujours se ramener à un contrat semblable à celui du boulanger avec l'ouvrier. Qu'au lieu d'un·pain il s'agisse d'un habit, de dix balles de café, de vingt pièces d'étoffe, d'un fonds de commerce de 100 000 fr., d'un travail personnel, il y a toujours un vendeur qui livre une certaine valeur sans recevoir immédiatement en échange une valeur équivalente, et un acheteur qui reçoit cette valeur en s'engageant, moralement ou par écrit, à rembourser la dette qu'il contracte. Dans toute opération de crédit, il y a donc, d'une part, le *vendeur*, lequel est *prêteur* ou créancier, d'autre part, *l'acheteur*, lequel est *emprunteur* ou débiteur; entre les deux, une marchandise que le premier avance au second, parce qu'il a confiance en lui.

Au fond de tout acte de crédit, il y a une avance, et c'est l'avance même qui constitue le phénomène du crédit : avance sur promesse implicite de remboursement dans les rapports ordinaires d'un tailleur avec son client, avance sur promesse écrite dans d'autres cas. Quand l'ouvrier reçoit au bout de la quinzaine le prix de son travail de deux semaines, quand le propriétaire touche au terme le loyer d'un logement dont jouit depuis trois mois le locataire, n'y a-t-il pas encore avance de services et acte de crédit? Comme, en somme, produits et travail sont des services, on doit dire d'une manière générale : **le crédit est une avance de services.**

On emploie ce mot de crédit dans un sens un peu différent quand on parle du « crédit public » ou d'un homme « qui a du crédit ». On veut désigner non plus l'avance ellemême, mais la faculté qu'a un État ou un particulier de se procurer des avances de services.

Pour qu'il y ait avance de services, il faut nécessairement qu'il y ait d'abord des produits créés, une richesse réelle, c'est-à-dire une épargne réalisée, un capital formé; on ne prête pas le néant. Si le tailleur n'avait pas d'habits, il ne pourrait pas en fournir à crédit. Il en est de même d'un marchand de soieries, d'un bailleur de fonds, d'un ouvrier; s'ils ne possédaient pas, l'un des pièces d'étoffe, l'autre de l'argent, le troisième du travail, tous enfin quelque valeur réelle et échangeable, il ne leur serait pas plus possible de vendre à crédit qu'au comptant. Cette observation est si simple qu'elle paraît puérile. Elle conduit pourtant à une vérité très importante et parfois méconnue : c'est que *le crédit doit toujours reposer sur une valeur réelle;* et conséquemment à cette autre vérité capitale : *le crédit est par lui-même un* **déplacement** *et* *non une* **création** *de capitaux.*

La quantité de valeurs que chacun possède, comme étant sa propriété ou comme résultant d'un emprunt, est donc la limite du crédit qu'il peut accorder à un moment donné. De plus, on n'accorde de crédit qu'à ceux qui ont assez de

moralité pour inspirer confiance ou qui possèdent assez eux-
mêmes pour présenter une garantie. Ces deux raisons font
que, dans une nation pauvre, il y a peu de crédit, parce qu'il
y a peu de gens capables de le donner et peu de gens jugés
dignes de le recevoir; au contraire, dans une nation riche,
le crédit est d'un usage très fréquent et devient un des grands
moteurs du mouvement économique. Mais, quelque riche que
soit cette nation, le crédit, en supposant que les nations étrangères n'interviennent pas dans ses affaires, ne saurait jamais
y être plus grand que la masse de ses richesses, et il ne peut
s'accroître que par suite d'un accroissement proportionnel de
la production; car, encore une fois, il faut que la richesse
soit créée pour qu'elle puisse être déplacée et prêtée.

84. L'influence du crédit sur la richesse. — Le crédit
n'en exerce pas moins une très grande influence sur la création des richesses et, par suite, sur la formation du capital.

Voici un homme qui est actif, intelligent, laborieux, mais
qui, faute d'argent, était resté longtemps ouvrier serrurier
et qui gagnait à peine avec ses bras de quoi suffire à son
entretien journalier. Un capitaliste lui a prêté 3000 francs
à l'aide desquels il a pu louer une petite boutique, faire construire une forge, acheter des outils, du charbon, du fer et
travailler pour son propre compte. Comme il est adroit, les
pratiques ne lui ont pas fait défaut. Sur ces 3000 francs,
2000 seulement avaient servi aux frais de premier établissement; 1000 avaient été employés à acheter du fer, qui,
sous le marteau de l'artisan, s'est converti en serrures et en
objets divers valant plus de 3000 francs. Avec ces 3000 francs,
il a encore acheté du fer dont la valeur, grâce à son industrie, a triplé; si bien qu'au bout de six ans ce serrurier avait
remboursé les 3000 francs empruntés et qu'il possédait déjà
une boutique achalandée et un petit capital. Une avance
de 3000 francs pendant six ans avait opéré ce changement,
tiré un homme de la médiocrité et enrichi la société de toute
la valeur de sa production : c'est là un miracle dû à la puissance du crédit.

Un homme avait acheté une terre de quelques arpents qui
valait à peine 1500 francs, parce que l'ancien propriétaire,

faute d'argent, l'avait laissée presque en friche. Cet homme était riche. Il confia cette terre à un pauvre hère du village qu'il savait laborieux et il lui fournit une paire de bœufs, une charrue, des moutons, des semences. À l'aide de cette avance faite en instruments de travail, le métayer cultiva; la terre, qui par elle-même était fertile, répondit à ses soins. Au bout de dix ans le pauvre hère était devenu un villageois aisé; son bétail avait doublé et la terre elle-même, retournée et fumée, aurait valu plus de 3000 francs si le propriétaire avait voulu la vendre. Voilà encore un miracle du crédit.

Les exemples de ce genre sont innombrables. Interrogez les industriels et les négociants que vous rencontrez dans la société; la plupart vous diront qu'au début de leur carrière ils ont eu recours à des capitaux empruntés et que c'est le crédit qui leur a permis de former leurs premières entreprises. En saurait-il être autrement? L'homme ne peut rien sans avoir un capital, et comment aurait-il pu amasser un capital avant d'avoir rien fait? Sans le crédit, il n'y a guère que ceux auxquels leurs parents auraient laissé quelque fortune qui seraient capables d'exercer une industrie ou un commerce quelconques. Que d'intelligences, que de facultés diverses et précieuses ne demeureraient pas stériles! et combien la société tout entière ne serait-elle pas plus pauvre sans l'influence bienfaisante de ce crédit, c'est-à-dire sans ce déplacement du *capital qui est venu s'associer au travail?*

D'ailleurs ce n'est pas seulement au début de la carrière, c'est dans toutes les branches et à tous les degrés de l'activité industrielle que l'influence salutaire du crédit se fait sentir.

Un négociant déjà riche a un capital de 100 000 francs en marchandises.

Supposez que le crédit n'existe pas. Ce négociant ne pourra renouveler son assortiment que lorsqu'il aura vendu les marchandises qu'il possède, et il ne les vendra qu'argent comptant. Bien des acheteurs, qui se seraient présentés immédiatement sans cette condition, sont obligés d'attendre cinq et six mois jusqu'à ce qu'on leur ait acheté à eux-mêmes et payé leurs produits. Ce n'est qu'au bout d'un an que le négociant aura vendu ses 100 000 francs et que, rachetant de nouvelles marchandises au fur et à mesure de chaque vente, il aura entièrement renouvelé son assortiment. Les marchandises, qui seront restées longtemps en magasin, auront pu se détériorer; et, si ce négociant fait un bénéfice net de 15 p. 100, il n'aura gagné que 15 000 francs.

Supposez maintenant que le crédit existe. Le même négociant voit affluer chez lui les acheteurs et il leur livre aussitôt ses marchandises sur la simple promesse d'en payer la valeur trois mois après. Il va lui-même trouver ses fournisseurs et il remplit, au fur et à mesure, les vides de son magasin, sans bourse délier, en s'engageant seulement à payer dans trois mois. Il paye en effet avec l'argent que lui donnent à l'échéance ses acheteurs. Il se trouve ainsi avoir vendu en trois mois ce qu'il n'aurait vendu, sans l'intervention du crédit, qu'en un an; il renouvelle quatre fois dans la même année ses opérations; les marchandises n'ont pas le temps d'être avariées ni de passer de mode; il peut se contenter d'un bénéfice de 10 p. 100; les acheteurs payent moins cher, et lui-même gagne 40 000 francs au lieu de 15 000. .

Appliqué à tous les industriels, à tous les négociants d'une nation qui, par un enchaînement semblable, se font des avances et en reçoivent mutuellement les uns des autres, le crédit anime la production et il augmente dans une proportion considérable l'effet des forces productives de la société. On ne saurait donc trop l'encourager, non seulement pour procurer le bien-être à ceux qui ne l'ont pas, mais pour donner de nouvelles forces à ceux qui ont déjà acquis l'aisance et pour accroître la masse des richesses.

Disons, en résumant cette analyse, que, si le crédit, à proprement parler, ne crée rien, et s'il est un simple déplacement de capitaux, néanmoins, en portant le capital à l'endroit même où celui-ci peut être le plus utilement employé, en fournissant au travail des instruments, en rendant actif ce qui était inerte, fécond ce qui était stérile, ce *simple déplacement* apporte une modification profonde dans l'économie de la société, *rend la production plus active* et permet à l'industrie de créer, dans le même temps, une masse de richesses plus considérable. Il ne faut jamais perdre de vue ni l'un ni l'autre des deux aspects de la question ; en l'envisageant dans son ensemble, on conclut que *le crédit est une* **avance de services,** *faite sous forme de travail actuel ou de produits antérieurement créés, déterminée par la* **confiance,** *produisant une* **circulation plus rapide** *et, par suite, contribuant à l'augmentation de la* **richesse.**

85. Les principaux modes de crédit. — Le crédit se présente presque aussi souvent sous forme d'une *avance de travail* que sous forme d'une avance de marchandises. En effet, tous les produits qui sont donnés à crédit par le marchand ont été auparavant fabriqués à crédit par les ouvriers dont on n'a pas payé heure par heure ni même jour par jour les services. Arrêtez un vendredi soir le compte général de la production en France. Les trois millions et demi d'ouvriers et d'ouvrières qu'emploie l'industrie manufacturière ont fait à leurs patrons l'avance d'environ cinq jours de travail, soit, à raison de 3 fr. 50 en moyenne, plus de 60 millions de francs ; les trois millions et demi de journaliers, ouvriers et domestiques de l'agriculture qu'on paye souvent par mois ont fait une avance au moins égale. Le crédit du travail, sans parler même du traitement des commis et des employés, roule ainsi à la fin de chaque semaine sur un fonds de plus de 120 millions ; néanmoins, comme il ne se traduit d'ordinaire par aucun contrat écrit, il passe presque inaperçu.

Quand on parle de crédit, on entend presque toujours une *avance de marchandises* ou de choses ; de plus, comme les marchandises s'évaluent à l'aide de la monnaie, c'est en monnaie, autrement dit en espèces sonnantes, que le contrat de crédit est généralement stipulé et que se fait le remboursement du service avancé ; que l'échange, demeuré imparfait et suspendu, se complète par la livraison de la contre-valeur métallique que le débiteur avait promise.

Les contrats de crédit se distinguent donc moins par la nature de la marchandise fournie que par la nature des garanties données par l'emprunteur pour inspirer confiance. On peut diviser ces contrats en quatre catégories :

1° Le *crédit simple* ou *prêt direct* a dû être la forme primitive des avances que les hommes se sont faites les uns aux autres. Le sauvage qui a été plus heureux à la chasse que son compagnon lui prête pour vivre quelques pièces de gibier que celui-ci s'engage à rendre à la campagne prochaine ; le cultivateur qui ne consomme pas tout son blé en cède une partie à son voisin pauvre pour faire ses semailles, et le voisin promet de rendre avec l'intérêt, à la moisson, la valeur prêtée : rien de plus simple qu'un pareil contrat. C'est encore aujourd'hui une forme qui est dans les habitudes journalières de la vie. Les avances que l'ouvrier fait à son patron, les marchandises que le boucher, le boulanger, l'épicier fournissent à crédit au client, les vêtements que le tailleur et la couturière livrent sans présenter en même temps leur note sont des espèces de prêts directs. Aucun engagement écrit ne lie les deux parties ; les livres du vendeur sont le plus souvent l'unique preuve de la créance ; aussi ce genre de crédit repose-t-il presque uniquement sur la confiance. Il rentre dans la catégorie qu'on nomme *crédit personnel*, parce qu'*il a pour fondement l'opinion qu'on a de la personne qui emprunte* beaucoup plus que les valeurs réelles que l'emprunteur pourrait fournir comme garantie.

Les marchandises ainsi livrées sont souvent consommées sans produire d'une manière directe de nouvelles marchandises qui répondent du payement. Quand le négociant en vins vend à un cabaretier un tonneau de vin, il doit penser que ce dernier le vendra à son tour au détail avec profit, et que la valeur de chacun des litres qui sortiront de sa cave se retrouvera en argent dans sa caisse ou sous une autre forme dans son magasin : il y a là une certaine garantie. Mais, quand il livre le même tonneau de vin à un individu qui le consommera pour son propre usage, il peut se demander que sera devenue la valeur de la marchandise, s'il ne doit toucher le montant de sa facture que six mois après, lorsque tout le vin aura été bu. Il n'a d'autre garantie que la moralité et l'état de fortune de l'acheteur : le crédit est personnel.

Malgré les risques auxquels il expose, ce crédit offre tant de commodités qu'il est d'un usage continuel et qu'il serait impossible de le bannir d'une société civilisée. Comment vivrait-on s'il fallait avoir toujours la bourse à la main, payer chaque service au moment même où il est rendu, régler heure par heure et presque minute par minute le salaire des ouvriers et des domestiques; si l'on ne pouvait pas même, par exemple, prendre un abonnement de bain, parce que c'est payer par avance un service qu'on n'a pas encore reçu?

Il y a pourtant une certaine manière d'être de ce crédit qui n'est pas sans danger. *Les petits crédits ruinent les petites gens*, dit-on. Le mot est juste. Le pauvre est sollicité par le désir de se procurer les jouissances dont il est privé; quand le crédit les lui offre, il est généralement porté à accepter, sans s'inquiéter du lendemain. Le lendemain arrive, il faut payer; s'il ne le peut pas, il s'endette; puis, comme la facilité de jouissances qu'on obtient sans bourse délier est un appât auquel il lui est difficile de résister, il ne se libère péniblement d'une dette que pour en contracter d'autres, et il demeure pris dans un engrenage fatal. Il y a certains marchands ou prêteurs qui spéculent sur cette faiblesse. Il y a même des pays en Amérique où ces crédits ont pour effet de réduire les ouvriers dans une sorte de servage. Payer comptant est pour les petites bourses le moyen le plus sûr de régler la dépense sur le revenu; si ce système impose par moments quelque privation, il est certain qu'il épargne, dans un avenir prochain, des difficultés et peut-être d'autres privations plus graves.

2° Le *prêt sur gage* forme la seconde catégorie des contrats de crédit. Celle-ci diffère radicalement de la précédente. Dans la première, le crédit est personnel; dans la seconde, au contraire, il est *réel*, c'est-à-dire qu'*il a pour garantie une chose, une valeur réelle*. Un marchand a chez lui cinquante pièces de drap; mais comme, par suite de quelque circonstance extraordinaire, son drap ne se vend pas, il n'a pas d'argent, et, comme il doit demain payer son loyer, il va chez un capitaliste qui consent à lui prêter 1000 francs à condition que l'emprunteur dépose chez le prêteur, comme gage, vingt pièces qui valent à peu près le double et que ce dernier ne rendra qu'au remboursement de la dette : voilà le prêt sur gage. Ce qui le distingue des autres, c'est que les prêteurs gardent entre leurs mains, comme garantie, une valeur au moins égale à celle qu'ils fournissent. Ce prêt paraît donc ne les exposer à aucun risque; mais il est loin de favoriser autant que les autres la circulation, puisqu'il ne met en mouvement la valeur prêtée qu'en frappant le gage d'immobilité.

La forme est donc imparfaite. Elle est née du défaut de confiance, et on la trouve fréquemment usitée aux époques et dans les circonstances où la confiance manque. Les juifs, dont les lois, au moyen âge, entravaient plus qu'elles ne protégeaient les opérations commerciales, prêtaient presque toujours sur gage. Les usuriers prêtent souvent sur gage. Encore aujourd'hui, dans les temps de crise industrielle, les prêts sur gage se multiplient; quand la confiance règne et que le commerce est prospère, les négociants trouvent à placer aisément leurs produits et ne songent guère à les mettre en gage pour obtenir le prêt d'une somme inférieure au prix de vente.

Cependant il y a des formes de prêt sur gage qui n'ont pas au même degré ces inconvénients : les *avances sur titres* et les *prêts sur warrant*. Le *warrant* est un certificat de dépôt de marchandises dans des entrepôts ou *magasins généraux;* la marchandise n'en peut être retirée que sur la présentation du warrant, lequel peut se transmettre par endos d'un propriétaire à un autre. Le propriétaire peut non seulement vendre, mais emprunter, en remettant le warrant à son prêteur. Cette remise équivaut à un véritable gage, mais qui n'empêche pas le marchand de faire voir et d'offrir en entrepôt sa marchandise à ses clients. Il y a une autre forme de prêt sur gage qui est encore très usitée et qui rend des services, surtout à la classe pauvre : c'est le *Mont-de-Piété.*

3° Le *prêt hypothécaire, crédit immobilier* ou *foncier,* est une variété du prêt sur gage. Comme lui, *il appartient à la classe des crédits réels;* mais il diffère du précédent, d'abord parce que le gage, au lieu d'être une marchandise quelconque, est toujours un immeuble, terre, maison ou autre bien devenu immeuble par destination; ensuite parce qu'au lieu d'être immobilisé, à titre de garantie, entre les mains du prêteur, *le gage reste dans la possession de l'emprunteur, qui peut le faire fructifier*. La raison de cette dernière différence est facile à comprendre. Lorsque le gage est un meuble, l'emprunteur pourrait très bien l'aliéner ou le détruire, s'il en conservait la jouissance ; lorsque c'est un immeuble, il ne le peut pas, et le prêteur est toujours sûr de retrouver la garantie de sa créance. Le *Crédit foncier de France* a été institué pour prêter sur première hypothèque à la propriété foncière ; il fait ses prêts sous forme d'obligations négociables qu'il remet à ses emprunteurs et il se rembourse par des annuités que s'engage à payer l'emprunteur et qui comprennent l'intérêt et l'amortissement.

La supériorité du crédit hypothécaire sur le prêt sur gage est facile à saisir. Le dernier, immobilisant la marchandise, la rend en quelque sorte stérile ; le premier fait circuler la richesse en fournissant à l'emprunteur les capitaux dont il avait besoin, sans, pour cela, stériliser la terre ; car le propriétaire continue à en jouir et peut même l'aliéner, pourvu que l'immeuble réponde de la dette entre les mains du nouveau possesseur.

4° Le prêt direct est un crédit personnel ; le prêt sur gage et le prêt sur hypothèque sont des crédits réels. Le *crédit commercial* tient de la nature de l'un et de l'autre et il est, par sa nature propre, supérieur à tous les autres. *Le crédit commercial est le résultat d'une opération de commerce, vente de marchandises ou avance de capital, faite par un négociant à un autre négociant*, non pas, par conséquent, en vue d'une consommation improductive, mais en vue de la revente de la marchandise ou d'une consommation productive : c'est le cas du cabaretier que nous avons cité plus haut.

Ce crédit donne plus de sécurité aux prêteurs que le crédit simple, puisqu'il repose sur une valeur réelle qui doit devenir productive entre les mains de l'emprunteur. Il procure plus d'avantages aux emprunteurs que le prêt sur gage, parce qu'il n'immobilise pas une partie de leur fortune pour dégager l'autre. Il n'entraîne pas, pour le recouvrement de la créance, les mêmes lenteurs que le prêt hypothécaire ; si le payement n'a pas lieu à l'échéance, le créancier est immédiatement autorisé à saisir les biens mobiliers du débiteur, et le débiteur, qui connait cette prompte rigueur de la loi, s'expose rarement à ses coups : de là l'exactitude d'une part et la confiance de l'autre. Aussi est-ce sous cette forme que le crédit est surtout un *instrument d'échange* et qu'il concourt le plus avec 'a monnaie à la circulation de la richesse.

5° On peut être capable d'employer fructueusement des capitaux d'emprunt et cependant ne pas inspirer une confiance suffisante pour trouver un prêteur; c'est le cas de beaucoup d'artisans, d'une ouvrière qui désire posséder une machine à coudre, d'un marchand au détail gêné pour payer son terme, d'un petit fabricant qui veut acheter des matières premières. S'ils faisaient partie d'une société de crédit et que l'emprunteur s'entendit avec plusieurs autres membres de la société qui prendraient, à charge de revanche, l'engagement de rembourser solidairement la dette en cas de non-payement par l'emprunteur, les uns et les autres pourraient obtenir par une union sagement combinée la confiance qui manque à chacun d'eux isolé et obtenir le crédit commercial. C'est un *crédit solidaire*, lequel peut rendre des services aux petites bourses; nous en avons parlé à propos des sociétés de crédit (voir § 62).

6° Le *crédit public* procède de la confiance qu'inspirent les Etats aux capitaux privés. Cette confiance a pour fondement la richesse et la solvabilité, tout comme s'il s'agissait d'un simple particulier; elle se manifeste par la facilité que les gouvernements et les administrations publiques (Etat, départements ou communes en France) trouvent à contracter des emprunts et par le cours des titres qu'ils ont émis [1].

Au crédit public on peut rattacher le crédit des grandes sociétés anonymes, telles que les compagnies de chemins de fer, qui se constituent par actions et qui émettent des obligations [2].

---

1. Voir plus loin, § 119 et 120, les *emprunts* et *dettes d'État*.
2. Voir plus haut, § 56.

Le crédit public et privé donne naissance à une grande quantité de titres divers qui se vendent et s'achètent comme toute marchandise ; la *Bourse* est le lieu où se négocient officiellement ces valeurs.

86. Les effets de commerce. — Le crédit commercial se présente sous plusieurs formes qui sont les *effets de commerce*. Il convient de les examiner.

1º Un fabricant de toiles du Mans est en relation avec un marchand de nouveautés de Paris. Il lui vend, au prix de 1000 fr., vingt pièces de toile, et l'acheteur, qui n'a pas d'argent comptant, donne un *billet simple* à peu près conçu en ces termes :

« A quatre-vingt-dix jours de date, je payerai à M. Pierre Courtois la somme de mille francs, valeur reçue en marchandises. » Il date et il signe.

Première forme du crédit commercial. Cette forme a un inconvénient qui fait qu'elle est peu usitée : elle immobilise un des deux termes de l'échange. Voilà bien les vingt pièces parties ; l'acheteur les vendra à d'autres, qui les revendront à leur tour, et elles circuleront. Mais la promesse de payement ne circulera pas ; il n'y a qu'un Pierre Courtois, et, comme c'est à lui seul que le débiteur a promis de payer, il faut que, pendant quatre-vingt-dix jours, il garde cette promesse, stérile, dans son portefeuille.

2º « A quatre-vingt-dix jours de date, je payerai au porteur la somme de mille francs, valeur reçue en marchandises. » Avec la date et la signature.

Cette seconde forme est celle du *billet au porteur*, laquelle est aussi d'un usage peu fréquent, parce qu'elle a d'autres inconvénients. Il est vrai que la susdite promesse peut circuler ; que, dès le lendemain du jour où elle a été signée, le fabricant de toiles peut la transmettre au filateur auquel il doit 1000 francs et qui la transmettra peut-être à son tour à son mécanicien, jusqu'à ce qu'enfin, au quatre-vingt-dixième jour, elle revienne au souscripteur, c'est-à-dire au débiteur, qui est le premier acheteur. Mais, si ce billet au porteur vient à être perdu ou volé, celui qui l'aura entre les mains pourra, si le débiteur est sans défiance, en toucher le montant à l'échéance tout comme s'il en était le légitime propriétaire : premier inconvénient. Le vendeur a accepté le billet parce qu'il a confiance dans l'acheteur ; mais qui répond que le filateur, qui ne connaît peut-être pas cet acheteur, aura la même confiance ? S'il l'a, le mécanicien et d'autres personnes ne l'auront certainement pas ; ils refuseront une promesse de payement qui, pour eux, n'offrira pas une garantie suffisante. Si donc le billet sort du .portefeuille du premier vendeur, il s'arrêtera entre les mains de la seconde ou de la troisième personne : second inconvénient qui gêne la circulation d'un des deux termes de l'échange.

· 3° Il faut trouver à la fois le moyen de faire circuler la promesse et d'inspirer à tous ceux à qui l'on pourrait l'offrir la confiance d'un remboursement à peu près certain. C'est ce que l'on obtiendra en écrivant sur le billet :

« A quatre-vingt-dix jours de date, je payerai à M. Pierre Courtois ou à son ordre la somme de mille francs, valeur reçue en marchandises. » Avec la date et la signature.

A l'aide des mots : « à son ordre, » on constitue le *billet à ordre*, troisième forme qui lève les difficultés précédentes. En effet, si le manufacturier veut payer son filateur, il lui suffit d'écrire au dos du billet : « Payez à l'ordre de M. Jacques, filateur, » de signer et dater.

Le souscripteur s'est engagé à payer suivant l'ordre qu'il recevrait. Eh bien, l'ordre est de payer ainsi qu'il conviendra à M. Jacques, auquel sont transmis tous les droits du propriétaire de l'effet ; et comme, entre autres droits, il a celui de donner aussi ses ordres pour le payement, il peut passer le billet à son mécanicien, en mettant :

« Payez à l'ordre de M. Paul, mécanicien, » avec signature et date.

La promesse circule ainsi de main en main, transmise par des ordres successifs qu'on appelle *endossements*.

Il n'y a plus à craindre désormais que le billet soit dérobé, puisque le souscripteur ne doit payer que sur l'ordre de la personne nommée par le dernier endosseur. Il n'y a pas non plus lieu de se défier ; car la loi veut que chacune des personnes qui mettent leur signature au dos d'un billet à ordre réponde du payement, si, à l'échéance, le souscripteur ne l'acquitte pas. Cette loi est juste; car *il ne faut pas perdre de vue que le papier n'est pas un payement réel, mais une promesse ;* les endosseurs n'ont donc transmis successivement à leurs créanciers qu'une promesse; si la promesse ne se réalise pas, ils n'en restent pas moins débiteurs et il est naturel qu'ils soient tenus d'acquitter leur dette. Il s'ensuit que, quel qu'ait été le souscripteur, on n'a guère besoin de s'inquiéter que de la solvabilité de la personne qui transmet immédiatement l'effet, solvabilité dont on ne doute pas plus en général que le fabricant de toiles du Mans n'a douté du marchand de nouveautés de Paris, puisqu'il y a une opération commerciale et une valeur réelle sous chacune de ces transmissions successives.

Plus un billet au porteur s'éloigne de sa source, plus il devient inconnu et moins il inspire de confiance; plus un billet à ordre circule, plus il reçoit d'endossements, autrement dit de cautions du payement, et plus il gagne en solidité. Cette troisième forme du crédit commercial, qui permet aux deux termes de l'échange de circuler aussi facilement l'un que l'autre avant que l'échange ait été rendu complet par le payement définitif, atteint pleinement le but que se propose tout crédit; elle est par cette raison d'un usage très fréquent dans le commerce.

4° On a imaginé une autre forme très usitée aussi dans le commerce, surtout dans le commerce avec l'étranger. En règle générale, un débiteur n'a jamais hâte de payer ses dettes, ni de substituer au crédit simple le crédit commercial par lequel il engage sa signature et s'expose à voir saisir ses biens, s'il ne s'acquitte pas à l'échéance; aussi ne s'empresse-t-il guère de remettre à son créancier des billets à ordre. De plus, il arrive souvent, comme dans l'exemple précédent, que vendeur et acheteur ne demeurent pas dans le même lieu. Le billet à ordre dans ce cas présente un inconvénient, puisque le vendeur ne peut pas l'exiger de la main à la main, et que l'acheteur peut le faire attendre longtemps. D'ailleurs, l'acheteur peut croire de bonne foi que son vendeur n'a pas besoin d'argent; n'est-il pas naturel que celui qui désire être payé réclame le payement et le réclame au moment même où ce payement lui est nécessaire? On peut épargner ainsi des avances inutiles et du temps, lequel est toujours précieux. Or quand le vendeur a-t-il besoin d'être payé? Évidemment, c'est au moment où il a lui-même une dette à payer.

Supposons que, le lendemain du jour où le manufacturier a livré ses toiles, son fournisseur, en lui apportant pour 1000 francs de fils, lui demande immédiatement son payement, ou plutôt, ce qu'on appelle en terme de commerce, un *règlement*. Il lui remet un billet à peu près conçu en ces termes :

« A quatre-vingt-dix jours de date, veuillez payer par la présente de change, à l'ordre de M. Jacques, filateur, la somme de mille francs, valeur reçue en marchandises. »

Il signe et il date.

Ce billet est adressé au marchand de nouveautés, et M. Courtois met au bas, comme on mettrait sur l'enveloppe d'une lettre : « A M. Charles, marchand de nouveautés, 13, rue du Temple, Paris. »

C'est la quatrième forme du crédit commercial, celle qu'on appelle la *lettre de change*.

La lettre de change est l'inverse du billet à ordre; par celui-ci, c'est l'emprunteur qui promet de payer; par celle-là, c'est le prêteur qui ordonne de payer. Le contrat de change consiste à faire livrer dans un lieu une valeur fournie dans un autre lieu : et, comme la lettre de change ne fait que constater le contrat de change, *il faut* (d'après la loi française, dont l'exigence dépasse à cet égard celles des législations étrangères plus récentes) *que la lettre soit tirée d'un lieu sur un autre*, par exemple du Mans, où réside le manufacturier, sur Paris, domicile de l'acheteur.

Il est toujours sage, il est même dans certains cas indispensable de prévenir le débiteur que l'on vient de tirer sur lui et de lui faire accepter la lettre de change, c'est-à-dire d'envoyer cette lettre au débiteur, à Charles, qui est tenu d'y mettre sa signature et ces mots : « Accepté pour la somme de mille francs. » C'est la reconnaissance formelle de sa dette.

Faute de cette acceptation, Charles ne serait tenu à rien et pourrait refuser de payer quand on se présente au remboursement; cette réserve est nécessaire.

Avant d'avoir circulé, la lettre de change acceptée a donc déjà une grande solidité. Le filateur qui la possède dans son portefeuille, ainsi revêtue de deux signatures, a pour garantie le crédit et les biens de deux négociants, du *tireur* et du *tiré*, qui répondent du payement. Quand lui-même la passe à son mécanicien, il l'endosse et il lui donne encore plus de solidité en y ajoutant une troisième signature et, par conséquent, une troisième garantie. La lettre circule ensuite de main en main, toujours par endossement, comme le billet à ordre. Mais elle a sur celui-ci une supériorité : toutes les contestations relatives à la lettre de change sont, en France, du ressort du tribunal de commerce, parce que quiconque accepte une lettre de change se déclare commerçant par ce fait seul et est soumis aux conséquences de la législation commerciale.

La lettre de change a de plus l'avantage d'éteindre deux dettes à la fois. Le marchand devait mille francs au manufacturier; le manufacturier devait mille francs au filateur. Si la lettre de change, qui a été une transmission de créance, est acquittée exactement à l'échéance, il y a bien *deux dettes liquidées du même coup.*

5° Il est bon, disons-nous, que les lettres de change soient acceptées par les débiteurs; dans la pratique, elles le sont, en effet, presque toujours. Mais il y a des cas où la nécessité de l'acceptation deviendrait une gêne. En voici un, par exemple. Supposez que le marchand de nouveautés ne soit pas venu lui-même acheter les vingt pièces de toile au Mans, mais qu'il ait mandé par écrit de les lui expédier, et que le manufacturier ait obéi immédiatement à cet ordre. Le lendemain, celui-ci doit payer son filateur. Le marchand de nouveautés accepterait-il une lettre de change de mille francs, avant d'avoir reçu les toiles et examiné si elles sont bien telles qu'il les avait commandées? Évidemment non. Et pourtant il faut donner un règlement à M. Jacques. Pour concilier les deux intérêts, on modifie en ces termes la rédaction du billet :

« A quatre-vingt-dix jours de date, il vous plaira payer par le présent mandat, *non susceptible d'acceptation*, à l'ordre de M. Jacques, filateur, la somme de mille francs, valeur reçue en marchandises. »

On signe et on date.

La garantie est moindre que dans le cas précédent, puisque le tiré pourrait dire à l'échéance qu'il ne connaît pas cette dette; mais le tireur reste toujours responsable, et, à défaut du tiré, ce serait lui qui serait obligé de payer. Le *mandat* présente la même sécurité qu'un billet à ordre souscrit à M. Jacques et il a sur le billet à ordre l'avantage de liquider deux affaires.

87. Le rôle des banques. — Nous savons que le crédit ne peut pas être gratuit : tout service doit avoir son salaire.

Quand un négociant fait crédit à un autre et accepte un effet en payement, il a l'avantage de vendre immédiatement sa marchandise et de pouvoir renouveler son approvisionnement; mieux vaut prendre un billet à quarante jours de date avec lequel on peut acheter d'autres produits que de garder sa marchandise encore quarante jours en magasin pour attendre un acheteur au comptant. Si l'acheteur avait payé en espèces sonnantes, on lui aurait fait l'escompte, c'est-à-dire une légère diminution sur le prix de la facture; accepter de lui un effet en payement est une autre manière de consentir à une légère diminution. Le besoin de vendre est la raison d'être du crédit commercial et il est naturel de payer la satisfaction de ce besoin.

Si le même négociant voulait échanger son billet, non plus contre une marchandise quelconque, mais contre la somme d'argent que ce billet représente, il ne le pourrait pas au même titre, parce que, dans les conditions ordinaires, nul n'éprouve le besoin d'échanger une valeur réelle contre la promesse de cette même valeur, c'est-à-dire plus contre moins. *Donner de l'argent contre un billet, c'est prêter de l'argent jusqu'à l'échéance, et ce prêt, comme tout autre, doit produire un intérêt,* lequel n'est pas moins légitime dans ce cas que dans les autres et prend le nom particulier d'*escompte*.

Voici un exemple. M. Jacques, filateur, auquel a été remise la lettre de change de 1000 francs tirée sur M. Charles, a besoin d'argent pour payer ses ouvriers le lendemain. Or il lui faudrait attendre encore quatre-vingts jours pour être payé lui-même par M. Charles. Il va donc trouver une personne qui possède de l'argent ; il lui remet l'effet qu'il passe à son ordre, et il en reçoit, en échange, 1000 francs moins l'intérêt de 1000 francs pendant quatre-vingts jours, soit 992 fr. 20, en calculant l'intérêt à 4 p. 100.

C'est là ce qu'on appelle escompter un effet. Cette dernière transformation est le complément nécessaire du crédit commercial. Mais les commerçants, qui peuvent dans leur industrie faire produire à leurs capitaux un intérêt supérieur à 4 p. 100, sont en général peu disposés à les céder de cette manière ; il faut des établissements spéciaux où l'on fasse profession d'escompter les effets de commerce.

Autre cas. Le manufacturier du Mans a un payement à faire à Marseille. Comme il est coûteux et embarrassant d'envoyer de l'argent, lequel pourrait être perdu ou volé en route, il désire trouver au Mans un établissement qui lui procure contre de l'argent comptant une lettre de change payable à Marseille, comme Jacques désirait tout à l'heure trouver de l'argent comptant en échange d'un effet.

Enfin il y a des gens qui désirent, sous une forme ou sous une autre, emprunter de l'argent ; il y en a aussi qui désirent prêter de l'argent et qui ne connaissent pas d'emprunteurs ou qui n'osent pas se confier à ceux qu'ils connaissent. Les uns et les autres ont besoin de trouver quelque part des bureaux de crédit qui mettent en rapport prêteurs et emprunteurs.

Ces établissements, ces bureaux, ce sont les banques qui sont placées en quelque sorte au sommet du crédit, *recevant, d'une part, et rassemblant les capitaux de ceux qui veulent prêter, dispensant, d'autre part, les capitaux à ceux qui veulent emprunter.* On pourrait comparer la banque, indispensable instrument de la circulation, à un réservoir de capitaux, muni d'une pompe aspirante et foulante et agissant sur les capitaux comme une pompe agit sur l'eau.

On pourrait aussi nommer le *banquier* un *marchand de capital et de crédit.*

Ceux qui ont de l'argent à placer viennent le lui offrir, et il leur en achète la jouissance en leur payant un certain intérêt de cet argent; c'est bien du *crédit qu'il achète*, car ces placements ne sont pas autre chose que des *avances* de la marchandise nommée argent que lui font ses clients.

Ceux qui ont besoin d'argent viennent lui en acheter, sous forme de prêt direct, de prêt sur gage, d'escompte, de négociation d'effet de commerce; c'est du *crédit qu'il vend* quand il *avance* une valeur qui ne lui sera remboursée que plus tard, et, comme tout marchand, il vend sa marchandise, c'est-à-dire le capital et le crédit, plus cher qu'il ne l'a achetée.

Il est aisé de comprendre par là l'importance du rôle que joue la banque dans le mouvement des capitaux.

88. Le mécanisme des banques. — Il faut indiquer le mécanisme par lequel une banque opère.

Quand une banque se constitue, elle possède un certain capital. Mais, quel que soit ce capital, il ne figure d'ordinaire que comme une faible fraction dans le total de ses opérations. Une partie, engagée dans les frais de premier établissement, se trouve immobilisée; une autre partie est quelquefois convertie en rentes, en actions, en immeubles et sert à donner aux affaires de la maison une garantie. Une partie seulement, que les bénéfices peuvent, il est vrai, accroître chaque année, se trouve en espèces dans la caisse et peut être employée directement aux opérations de commerce.

1° Beaucoup de gens, qui n'ont pas besoin de leur argent, le portent chez le banquier, avons-nous dit : les particuliers font bien de ne pas laisser de l'argent dormir dans leur caisse. *La banque rassemble ainsi les épargnes* du rentier et du travailleur, l'argent inutile au commerçant, les fonds qui, ne trouvant pas un emploi immédiat, cherchent un placement qui soit sûr et d'un dégagement facile. Elle attire et retient ces capitaux en leur payant presque toujours un intérêt d'autant plus élevé qu'ils lui sont prêtés pour un temps plus long. C'est par cette opération qu'elle achète l'usage des capitaux, autrement dit l'instrument de crédit. Les capitaux prêtés s'appellent les *dépôts.*

Celui qui les a déposés peut, suivant les conventions, les retirer à vue ou en prévenant un certain nombre de jours d'avance, en totalité ou en partie, directement lui-même ou en donnant à ses créanciers des *chèques* ou mandats sur la banque.

En faisant fructifier les petits comme les gros capitaux, la banque stimule l'épargne, mère du capital et de la richesse, et rend ainsi un double service, et par les capitaux qu'elle utilise, et par les capitaux dont elle provoque la formation.

2° Les banques reçoivent des capitaux autrement qu'à titre de prêt ou de dépôt simple. Un négociant a tous les jours des sommes à recevoir et à payer. Pour se débarrasser des ennuis d'un mouvement de caisse compliqué, il peut envoyer son argent à la banque. C'est elle, dès lors, qui reçoit et paye pour lui : il n'a qu'à donner ses ordres. Mais elle se borne presque toujours dans ce cas au rôle de simple *caissière*, c'est-à-dire qu'elle ne paye qu'autant qu'elle a en caisse de l'argent appartenant au négociant, ce qu'on exprime en disant que la balance doit être en faveur du compte créditeur. Elle ne fait donc pas d'avances au négociant; tout au contraire, c'est le négociant qui lui fait crédit en lui remettant par avance des sommes d'argent dont il ne disposera que plus tard. Mais il ne le fait lui-même que parce qu'il y trouve avantage. Indépendamment des embarras qu'il s'épargne, il retire des sommes déposées un intérêt que la plupart des banques ont coutume de payer pour les dépôts de ce genre, et il liquide ses affaires avec les négociants qui ont, comme lui, un compte en banque beaucoup plus commodément qu'il ne pourrait le faire même à l'aide de la lettre de change.

En effet, si le marchand de nouveautés et le manufacturier que nous avons pris pour exemple avaient un compte en banque, si le filateur et le mécanicien en avaient aussi, il aurait suffi que le marchand de nouveautés eût donné ordre à la banque de retrancher 1000 francs à son avoir et de les porter au compte du manufacturier, lequel, le lendemain, eût donné le même ordre au profit du filateur, qui en aurait fait autant pour son mécanicien. La banque n'aurait pas déplacé un seul écu de sa caisse, et par un simple *virement*, c'est-à-dire par un simple transfert d'écritures sur ses livres, quatre dettes se seraient trouvées éteintes en moins de temps qu'il n'en faut pour compter une pile de 1000 francs; et elles seraient bien réellement éteintes, non par une simple promesse de payement, qui peut être protestée, mais par un payement effectif, tout cela sans risques et à peu de frais.

Tels sont les avantages du genre de dépôt qu'on désigne sous le nom de *comptes courants*.

Certaines banques s'adonnent presque uniquement aux opérations de cette nature; elles sont dites *banques de dépôts*. A Londres, à New York, les virements sont d'un usage journalier, et il existe un établissement, dit *Clearing house*, où tous les jours les banquiers règlent entre eux les dettes et créances de leurs clients par de simples transferts d'écritures pour une valeur de plus de cent milliards par an; à Paris, il existe, dans ce genre, une *Chambre de compensation*, créée en 1872; il en existe à Vienne et dans plusieurs villes d'Angleterre, d'Allemagne, d'Italie et des États-Unis.

Le capital disponible, les dépôts et les comptes courants forment l'*encaisse métallique*.

3° Ce ne sont pas seulement des espèces que le négociant, ayant un compte courant, envoie à la banque, ce sont aussi les effets de commerce qu'il reçoit en payement et qu'il ne veut pas avoir l'embarras de toucher lui-même à l'échéance, embarras considérable lorsque ces effets sont payables à 100 ou 200 kilomètres de la ville qu'il habite. La banque s'en charge en lui prenant un léger droit de commission. Après l'échéance, lorsque l'effet a été acquitté, le montant en est porté au crédit du compte courant et commence à porter intérêt; avant l'échéance, la banque n'est que simple dépositaire de ces effets, que l'on nomme effets à l'encaissement ou *effets en recouvrement*.

Jusqu'ici, nous n'avons vu qu'une des deux faces de la banque, celle par laquelle elle opère comme acheteur de crédit ou, tout au plus, comme commissionnaire, quand elle garde en portefeuille les effets en recouvrement au lieu de les remettre dans la circulation, endossés par elle. Voyons maintenant comment elle opère avec ce crédit acheté et comment elle le revend au commerce.

4° Tous les négociants n'ont pas de compte en banque, et ceux qui ont un compte en banque ne sont pas toujours disposés à garder leurs effets jusqu'à une époque très voisine de l'échéance. Ils peuvent avoir besoin d'argent comptant, et, pour s'en procurer, ils portent ces effets à l'escompte. Une banque, grâce à son encaisse métallique, peut leur en compter la valeur en espèces, en retenant, comme nous l'avons dit, l'intérêt de la somme jusqu'au jour de l'échéance.

La banque accepte, en général, les lettres de change et les billets à ordre dont le payement n'est pas trop éloigné et est garanti par deux signatures au moins. Car deux signatures sont nécessaires pour constater une opération commerciale, dans laquelle il y a toujours un vendeur et un acheteur, et elles donnent à la banque recours pour le payement sur deux personnes. Une seule signature, qui ne pourrait être que celle de la personne demandant ce crédit, convertirait l'escompte en un prêt direct.

Les effets escomptés par la banque composent son *portefeuille*. La banque en est propriétaire, puisqu'elle les a achetés argent comptant; elle en touche pour son propre compte le montant, qui, à l'échéance, remplit le vide qu'avait laissé dans sa caisse l'avance faite au négociant. Il lui reste de plus pour bénéfice l'escompte, ou du moins la différence entre le taux de l'escompte et le taux de l'intérêt qu'elle paye elle-même aux capitalistes dépositaires qui avaient fourni l'argent. C'est là une des plus importantes opérations de banque et celle par laquelle elle crédite le plus ordinairement le commerce. Les banques qui s'y adonnent sont dites *banques d'escompte.*

5° On désigne sous le nom de *banques populaires* des banques qui pratiquent le crédit solidaire; elles font des prêts directs, escomptent des effets de commerce et cherchent toute leur clientèle ou leur principale clientèle dans la petite industrie et le petit commerce.

6° Les banques ne touchent pas toujours par elles-mêmes la valeur des effets escomptés dont elles sont propriétaires, ni même celle des effets en recouvrement dont elles sont dépositaires. Nous savons qu'il y a des occasions où, pour faire un

payement lointain, on préfère un effet de commerce aux espèces sonnantes. C'est aux banques que l'on s'adresse. Celles-
ci ont toujours un choix varié d'effets de commerce ou *traites
à vendre* qu'elles livrent suivant le cours du change; dans
ce cas, elles font simplement l'office de courtiers de change.
Quand elles n'en ont pas, elles peuvent fournir des traites
qu'elles tirent elles-mêmes sur leurs correspondants; il est
rare qu'une banque importante n'ait pas quelque moyen de
faire une remise, c'est-à-dire de faire un payement, sur une
place de commerce quelconque.

De toute façon, les effets qu'elles fournissent portent leur
endossement et acquièrent par ce seul fait une grande solidité. Grâce à cette solidité, les banques peuvent remettre
dans la circulation une partie de leur portefeuille et les
effets revêtus de leur signature sont acceptés presque avec
autant de confiance que l'argent. On a justement comparé
ce rôle de la banque à celui d'une *assurance*. En effet,
la banque garantit et assure par son propre crédit les endosseurs et les preneurs successifs contre le non-payement de
l'effet.

7° L'escompte est sans doute une des meilleures opérations
de banque, parce que les placements de cette nature sont
généralement solides, de courte durée et fréquemment renouvelés. On peut en dire autant des *opérations de change et
d'arbitrage,* qui consistent à échanger d'un pays à un autre
des effets contre de l'argent ou de l'argent contre des effets.

8° Mais une banque ne trouve pas toujours à placer tout
son argent en effets escomptés et en arbitrages. Elle cherche pourtant un emploi à ses fonds, qui ne doivent jamais
rester oisifs, et elle a recours à des opérations de nature
diverse, telles qu'*avances au commerce* sous forme de *prêt
direct* ou de prêt sur *warrants,* admission de *comptes courants débiteurs; placements à long terme à découvert* sous
forme de commandite, *émissions d'actions* à titre de commissionnaire, *prêts hypothécaires.*

Le développement qu'ont pris la commandite, les sociétés
anonymes, les fonds publics et les opérations de bourse a
donné naissance à de grands établissements de crédit, qui

sont des *banques de spéculation*; elles font diverses opérations de ce genre et tout particulièrement elles se chargent d'émettre des actions et des obligations pour le compte de sociétés anonymes.

Ces opérations ne sont pas sans danger. Quelque sûrs que puissent être les prêts hypothécaires ou les autres placements à long terme, ils ont l'inconvénient d'engager pour longtemps le capital, de restreindre, par conséquent, le nombre des affaires et d'exposer la banque à ne pouvoir pas répondre aux demandes de remboursement que lui feraient dans l'intervalle ses dépositaires.

Le placement des actions dans certains cas et les spéculations sur la hausse et la baisse sont plus dangereuses encore.

Quelque avantageux que soient les placements en escomptes, ils peuvent surprendre aussi la confiance du banquier; car il y a des gens qui émettent des lettres de change sans avoir de garantie réelle et qui, ne remboursant à l'échéance qu'avec de nouveaux effets qu'ils ont escomptés quelques jours auparavant, payent en réalité la banque avec son propre crédit. Une fois engagée dans de pareilles affaires, une banque, qui se croit souvent obligée de continuer à escompter les nouveaux effets pour ne pas perdre entièrement ceux qu'elle a déjà acceptés, finirait peut-être par composer en grande partie son portefeuille de valeurs fictives : c'est par ce chemin qu'on marche à la banqueroute. L'art du banquier escompteur consiste à se mettre en garde contre de tels entraînements et à proportionner toujours le chiffre des escomptes et le mode des crédits qu'il accorde à la quantité et à la durée des dépôts qu'il reçoit.

80. Le billet de banque. — Pour avoir le mécanisme complet des banques, il ne manque plus qu'un rouage : le **billet de banque**, dont l'émission, réglementée par la loi dans la plupart des pays, caractérise ce qu'on appelle la *banque d'émission.*

Quand un effet se présente à l'escompte dans une banque ordinaire, celle-ci donne en échange des espèces ou de la monnaie fiduciaire qui a cours dans le pays et qu'elle-même avait reçue auparavant comme de l'argent comptant. Quand un effet se présente à l'escompte dans une banque d'émission, celle-ci, en échange du billet du négociant, donne non du numéraire, mais ses propres billets, c'est-à-dire de la monnaie fiduciaire qu'elle émet elle-même sans frais. *Elle n'échange pas une promesse contre une valeur réelle, mais une promesse contre une autre promesse.* On ne peut plus dire précisément qu'elle fasse au porteur de l'effet une avance de capitaux; mais elle lui prête son crédit et se substitue en quelque sorte à lui, puisqu'elle lui donne le moyen d'obtenir crédit sur la place, non plus en son nom privé, mais au nom de la banque.

La différence est grande entre l'effet de commerce et le billet de banque; le public la connaît bien.

Le premier n'est remboursable qu'à une échéance plus ou moins lointaine; il n'est transmissible que par endossement; il est souscrit au nom d'une personne dont la plupart des gens auxquels on l'offrira n'ont jamais entendu parler et, bien que le porteur connaisse le dernier endosseur, dont la garantie lui suffit peut-être, il ne pourrait faire valoir son droit que par les formalités du protêt : aussi l'effet de commerce ne circule-t-il pas avec la même facilité que la monnaie.

Il en est tout autrement du billet de banque. Celui-ci est *à vue et au porteur*, bien que ces mots ne soient pas toujours inscrits dans le corps du billet. On peut donc à tout instant le présenter au remboursement et la banque est tenue d'en compter immédiatement la valeur en espèces. On peut se le transmettre librement, de la main à la main, sans signature et sans endos; quiconque en est porteur a, par ce fait seul, droit d'en demander le payement. Cette facilité même, qui rend presque impossible l'usage du billet au porteur émis par le commerce, a fait la fortune du billet au porteur émis par la banque. On refuse d'accepter le premier, parce que, dès la seconde ou troisième transmission, on ignore complètement la situation financière et la moralité de celui qui l'a signé. Mais tout le monde connaît la banque et on a confiance en elle; sa seule signature vaut mieux que celle de vingt endosseurs : on accepte volontiers son billet comme de la monnaie. Qui a payé avec un effet qu'il a endossé est exposé jusqu'à l'échéance à une réclamation et à un protêt; qui a payé avec un billet de banque est libéré. On peut voler, il est vrai, ce billet; mais ne peut-on pas voler les écus? Le billet de banque permet de compter très rapidement, de transporter sans embarras, dans un portefeuille, des sommes considérables; ces avantages suffisent pour que souvent on le préfère aux écus.

En principe, le billet de banque est un *effet de commerce émis par une banque et ayant la double qualité d'être payable à vue et au porteur*. Dans la pratique, il fait *fonction de monnaie* et remplace souvent les espèces métalliques. Il peut n'avoir pas ou avoir *cours légal;* dans le premier cas, chacun est libre de l'accepter ou de le refuser en payement; dans le second, c'est-à-dire lorsque la loi a autorisé les débiteurs à payer en billets de banque (remboursables à vue) aussi bien qu'en espèces — c'est le cas du billet de banque en France depuis 1878 —, il devient une véritable *monnaie fiduciaire.*

Le public gagne à l'usage du billet de banque, parce qu'il est une monnaie commode; la banque d'émission y gagne aussi; parce que, outre le bénéfice ordinaire de l'escompte, elle donne une monnaie qui ne lui coûte pour ainsi dire rien. Cependant le billet de banque ne doit pas se laisser aveugler par sa fortune; quelque large place qu'il occupe dans la circulation, il serait dangereux pour lui d'oublier qu'il n'est qu'une *promesse de payement.*

90. Les mouvements de l'encaisse du portefeuille et de la circulation fiduciaire. — Une banque d'émission doit-elle regarder la création de ses billets comme un fonds inépuisable et ouvrir sans réserve ses bureaux à l'escompte? Évidemment non. Elle ne le doit ni ne le peut. Comme les autres banques, elle dépend, bien que d'une manière différente, de son encaisse métallique.

Si une banque ordinaire a cinquante millions en espèces et si l'échéance moyenne des effets qu'on lui présente est de cinquante jours, elle ne doit pas escompter plus d'un million par jour.

Une banque d'émission peut escompter davantage, sans doute ; sa puissance a cependant aussi des limites. Si elle juge par expérience qu'elle ne puisse mettre dans la circulation cent cinquante millions de billets sans que le tiers revienne au remboursement, elle ne saurait, avec un encaisse de cinquante millions en espèces, escompter pour plus de trois millions par jour d'effets à cinquante jours de date, sans quoi elle serait obligée de manquer à sa signature. Une banque d'escompte peut arrêter ses opérations quand elle s'aperçoit qu'elle n'a plus d'argent en caisse ; une banque d'émission qui ne s'arrêterait qu'à un tel signe ferait banqueroute, parce qu'elle ne pourrait pas rembourser ses billets en circulation quand ils rentreraient. Là est l'écueil des banques de ce genre ; quand elles y échouent, l'ensemble de la circulation est profondément troublé.

On appelle circulation fiduciaire et, plus brièvement, *circulation* la somme des billets de banque qui sont dans la circulation, *encaisse* la somme des espèces monnayées et des lingots d'or et d'argent qui sont dans la caisse de la banque, *portefeuille* la somme des effets escomptés par la banque et, par conséquent, possédés par elle qui sont dans son portefeuille. Il semblerait qu'il doive y avoir toujours le même rapport entre ces trois termes, puisque les billets ne sortent que lorsqu'il entre un effet dans le portefeuille et que l'encaisse grossit principalement par le payement à l'échéance des effets du portefeuille et diminue par la rentrée des billets en circulation. Il n'en est rien pourtant.

1° Première supposition : la banque escompte journellement un million d'effets payables tous à trente jours de date. Elle a toujours ainsi dans son portefeuille une valeur de trente millions. Est-ce une raison pour que la circulation des billets reste fixée au même chiffre ? Non. Les trente premiers millions d'effets ont été escomptés avec des billets ; mais quand la banque, aux échéances, a été en toucher le montant, les débiteurs peuvent l'avoir remboursée en grande partie en numéraire, et, sur les trente millions de billets émis, il n'en est peut-être pas rentré plus de cinq. Au bout de trente autres jours, elle a donné trente autres millions de billets en échange des effets ; si les échéances n'en font encore cette fois rentrer que cinq, voilà la circulation portée à cinquante millions. Un mois après, toutes choses égales d'ailleurs, la somme des billets restés dans la circulation sera de soixante quinze millions, qui, avec les trente autres millions donnés pour l'escompte des nouveaux effets du mois courant, feront un total de cent cinq millions. Dans ce cas, ce n'est pas le portefeuille, c'est la caisse qui répond principalement de la circulation. En effet, si l'on n'a donné à chacune des trois échéances que cinq millions de billets, c'est qu'on a rendu en tout soixante-quinze millions en espèces qui, depuis ce temps, ne sont pas sortis de la caisse et qui, avec les trente millions d'effets du portefeuille, représentent bien la valeur totale des cent cinq millions de billets en circulation.

2° Le mouvement pourrait avoir une direction opposée. Prenons la banque au moment où sa circulation est de cent cinq millions, son portefeuille de trente, son encaisse de soixante-quinze , et faisons une seconde supposition. A l'échéance, tous les remboursements se font en billets : la circulation se trouve diminuée de trente millions, que la banque, il est vrai, remet dans le commerce par ses escomptes du mois suivant. Mais, aussitôt que chaque négociant a escompté son effet, il passe immédiatement au guichet voisin et il échange contre des espèces les billets qu'on vient de lui remettre : voilà une réduction de trente millions sur les billets en circulation et sur les espèces en caisse. A l'échéance, on rembourse encore la banque uniquement en billets qu'elle rend toujours au commerce le mois suivant; mais elle ne peut rendre que trente millions et elle en reçoit soixante. Chacun des effets qu'elle escompte et dont elle touche le montant fait donc rentrer une somme de billets égale au double de sa valeur : c'est l'encaisse qui fournit le supplément. Tous les trente jours, l'encaisse et la circulation diminuent de trente millions; au troisième mois, le portefeuille étant toujours resté à trente millions, l'encaisse n'est plus que de quinze millions et la circulation de quarante-cinq.

Si la banque avait l'imprudence de continuer ses opérations dans la même voie, elle aboutirait promptement à la banqueroute, c'est-à-dire à l'impossibilité de rembourser à vue ses billets, parce qu'elle ne posséderait que des valeurs à échéances échelonnées, tandis qu'on lui demanderait immédiatement de l'argent. Le danger d'une disproportion entre la circulation et l'encaisse est d'autant plus grand que, dès que le vide commence à se faire sentir, la panique s'empare des esprits et que, d'ordinaire, les porteurs se précipitent au remboursement.

3° Chaque pays n'a besoin que d'une certaine quantité de monnaie, proportionnée à l'importance de sa production et aux habitudes de son commerce. Si on lui en donne plus, la monnaie se déprécie ou s'exporte. Or, comme l'on ne peut pas exporter les billets de banque, on vient, quand ils sont en excès, les échanger contre des espèces. La banque doit étudier la situation de son pays et s'appliquer à rester dans la limite, certaine d'être ramenée en deçà si elle tentait de la dépasser.

Admettons que le chiffre de cent cinq millions soit celle limite extrême de la circulation et prenons le moment où la banque avait cette somme de billets en circulation, trente millions en portefeuille et soixante-quinze en caisse. Que fera-t-elle le mois suivant? Elle pourra escompter en espèces. Si elle s'en tient là, les trente millions de numéraire qu'elle aura déboursés rentreront dans sa caisse à la fin du mois, et la balance sera la même. C'est une troisième supposition.

4° En voici une quatrième. La banque veut augmenter ses bénéfices en ne laissant pas son argent inutile, et pour cela elle augmente ses affaires. Elle escompte par mois pour soixante, pour quatre-vingts millions d'effets; et, pendant que son portefeuille grossit, son encaisse diminue dans la même proportion. Cet argent qui sort s'exporte en partie et va solder les importations de l'étranger. La banque se trouve ainsi avoir une circulation de cent cinq millions, un portefeuille de quatre-vingts et un encaisse de vingt-cinq; l'équilibre existe encore; mais, dans ce cas, le portefeuille est devenu la principale garantie des billets. C'est sans contredit une bonne situation pour une banque, celle où elle rend le plus de services au commerce et où elle fait en même temps les plus gros bénéfices; mais elle doit s'arrêter assez tôt dans cette voie pour ne pas compromettre le remboursement de ses billets par l'épuisement de sa caisse.

Tels sont les principaux mouvements d'une banque d'émission, dégagés des complications qu'y introduisent les comptes courants, les dépôts d'espèces et de lingots, les avances de diverse nature. En règle générale, *quand l'encaisse et la circulation augmentent*, c'est que le public a *confiance; quand l'encaisse et la circulation diminuent à la fois*, c'est que *la confiance disparaît; quand le portefeuille grossit* et qu'il devient la principale garantie de la circulation, c'est que les *affaires commerciales* sont *actives*. Encaisse, circulation, portefeuille, trois termes qui sont étroitement liés les uns aux autres et que, dans un pays où, comme en France, il n'y a qu'une seule banque d'émission, on peut consulter comme un thermomètre du commerce.

91. Le papier-monnaie. — Une des deux conditions essentielles du billet de banque est le remboursement à vue en espèces métalliques; la conviction qu'a tout porteur de pouvoir, quand il lui plaît, convertir en monnaie réelle la promesse de la banque, donne à cette promesse une valeur morale qui lui permet de circuler au même titre que cette monnaie et concurremment avec elle en se maintenant toujours au pair. Cessez le remboursement, la conviction cesse, le régulateur ne fonctionne plus et le billet de banque n'est plus en quelque sorte qu'un effet non payé à l'échéance. Il peut, dans ce cas, avoir un prix très variable, mesuré à la probabilité du remboursement ou à l'acceptation plus ou moins facile par le public. Si le billet n'a pas cours forcé, il est plus ou moins délaissé. Si l'État donne à ce billet, non remboursable à vue, émis par une banque ou directement émis par lui, le *cours forcé* ou, en termes juridiques, le *cours légal* non accompagné de l'obligation de rembourser à vue, c'est-à-dire s'il ordonne que le billet de banque sera reçu en payement comme la monnaie métallique, le billet devient du **papier-monnaie.**

Entre le billet de banque et le papier-monnaie, la différence fondamentale consiste en ce que *l'un, ayant ou n'ayant pas cours légal, est toujours et immédiatement remboursable en espèces, et que l'autre, ayant cours légal, n'est pas immédiatement remboursable.* Les conséquences sont très différentes : l'un, s'il est contenu dans de justes limites, est sans danger et, par cela même qu'il circule, rend des services ; l'autre ne saurait circuler sans causer un certain préjudice à la nation qui s'en sert.

Voici pourquoi. Comme le remboursement à vue, qui est le régulateur de la circulation, ne fonctionne pas, il est difficile d'apprécier le moment où le billet est en excès et où il commence à avoir sur le marché une valeur d'échange inférieure à sa valeur nominale, autrement dit à avoir moins de valeur que la monnaie métallique. Or ce moment est d'ordinaire contemporain du moment où la première émission a lieu ; car les métaux pouvant toujours faire les achats que fait le papier-monnaie et, de plus, étant acceptés à l'intérieur même par les plus défiants (fonction que le papier-monnaie n'accomplit qu'imparfaitement) et acceptés à l'étranger par tous (fonction que le papier-monnaie n'accomplit pas), il est presque impossible qu'il y ait parité de valeur entre deux choses si disparates.

Les payements à l'étranger se feront donc en métaux précieux : premier point. Pour suffire à la circulation intérieure devenue insuffisante par cette exportation et par la dépréciation même du papier, il faudra peut-être faire de nouvelles émissions ; car il y a peu de chances d'importation de métaux précieux dans un pays qui ne peut pas même conserver les siens : second point. Les émissions successives augmenteront la dépréciation qui, à mesure qu'elle agrandira la différence de valeur entre le papier et le métal, poussera plus énergiquement celui-ci hors des frontières. *Le papier-monnaie chasse l'argent* et réduit la nation qui en use à avoir une circulation fondée principalement sur du papier-monnaie et sur des monnaies divisionnaires d'une valeur réelle inférieure à leur valeur nominale, c'est-à-dire à n'avoir pour dénominateur commun des valeurs que des signes et non des équivalents, par conséquent, à n'avoir pas la véritable monnaie.

Or, quand les signes ne représentent plus qu'un objet absent et que les mesures ne peuvent pas être sans cesse vérifiées sur la mesure-étalon, signes et mesures n'offrent plus rien de précis à l'esprit. La mesure se rapetisse en quelque sorte d'une manière continue sans qu'on puisse rien affirmer sur sa longueur à une époque postérieure. Le commerce intérieur est troublé, et, pour le commerce extérieur, les négociants du pays sont dans une situation désavantageuse vis-à-vis des négociants étrangers, parce qu'ils payent en métaux précieux qui leur coûtent plus et qu'on les paye en papier-monnaie qui coûte moins.

L'émission de papier-monnaie est une manière d'emprunt forcé qu'un État peut être obligé de faire dans un temps d'extrême détresse : la nécessité est alors son excuse. La perte résultant de l'introduction de ce papier-monnaie dans la circulation varie suivant le degré de crédit dont jouit l'État. Mais il y a toujours perte — sauf peut-être le cas du cours forcé de 1870 en France, — *perte directe par le change et par le commerce extérieur, perte indirecte par les embarras de la circulation à l'intérieur.* Un État qui contracte un emprunt pour rembourser son papier-monnaie fait en général une opération sage [1].

92. Le mode d'émission des billets de banque. — Les graves conséquences qu'entraîne pour la circulation et la richesse nationale le défaut de remboursement à vue des billets de banque est la principale raison de la surveillance exercée par la plupart des gouvernements sur les banques d'émission. Le billet de banque peut être soumis à quatre régimes différents, celui de la *liberté absolue d'émission,* celui de la *liberté réglementée d'émission,* celui de l'*émission privilégiée* et celui de l'*unité d'émission.*

La *liberté absolue d'émission* est conforme à la théorie des économistes qui ne voient dans le billet de banque qu'un effet de commerce analogue aux autres effets et qui ne se préoccupent pas d'y considérer l'instrument de circulation faisant fonction de monnaie. Dans cette théorie, l'émission du

1. Voir plus loin, § 119 et 120, les questions des emprunts et des rentes d'État.

billet de banque rentre dans la catégorie des actes ordinaires
du commerce et doit être libre, comme étant une des formes
de la liberté du travail. Cette théorie n'est appliquée dans
aucun des grands Etats qui ont une circulation et un commerce importants; elle l'est cependant au Mexique et dans
deux Etats des États-Unis, le Massachusetts et le Rhode-
Island.

La *liberté réglementée d'émission* est le système par lequel toute banque peut, à ses risques et périls, comme aux
risques et périls de ceux qui les acceptent, faire des billets à
vue et au porteur, aussi, bien que des effets de toute autre
espèce, moyennant certaines conditions générales déterminées par la loi, telles qu'une limite pour le maximum de
l'émission, une proportion réglementaire entre la circulation
et l'encaisse, un dépôt de titres représentatifs d'une partie
du capital.

L'*émission privilégiée* est un système par lequel le droit
d'émission n'est conféré qu'à un nombre restreint d'établissements de banque ayant le monopole de cette émission, dans
la limite d'une certaine somme ou d'une certaine circons-
cription, et devant se conformer à des règles d'émission pres-
crites par l'État : c'est ce qui a eu lieu en France de 1817
à 1848.

L'*unité d'émission* est le système suivant lequel l'Etat
émet lui-même par une banque publique les billets ou
donne à une banque unique, fonctionnant à peu près comme
un établissement privé, le privilège d'en émettre moyennant
certaines garanties stipulées dans la charte d'institution.

Dans les deux derniers systèmes, les banques ordinaires
peuvent emprunter, prêter, escompter, recevoir des dépôts,
entreprendre, comme toute maison de commerce, les opérations qui leur conviennent, moins une : l'émission du billet
à vue et au porteur. La liberté du commerce de banque et
la réglementation de l'émission sont deux choses distinctes
en principe et compatibles en pratique.

Théoriquement, la réglementation nous paraît être un droit
de l'État, parce que l'État, dans l'intérêt général, a la police
de la monnaie, qui est l'agent indispensable de la circulation

des valeurs, comme il a la police des routes, qui sont nécessaires à la circulation des marchandises. Pratiquement, chacun de ces systèmes peut se prévaloir de certains avantages particuliers. Réglementée ou non, *la liberté d'émission favorise la multiplicité des banques*, auxquelles elle offre l'appât du bénéfice résultant pour elles de la circulation de leurs billets, et la multiplicité des banques est à son tour favorable à la diffusion du crédit à travers les branches multiples de l'industrie et du commerce. *L'unité d'émission*, quand la banque d'émission étend au loin son action, *favorise la circulation de la monnaie fiduciaire*, parce que les billets se présentent partout les mêmes et sont connus partout comme jouissant d'une grande solidité; *elle est préférable sous ce rapport.*

93. La Banque de France. — La Banque de France est un établissement constitué d'après le système de l'unité d'émission. Puisqu'elle est le plus puissant organe de la circulation et du crédit en France, il est utile de savoir comment elle s'est constituée.

Dans le principe, au commencement de l'année 1800, elle a été fondée par des banquiers, avec l'assistance du premier Consul, mais sans aucun privilège légal : émettait alors qui voulait, sans surveillance du gouvernement, des billets à vue et au porteur. En 1803, à la suite d'une crise commerciale occasionnée par la reprise des hostilités avec l'Angleterre, le premier Consul fit porter une loi par laquelle il investissait la Banque de France du *privilège exclusif* d'émettre à Paris des billets à vue et au porteur. Lorsque recommença la guerre continentale qui allait conduire Napoléon à Austerlitz, une nouvelle crise éclata, et la Banque fut obligé de réduire à 500 000 fr. par jour le remboursement de ses billets. A la suite de ces événements, la loi de 1806 modifia l'organisation de la Banque, doubla son capital, étendit ses privilèges, mais introduisit au nombre de ses régents trois receveurs généraux et plaça à sa tête un gouverneur et deux sous-gouverneurs nommés par le chef de l'État. Napoléon voulait que la Banque donnât le crédit à la France entière et, pour cela, qu'elle établit des succursales;

la Banque y répugnait et, après les événements de 1814, elle s'empressa de fermer les deux comptoirs qu'elle avait été obligée d'ouvrir.

Sous la Restauration et durant les huit premières années du règne de Louis-Philippe, *neuf banques départementales* furent, par ordonnances royales, successivement créées avec privilége d'émission dans leur département, à Rouen, à Nantes, à Bordeaux, à Lyon, à Marseille, à Lille, au Havre, à Toulouse et à Orléans.

Cependant la Banque de France, ramenée par le développement des affaires commerciales au système qu'elle désapprouvait sous le premier Empire, avait fondé, depuis 1836, plusieurs *succursales*. La loi de 1840, qui prorogeait son privilège jusqu'en 1867, décida qu'à l'avenir les banques départementales ne pourraient être instituées que par une loi et que les succursales de la Banque de France le seraient par une simple ordonnance. Depuis ce temps, il n'y eut plus de nouvelles banques départementales et les succursales se multiplièrent.

A la suite de la révolution de février 1848, la panique fut si grande que les billets se présentèrent en masse au remboursement et que l'encaisse tomba en quelques jours de 140 à 59 millions. Le Gouvernement provisoire rendit un décret qui donnait cours légal aux billets sans que la banque fût tenue de les rembourser, c'est-à-dire *cours forcé*. Cet état de choses dura jusqu'en 1850. On limita (à 350 millions) le chiffre maximum des émissions. La Banque, sans rembourser à tout venant, eut soin d'échanger en monnaie les billets des industriels qui avaient à payer des salaires ou d'autres menues dépenses. Grâce à ces précautions, les billets se soutinrent sans discrédit.

Les banques départementales avaient obtenu aussi le privilège du cours forcé; mais ce cours, borné à un département, était sans valeur; pour échapper à la ruine, ces banques durent se fondre dans la Banque de France et devenir de simples succursales. La crise de 1848 a établi ainsi l'*unité d'émission*.

La loi de 1857 a consacré ce fait en prorogeant jusqu'en

1897 le privilège de la Banque et en portant son capital à 182 500 actions de 1000 francs. Elle l'a autorisée à élever au-dessus de 6 p. 000 le taux de son escompte et obligée à avoir au moins une succursale par département.

En 1870, au moment de la funeste guerre contre l'Allemagne, le *cours forcé* fut de nouveau décrété; il a duré jusqu'en janvier 1878; quoique l'émission fût beaucoup plus considérable qu'en 1850 (3071 millions en 1873), la perte que subirent les billets (moins de 5 p. 1000) fut moindre encore, parce que le crédit de la Banque de France était plus solidement établi.

La Banque avait, en 1891, 94 succursales dans les départements, plus 163 bureaux auxiliaires ou villes rattachées; elle a escompté à 3 p. 100 au commerce, sans compter les opérations qu'elle fait avec le Trésor, 10 018 millions de francs, et son portefeuille a renfermé 409 millions au minimum et 870 millions de francs au maximum en effets; elle a eu une circulation de 3335 millions à 3037 millions et une encaisse de 2983 à 2587 millions. L'excédent de sa circulation sur son encaisse n'est pas, comme on le voit, très considérable relativement à l'importance de ses affaires; à certaines époques même il est nul et les billets se substituent à la monnaie sans y rien ajouter : c'est la commodité qu'ils ont, jointe à la confiance qu'ils inspirent, qui les fait préférer.

Les principales opérations de la Banque de France sont l'escompte, le recouvrement des effets, les comptes courants, les avances sur dépôt de lingots ou d'effets publics, les avances au trésor public, la garde des titres et des métaux précieux. Les effets qu'elle escompte doivent être à *quatre-vingt-dix jours* d'échéance au plus et à *trois signatures* au moins. La troisième signature, qui peut être remplacée par un dépôt d'actions de la Banque ou d'effets publics, d'actions de chemins de fer, d'obligations de la ville de Paris ou de warrants, est un surcroît de précaution; car deux signatures, comme nous l'avons dit, suffisent pour constituer une opération réelle. Mais le comité d'escompte ne connaît pas la solvabilité des innombrables signataires des effets qu'elle reçoit; il connaît surtout les banquiers qui, faisant les affaires des commerçants, leur escomptent leurs effets à deux signatures, et qui, après y avoir apposé leur propre signature, les réescomptent à la Banque afin de dégager leur capital. La Banque de France ne sert pas d'intérêt aux fonds qui lui sont confiés en compte courant.

RÉSUMÉ

Le crédit consiste dans l'échange d'une réalité actuelle contre une probabilité future. C'est une *avance de services.*

Le crédit est par lui-même un déplacement et non une création de capitaux.

Le crédit, avance de services faite sous forme de travail actuel ou de produits antérieurement créés, est déterminé par la *confiance*. Il produit une *circulation plus rapide*, et, par suite, il contribue à *l'augmentation de la richesse.*

On distingue le crédit simple, qui est personnel, le prêt sur gage et le prêt hypothécaire, qui sont des crédits réels, le crédit commercial, qui est mixte.

Les principaux effets de commerce sont le billet simple, le billet au porteur, le billet à ordre, la lettre de change, le mandat.

Donner de l'argent contre un billet, c'est prêter de l'argent jusqu'à l'échéance; ce prêt, comme tout autre, doit produire un intérêt : c'est l'escompte.

Un banquier est un marchand de capital et de crédit. — L'office d'une banque est, d'une part, de recevoir et de rassembler les capitaux de ceux qui veulent prêter, d'autre part, de dispenser les capitaux à ceux qui veulent emprunter.

Les principales opérations d'une banque sont les dépôts, les comptes courants, l'encaissement des effets de commerce, l'escompte des effets de commerce, les opérations de change et d'arbitrage, les avances au commerce, les placements à long terme, les émissions d'actions, les prêts hypothécaires. — Les banques pratiquent les unes et les autres opérations suivant qu'elles sont banques de dépôt, d'escompte ou de spéculation.

Le billet de banque, qui caractérise les banques d'émission, est un effet émis par la banque, payable à vue et au porteur, faisant fonction de monnaie.

Dans une banque d'émission, les mouvements du portefeuille, de l'encaisse et de la circulation sont dépendants les uns des autres. — Augmentation simultanée de l'encaisse et de la circulation signifie confiance; diminution simultanée de l'encaisse et de la circulation signifie défaut de confiance; augmentation du portefeuille signifie affaires actives.

La différence entre le billet de banque et le papier-monnaie est que l'un est remboursable à vue et en espèces et que l'autre, ayant cours légal, n'est pas immédiatement remboursable. — L'émission du papier-monnaie est une manière d'emprunt forcé qui, sauf de rares exceptions, est préjudiciable au commerce extérieur et à la circulation intérieure d'un Etat.

L'émission des billets de banque peut être réglée de diverses manières : liberté absolue, liberté réglementée, émission privilégiée, unité d'émission. — La liberté d'émission favorise la multiplicité des banques; l'unité d'émission favorise la circulation de la monnaie fiduciaire et est préférable sous ce rapport.

La banque de France a été créée en 1800; le système de l'unité d'émission date de 1848.

IV

LE COMMERCE

94. Le commerce. — Le **commerce** consiste dans la **vente et l'achat**, c'est-à-dire dans l'*échange d'une marchandise contre une autre marchandise et surtout contre la monnaie.*

La division du travail a pour effet de faire de la société une grande association de coopérateurs dont chaque membre produit seulement certains objets, propres à satisfaire les besoins de beaucoup d'autres membres, et reçoit de beaucoup d'autres à son tour les objets utiles à sa consommation personnelle. Plus cette division est poussée loin, plus nécessairement le commerce est actif. En réalité, tout individu, à moins d'être nourri par sa famille ou de vivre d'aumônes, fait des actes de commerce, puisqu'il fait des échanges. Le rentier lui-même n'échappe pas à cette loi; chaque jour, il échange l'argent provenant de son revenu contre les marchandises diverses que ses fournisseurs lui livrent; le propriétaire foncier qui vit de ses rentes fait même un double échange, celui de la jouissance de son immeuble contre un revenu en argent et celui de son revenu contre les choses qu'il consomme. Mais, dans le langage ordinaire, on réserve le nom de *commerçants* à ceux qui *font spécialement profession de vendre et d'acheter.*

Bien qu'*ils ne créent pas un produit*, néanmoins les **commerçants sont des producteurs** à leur manière. En effet, produire, c'est créer une utilité, c'est rendre un service. Or ne rendent-ils pas un service, ne créent-ils pas une incontestable utilité lorsqu'ils mettent un produit désiré à la disposition du consommateur qui, sans eux, en serait privé? Un Parisien a besoin de café; comment se le procurerait-il si le commerce ne l'avait apporté à Paris? Comment un citadin pourrait-il être assuré de se procurer du blé à une époque de l'année éloignée de la moisson si des commerçants ne l'avaient acheté aux cultivateurs qui avaient besoin d'argent et ne l'avaient conservé? **Transporter, conserver, échanger** les produits, voilà les trois genres de services que rend le commerce et qu'on réunit en un seul terme, en disant que *le commerce a pour objet de transporter les produits, souvent d'un lieu dans un autre ou d'un temps dans un autre, toujours d'un propriétaire à un autre.*

Il faut ajouter que le transfert d'un propriétaire à un autre, c'est-à-dire *l'échange, est seul essentiel,* que l'on peut faire et que les négociants font continuellement sur le marché acte de commerce, se vendant les uns aux autres, sans qu'il y ait transport ni garde de la marchandise, tandis que le transport et la garde seuls ne suffisent pas à constituer un acte de commerce.

On peut ajouter aussi que *le commerce est un des modes du travail* qui, comme tout travail utile, *ajoute de la valeur aux produits.* Nous pouvons revenir encore sur ce point par quelques exemples.

Un fermier avait fait préparer des peaux de bœufs dans les pampas de l'Amérique du Sud; mais ces peaux n'avaient qu'une minime valeur, n'ayant qu'une utilité fort restreinte dans le pays de production. Survient un commerçant qui les achète et les transporte au Havre, où il les vend peut-être deux fois plus cher qu'il ne les a payées. Ce supplément de valeur représente, d'une part, les frais de production, transport, manutention, emmagasinage des peaux, d'autre part, le profit dû à l'habileté plus ou moins grande du commerçant dans cette triple opération d'achat, de garde et de vente. Le premier commerçant avait spéculé sur les peaux et négligé les cornes et sabots; un autre vient, les achète, et, les transportant à Paris, communique une valeur à une marchandise qui gisait presque abandonnée. La chair des animaux, abattus en très grande quantité en vue de faire du cuir, pourrissait ; un chimiste trouve le moyen d'en conserver les éléments nutritifs et le commerce leur donne une valeur en apportant ces conserves sur les marchés européens.

La vendange est excellente ; le vin est abondant et sera de bonne qualité. Un commerçant en achète une grande quantité à un prix fort modéré. Il le garde et, cinq ans après, à la suite d'une mauvaise récolte, il le vend trois fois plus cher qu'il ne l'a payé. Que représente cette plus-value? Plusieurs choses : en premier lieu, l'*intérêt* pendant cinq ans de l'argent employé à l'achat ; en second lieu, le *loyer* de la cave dans laquelle il a été conservé ; en troisième lieu, les *frais de manutention*, transport du lieu de production au domicile du commerçant, soutirage, surveillance, etc. ; en quatrième lieu, le *déchet*, c'est-à-dire une indemnité pour le vin qui s'est évaporé, qui s'est écoulé par les fentes des tonneaux ou qui a aigri ; enfin, le *profit* de l'opération, si elle a été bien conduite. Qui paye cette plus-value? Le public consommateur, qui achète plus cher une utilité plus grande ; il y a cinq ans, il avait trop de vin pour vouloir donner 120 francs d'une pièce de la récolte nouvelle ; aujourd'hui, il recherche à 360 francs un vin fait.

Prenons un dernier exemple où il n'y ait ni transport d'un lieu éloigné, ni transport dans un temps lointain. Un Parisien va à la halle et y trouve des marchandes qui lui vendent l'une un homard, une autre un poulet, une troisième des haricots ; elles ont acheté ces marchandises le matin même, et elles les lui revendent dans l'après-midi en prélevant chacune un certain bénéfice. Ce bénéfice n'est-il pas le prix d'un service? Pour n'avoir pas à le payer, le Parisien aurait dû se lever avant quatre heures du matin, assister à la criée à la fois au marché au poisson, au marché à la volaille, au marché aux légumes, ce qui était peut-être impossible, et il aurait été, après avoir perdu beaucoup de temps, obligé d'acheter de gros lots de provisions (car on n'a pas le temps de vendre au détail à cette heure) dont il n'aurait pas eu l'emploi.

95. Le commerce intérieur et le commerce extérieur. — Le commerce est l'échange des produits ; il procède de la division du travail et il favorise le progrès de cette division.

On peut imaginer un état primordial de l'industrie dans lequel la division du travail n'existerait pas et où cependant l'échange ne serait pas absolument inconnu.

Exemple. — Deux sauvages vivent de chasse; mais l'un a épuisé sa provision de gibier; il en achète à son voisin, auquel il donne en échange une de ses flèches ou auquel il promet de rendre du gibier à la chasse prochaine.

On peut constater qu'un certain commerce lointain existe sous forme de troc, même dans les contrées les plus barbares. Lorsque nos premiers aïeux ont commencé à faire usage du bronze, bien longtemps avant que les Romains pénétrassent en Gaule, ce bronze leur venait par le commerce de quelque pays éloigné, peut-être de la Phénicie ou de la Grèce. Aujourd'hui encore, c'est par suite d'un trafic du même genre que les habitants de l'Afrique centrale possèdent des armes à feu.

Néanmoins, en règle générale, on peut dire que *le commerce, fondé sur la division du travail et sur la diversité des productions, tend à s'accroître en quantité sur place et à s'étendre davantage au loin, à mesure qu'un peuple est plus riche.* La masse principale des échanges journaliers se fait dans le principe à l'intérieur de petits groupes isolés, ne communiquant entre eux que par des relations très limitées; puis le groupe s'agrandit et plusieurs groupes communiquent ou se fondent ensemble par suite d'une plus grande sécurité du trafic et de quelques facilités de communication; des rapports suivis de commerce s'établissent peu à peu entre toutes les parties d'un même pays qui ont quelque chose à vendre et à acheter.

On peut ainsi distinguer théoriquement *trois époques successives de civilisation commerciale :*

La première, purement agricole, dans laquelle chacun vit à peu près complètement des produits de sa chasse ou de sa terre et où *la division du travail existe à peine à l'état rudimentaire et accidentel;*

La seconde dans laquelle les métiers de la localité s'organisent, l'un faisant des chaussures, un autre des maisons, etc., mais où, les relations ordinaires étant bornées au canton, *la division du travail est purement individuelle;*

La troisième où, les provinces et les Etats communiquant ensemble, chaque région apporte sur les marchés qui lui sont ouverts les choses qu'elle produit le mieux ou le plus économiquement, telle des denrées alimentaires, telle des matières premières, telle des produits manufacturés, de même qu'à l'époque précédente chacun faisait dans la localité prise pour exemple ce qu'il était le plus apte à faire. Alors apparaît la *division territoriale du travail.*

Où s'arrête cette extension des rapports commerciaux? Logiquement, elle n'a pas d'autres limites que celle du globe terrestre. Partout où existe une richesse naturelle ou créée par l'industrie humaine, il est utile qu'elle puisse être transportée en tout lieu où elle peut trouver des acquéreurs, c'est-à-dire occasionner un échange de services entre deux hommes. Toutefois la politique et l'économie politique s'accordent pour établir une différence entre les *échanges qui ont lieu dans l'intérieur d'un même Etat,* soit sous forme de troc, soit sous forme de vente, d'artisan à consommateur ou de négociant à négociant, dans la même ville ou de province à province, en gros ou en détail, et qu'on désigne sous le nom de **commerce intérieur,** et les *échanges qui ont lieu d'un Etat à un autre* soit entre étrangers, soit même entre concitoyens, en gros ou en détail, et qu'on désigne sous le nom de **commerce extérieur.**

Dans tous les temps et dans tous les pays, le commerce intérieur, quoique souvent plus modeste en apparence, est beaucoup plus important que le commerce extérieur par la somme totale des échanges auxquels il donne lieu. Aujourd'hui, dans la plupart des Etats civilisés, *le commerce intérieur est libre* et on sait en accepter sans murmure les conséquences, qui sont des bienfaits : on ne songe pas à se plaindre sérieusement à Rouen que l'introduction des vins du Bordelais fasse une concurrence dommageable au cidre de la vallée d'Auge, ni dans la forêt d'Orléans que l'introduction des houilles d'Anzin à Paris diminue le nombre des consommateurs de bois.

96. Les importations et les exportations. — Le *commerce extérieur*, qui par essence ne diffère pas du commerce intérieur, est presque partout *soumis à la réglementation des lois*. Il consiste, comme tout échange, en un double mouvement : celui de la chose vendue et celui de la chose achetée. Ce qu'une nation transporte hors de ses frontières comme marchandise qu'elle a vendue ou qu'elle a l'intention de vendre à des nations étrangères s'appelle **exportation**. Ce qu'une nation fait entrer ou laisse entrer sur son territoire comme marchandise achetée par elle ou seulement apportée sur son marché par des étrangers s'appelle **importation**. Pour une nation, importation signifie donc dans la plupart des cas achat et exportation vente.

En principe, il semble qu'une nation se comporte dans l'échange exactement comme un particulier. Échangeant valeurs contre valeurs, *elle exporte l'équivalent de ce qu'elle importe*. Il n'y a guère qu'un cas, assez rare d'ailleurs, qui puisse légèrement altérer l'équivalence : c'est celui où une marchandise qui est sortie d'un pays pour se rendre dans un autre périt en route par naufrage ou autrement.

En réalité, une nation agit autrement que des particuliers.

Les commerçants achètent presque toujours avec de la monnaie ou avec des signes représentatifs de la monnaie et, quand ils vendent, ils reçoivent à leur tour de la monnaie ou des signes représentatifs de la monnaie; c'est dans leur caisse que la balance se fait et qu'ils voient, au bout de l'année, si, de leurs échanges multiples, il reste un profit.

Bien que le commerce d'une nation ne se compose que de la somme des échanges des particuliers, le procédé général n'est pas le même. La monnaie qui a servi de mesure à chaque échange est dans le fait reléguée à l'arrière-plan et sert rarement au payement effectif. Presque tous les débiteurs d'une nation font ce payement avec des traites qui sont tirées sur des débiteurs de l'autre nation, et il s'établit ainsi une compensation générale. Cette compensation ne se fait pas nécessairement dans le laps d'une année. Elle ne se fait pas non plus nécessairement entre les deux nations contractantes; les créances et les dettes de plusieurs nations tierces peuvent y contribuer grâce à l'intermédiaire des banquiers. Elle ne se fait pas nécessairement toute en valeurs de marchandises vendues ; les titres de valeurs mobilières, les achats de propriétés foncières, les dépenses des voyageurs à l'étranger peuvent fournir un appoint notable.

Une double erreur, qui a eu longtemps cours en matière de commerce extérieur et qui n'est pas entièrement dissipée, consiste à croire qu'une nation ne s'enrichit que par ce qu'elle vend aux étrangers et qu'elle s'appauvrit par ce qu'elle leur achète ; que, par conséquent :

1° Il est bon que la somme des exportations soit aussi forte que possible et la somme des importations la plus réduite possible ;

2° La différence constatée se paye, dans tous les cas, en métaux précieux et constitue le bénéfice net ou la perte sèche d'une nation. Cette différence est appelée *balance du commerce*. On disait que la balance était *favorable* quand les exportations étaient en excès, qu'elle était *défavorable* quand le chiffre des importations était supérieur, comme on dit change favorable ou défavorable ; l'état du change est d'ailleurs le plus souvent un résultat du mouvement commercial.

Cette doctrine, qui a exercé une influence fâcheuse sur la réglementation douanière, suppose : 1° que l'on peut exporter sans importer, vendre sans acheter : ce qui est faux ; 2° que les métaux précieux sont la seule richesse désirable : ce qui est faux ; 3° que les chiffres d'importation et d'exportation représentent exactement la valeur du mouvement commercial, et qu'il faut solder le compte annuel avec une somme d'or et d'argent précisément égale au reste de la soustraction : ce qui est faux.

Bastiat a spirituellement critiqué, par l'exemple suivant (le cas de naufrage d'ailleurs, nous avons dit, influe peu sur les résultats généraux), la prétention de calculer le gain ou la perte d'une nation d'après le système de la balance du commerce.

« Permettez-moi d'apprécier le mérite de la règle selon laquelle les partisans de la balance calculent les profits et les pertes. Je le ferai en racontant deux opérations commerciales que j'ai eu l'occasion de faire. J'étais à Bordeaux. J'avais une pièce de vin qui valait 50 francs; je l'envoyai à Liverpool, et la douane constata sur ses registres une exportation de 50 francs. Arrivé à Liverpool, le vin se vendit 70 francs. Mon correspondant convertit les 70 francs en houille, laquelle se trouva valoir, sur la place de Bordeaux, 90 francs. La douane se hâta d'enregistrer une importation de 90 francs. Balance du commerce en excédent de l'exportation, 40 francs. Ces 40 francs, j'ai toujours cru, sur la foi de mes livres, que je les avais gagnés. M. M..... m'apprend que je les ai perdus et que la France les a perdus en ma personne. Ma seconde opération eut une issue bien différente. J'avais fait venir du Périgord des truffes qui me coûtaient 100 francs. Elles étaient destinées à deux célèbres ministériels anglais qui devaient me les payer à un très haut prix que je me proposais de convertir en livres. Hélas! j'aurais mieux fait de les dévorer moi-même (je parle des truffes, non des livres ni des tories). Tout n'eût pas été perdu comme il arriva, car le navire qui les emportait périt à la sortie du port. La douane, qui avait constaté à cette occasion une sortie de 100 francs, n'a jamais eu aucune rentrée à inscrire en regard. Donc, dira M. M.∴, la France a gagné 100 francs, car c'est bien de cette somme que, grâce au naufrage, l'exportation surpasse l'importation. Si l'affaire eût autrement tourné, s'il m'était arrivé pour 200 ou 300 francs de livres, c'est alors que la balance du commerce eût été défavorable et que la France eût été en perte! »

97. Les douanes, la protection et le libre-échange. — Pour constater le mouvement du commerce extérieur, pour percevoir des droits sur les marchandises qui entrent et qui sortent ou pour les empêcher d'entrer et de sortir, les gouvernements ont établi les **douanes** sur la frontière de l'État. Les *droits de douane* comprennent des taxes à l'exportation et des taxes à l'importation.

Les taxes à l'exportation sont rares, parce que les gouvernements considèrent en général comme d'une bonne politique de faciliter le placement des produits nationaux à l'étranger. En cela, ils ont raison. Une des exceptions à cette règle est le cas où un pays jouit à peu près du monopole d'un produit agricole ou minéral et prélève, sous forme de droits d'exportation, un impôt que supporte en grande partie l'acheteur étranger.

Les *taxes à l'importation* sont nombreuses et figurent comme une des sources importantes du revenu dans presque tous les États civilisés. Elles sont déterminées d'après les systèmes douaniers différents : le *système restrictif*, qui comprend le régime prohibitionniste et le régime protecteur avec plusieurs variétés d'application ; le *système libéral*, qui dérive de la théorie du libre échange, et le régime purement fiscal.

Le *système restrictif* frappe de prohibition ou de fortes taxes les produits de certaines industries étrangères, moins en vue de procurer un gros revenu au Trésor public que d'empêcher ou de gêner l'importation et la vente de ces produits. Il déclare avoir pour but la *protection de l'industrie nationale :* c'est pourquoi on le désigne sous le nom de *système protecteur*. Le *système mercantile*, qui consiste à régler les douanes en vue d'exporter beaucoup de marchandises et d'en importer peu et de recevoir le complément ou balance en métaux précieux, est une variété du système protecteur ; la *prohibition* ou *système prohibitif* est le système protecteur poussé à ses conséquences extrêmes ; le *système compensateur*, qui prétend compenser par une taxe douanière la charge des impôts supportés par le producteur national, en est une forme atténuée.

La protection douanière est fondée sur le raisonnement suivant. Il est bon qu'une nation riche exerce toutes les grandes industries agricoles ou manufacturières que son sol comporte ou dont elle peut se procurer la matière première et il est bon que son gouvernement, protecteur des intérêts nationaux, favorise le développement de ces industries. Si une nation étrangère produit une certaine denrée ou fabrique une certaine marchandise à meilleur marché qu'elle, il faut que le gouvernement mette sur cette marchandise un droit assez élevé pour que le produit étranger revienne plus cher que le produit indigène et que l'avantage reste à ce dernier sur le marché national ; par là, se trouve écartée une concurrence qui, suivant l'opinion des protectionnistes, ruinerait la production nationale. On espère aussi que cette production pourra se soutenir et même se développer grâce à la protection douanière qui lui confère une sorte de monopole national. On fait valoir en faveur de ce système plusieurs considérations : doter le pays d'industries nécessaires ou lucratives que la concurrence étrangère étoufferait dans leur germe; assurer aux agriculteurs et aux propriétaires un certain revenu, à la population ouvrière du travail et du bien-être; se rendre indépendant de l'étranger en se dispensant de lui acheter des produits dont on suppose qu'il eût acquis le monopole après avoir ruiné l'industrie nationale.

Sans doute, le gouvernement a le devoir de favoriser le développement des forces productives de la nation : il le fait, par exemple, en entretenant des écoles. On ne peut lui dénier en principe le droit de donner certains encouragements à l'industrie : il exerce ce droit, par exemple, lorsqu'il décerne des prix dans des concours. Mais la protection douanière est-elle un bon mode d'encouragement? Voici ses inconvénients.

1° Elle impose un sacrifice dont il est presque impossible de mesurer l'étendue. En effet, si le législateur met un droit de 30 francs sur un produit dont le prix courant sur le marché national est d'environ 130 francs, c'est qu'il estime que les producteurs étrangers pourraient le livrer à 100 francs, tandis que les producteurs nationaux ne peuvent pas le fabriquer à moins de 130, et qu'il juge utile de faire payer aux consommateurs ce supplément de 30 francs.

Or, à combien se monte le sacrifice imposé à la consommation par cette augmentation de prix? A peu de chose peut-être, si l'industrie reste languissante; mais si elle prospère — et c'est le résultat qu'on espère atteindre, — le sacrifice, autrement l'impôt établi sur la consommation au profit de certains manufacturiers, se multipliant par le nombre des unités du produit vendues, peut s'élever à une somme considérable : c'est l'inconnu. Si le gouvernement avait, au lieu de promulguer un tarif protecteur, assuré une prime fixe à chaque produit sorti des fabriques nationales, comme on l'a fait parfois, notamment pour la marine, il aurait peut-être pris une mesure regrettable, mais il aurait du moins connu l'étendue du sacrifice qu'il exigeait de la nation.

2° Quand le gouvernement promulgue un tarif protecteur, il pense l'établir seulement pour la période de temps nécessaire à la consolidation de l'industrie protégée. C'est un moyen d'éducation; les parties intéressées n'oseraient peut-être pas le réclamer si elles laissaient croire que cette industrie dût rester toujours impuissante et que le sacrifice serait perpétuel. Cependant l'histoire ne présente guère d'exemple d'une industrie venant spontanément déclarer au gouvernement qu'elle est devenue adulte et qu'elle peut se passer désormais des faveurs de la douané. Il y a pour cela de bonnes raisons.

Jamais un industriel, si sa manufacture prospère, n'estime faire trop de bénéfices. Première raison.

Tant qu'une industrie donne des profits, il y a des capitaux et des entrepreneurs qui cherchent à en vivre et, suivant la situation et l'habileté de chacun, il s'établit une échelle très variée de profits, depuis les patrons qui font fortune jusqu'à ceux qui végètent péniblement; or, pour ces derniers, le moindre abaissement des tarifs, quelque élevés qu'ils soient, est probablement et restera à toute époque une cause de ruine. Seconde raison.

Les manufacturiers qui réalisent des bénéfices ne sont pas disposés à faire de grosses dépenses pour perfectionner leur matériel d'exploitation et à abaisser leur prix en diminuant, à force de capitaux et de peines, leur coût de production tant que la concurrence ne les y contraint pas, et, comme la douane a écarté la concurrence, ils risquent de demeurer toujours inférieurs aux étrangers. Troisième raison pour qu'ils s'opposent à un abaissement de la barrière des douanes.

3° Quand, malgré ces obstacles, un gouvernement, désireux de satisfaire d'autres intérêts que ceux des manufacturiers privilégiés, abaisse les droits de douane, l'industrie nationale exposée à la concurrence étrangère n'est pas nécessairement étouffée. Elle risque de souffrir d'abord et de voir les établissements mal constitués succomber; mais ceux qui étaient dans de bonnes conditions économiques résistent en se transformant, et l'industrie y trouve quelquefois un stimulant qui l'excite à grandir. C'est, par exemple, ce qui est arrivé en France à l'époque du *traité de commerce* de 1860 et de la suppression du régime protecteur. On avait beau prédire dix ans auparavant que l'industrie française « serait brisée comme du verre », aucune de nos grandes industries n'a disparu alors et plusieurs de celles qui semblaient les plus menacées, comme le fer et la laine, ont, à travers les luttes de la concurrence, pris un plus large développement.

Au contraire, depuis que le tarif douanier a été revisé en 1881 dans un sens moins libéral, plusieurs industries ont souffert d'une longue crise. En 1891, un tarif protecteur a été voté et a changé les conditions qu'avait faites à l'industrie le régime des *tarifs conventionnels*, c'est-à-dire résultant de traités conclus avec divers États depuis 1860.

4° Si la production portait également sur tous les produits de l'importation, elle produirait un renchérissement général et peut-être un isolement, si l'ensemble des droits était prohibitif. Dans ce cas, les intérêts économiques de la nation souffriraient de la restriction du commerce extérieur.

En réalité, la protection est un privilège qui porte sur un petit nombre d'industries; ces industries ne sont pas ordinairement au nombre des plus modestes d'un pays, mais, au contraire, au nombre des plus puissamment organisées, parce que ce sont celles qui ont le plus d'influence pour obtenir du gouvernement des tarifs protecteurs. L'inégalité qui résulte de cette protection entre les différentes catégories de producteurs est d'autant plus choquante.

5° Il en résulte que, si les tarifs protecteurs assuraient du travail, ce ne serait qu'à une fraction de la population ouvrière. Or, comme la moyenne des salaires dans les industries très protégées n'est pas supérieure à la moyenne dans les industries non privilégiées, on doit en conclure que ces tarifs n'exercent pas l'influence qu'on leur suppose sur le bien-être des salariés.

6° Pour rendre un pays indépendant de l'étranger sous le rapport de certaines industries, celle des tissus de coton, par exemple, il ne suffirait pas d'empêcher l'introduction de quelques produits comme les fils pour dentelle et les calicots;

il faudrait pouvoir se procurer la matière première, le coton, sans avoir besoin de l'acheter à l'étranger : ce qui est impossible aux États européens. La vérité est, en premier lieu, que l'industrie et le commerce modernes ne permettent pas aux nations de se passer les unes des autres; en second lieu, qu'une nation ne dépend pas d'une autre parce que les fabricants de l'une et de l'autre rivalisent d'efforts pour se concilier une partie de la clientèle.

7° Si la protection s'applique à des denrées agricoles de première nécessité, comme le blé et la viande, elle renchérit la vie, surtout celle des classes pauvres, et place dans une situation désavantageuse relativement à la concurrence étrangère l'industrie nationale, qui, par suite de ce renchérissement, est obligée de payer ses ouvriers plus cher. Quoique la surcharge puisse paraître insignifiante au début, elle peut s'aggraver indéfiniment. La barrière des douanes, empêchant le niveau des prix de s'établir des deux côtés de la frontière, ne permet pas de mesurer la différence que peuvent faire le bon marché progressant avec l'abondance d'un côté et la cherté maintenue de l'autre. Il peut arriver ainsi que la nation protégée, qui s'est mise pour ainsi dire en dehors du mouvement économique du monde, se trouve un jour bien en arrière des autres nations civilisées.

Les lois qui ont pour but d'altérer l'équilibre naturel des prix sont toujours dangereuses. Si la politique peut justifier par exception certaines mesures de protection douanière pour une durée strictement limitée, *le système protecteur est, en règle générale, un mauvais mode d'encouragement à la production nationale;* il crée des inégalités, il oppose des obstacles au progrès, il fait payer à la masse des consommateurs un impôt au profit de certains producteurs, et il ne répond pas à la promesse qu'il fait d'enrichir le pays.

Le système libéral se préoccupe moins de l'intérêt de telle catégorie de producteurs que de l'intérêt général et surtout de l'intérêt des consommateurs; il se propose pour but de faciliter le commerce extérieur et d'assurer au marché national le plus large approvisionnement au moindre prix possible.

Là théorie du *libre échange* est fondée sur les principes de l'économie politique. Elle raisonne de la manière suivante :

Commercer, c'est travailler; donc tous les droits de la liberté du travail s'appliquent au commerce extérieur et intérieur aussi bien qu'à l'industrie;

Acheter où l'on veut est aussi une des formes de la liberté;

Comme, de nation à nation, le commerce extérieur consiste principalement dans l'échange de produits contre des produits et que, pour acheter un objet d'importation, il faut presque toujours avoir produit un objet d'exportation, une nation ne saurait être, suivant une expression quelquefois employée, « inondée » de produits étrangers qu'à peu près dans la mesure où elle « inonde » elle-même l'étranger de ses produits.

L'importation introduit soit des marchandises que la nation ne produit pas, soit des marchandises qu'elle produit moins bien ou plus chèrement. Dans le premier cas, elle ne peut avoir pour résultat qu'un avantage pour tous ; dans le second, elle stimule les nationaux à produire mieux et devient à la fois une cause de bon marché pour la consommation et de progrès pour la manufacture.

Ce raisonnement peut se traduire par les deux propositions suivantes, dont l'une contient les principes et l'autre les conséquences :

La **liberté commerciale,** *qui, au point de vue des droits du producteur, est synonyme de* **liberté du travail,** *est, au point de vue des résultats généraux de l'échange, synonyme d'***extension du marché** *et, au point de vue industriel, un stimulant pour une* **production à bon marché;**

Sous le régime protecteur, on paye certaines marchandises, plus qu'elles ne valent; sous le régime libéral, **on paye les marchandises ce qu'elles valent.**

En vertu de ces principes et de leurs conséquences, le *libre échange absolu* réclame la suppression entière des droits d'importation et d'exportation dans tous les pays.

Le *régime fiscal,* moins exigeant, pense que l'impôt de consommation est légitime et qu'on peut prélever cet impôt sur des marchandises importées; il admet la légitimité des droits de douane comme un moyen de procurer une ressource au Trésor public, mais non comme un moyen d'arrêter au passage les marchandises étrangères. Aussi n'impose-t-il que des droits modérés, avec le dessein de gêner le moins possible le commerce extérieur et dans l'espérance que la modération même du droit, contribuant à augmenter le nombre des échanges, accroîtra le revenu public.

Le régime douanier est une des questions-économiques le plus discutées dans les assemblées politiques et qui ont le plus soulevé les passions, parce que les mots de protection et de libre échange couvrent de très graves intérêts, privés ou publics. Le *régime fiscal*, qui est de notre temps *le plus conforme aux intérêts généraux des grandes nations manufacturières et commerçantes*, est loin d'avoir converti tous les esprits. Au contraire, bien que l'économie politique démontre l'utilité et l'équité du régime libéral, les intérêts privés résistent, et souvent triomphent, soutenus par des considérations empruntées à la politique proprement dite.

98. Le commerce général, le commerce spécial et le transit, entrepôts et ventes publiques. — Une marchandise peut passer et repasser la frontière sans avoir été l'objet d'un échange dans le pays : elle est venue chercher un acheteur qu'elle n'a pas trouvé ou elle n'a fait que traverser le territoire pour gagner un autre État; il ne serait pas juste de lui faire payer le droit de douane. C'est pourquoi, dans beaucoup de pays, l'administration douanière distingue le commerce extérieur en deux catégories : **commerce général**, *comprenant toutes les marchandises qui entrent dans un pays et qui en sortent*, à quelque titre que ce soit et quel que soit le propriétaire, et **commerce spécial**, *comprenant seulement, à l'importation, les marchandises étrangères qui entrent dans la consommation nationale et, à l'exportation, les marchandises nationales ou nationalisées qui sont expédiées à l'étranger.*

Les marchandises étrangères qui cherchent un acheteur et qui ne veulent pas acquitter le droit avant de l'avoir trouvé demeurent, après leur entrée, dans certains lieux spéciaux dits **entrepôts**, lesquels sont *considérés comme des territoires neutres.* Elles peuvent y rester un temps quelconque et en sortir librement, sans taxe, pour être réexpédiées dans un pays étranger; dans ce cas, elles figurent seulement à l'exportation et à l'importation du commerce général. Mais, si elles sont consommées dans l'entrepôt ou si elles en sortent pour être vendues sur le territoire national, elles acquittent le droit et figurent à l'importation du commerce spécial, après avoir figuré une première fois au commerce général.

Les entrepôts et les magasins généraux facilitent les *ventes publiques*, c'est-à-dire les ventes aux enchères, annoncées d'avance, entourées des garanties légales qui conviennent à certains commerces en gros.

Les marchandises qui se rendent d'un pays étranger dans un autre sont dites de **transit**; elles n'acquittent pas de droits d'importation et ne figurent pas au commerce spécial.

Les douanes donnent lieu à des combinaisons fiscales très complexes. Quand un négociant fait entrer en entrepôt une marchandise qu'il réexporte sans l'avoir vendue, il ne paye pas de droit. Mais, quand un meunier importe d'Odessa du blé qu'il réexportera ensuite sous forme de farine pour la Suisse, quand un mécanicien importe de la fonte d'Angleterre qu'il réexportera sous forme de machine pour l'Italie, que convient-il de faire? Il ne serait pas juste de lui faire payer le droit comme s'il y avait eu consommation de l'objet dans le pays même et il serait de plus dommageable à l'industrie nationale d'aggraver par là le prix de revient de ses produits sur les marchés étrangers. Dans ce cas, on peut restituer à la sortie une somme équivalente au droit qu'a dû payer à l'entrée la matière première employée : c'est ce qu'on nomme *drawback;* ou bien exiger, comme pour le transit, certaines garanties, afin de s'assurer que les matières premières introduites sous caution sont effectivement sorties après avoir reçu une main-d'œuvre : c'est ce qu'on nomme *admissions temporaires.* Quelquefois la douane va au delà du simple remboursement; en vue d'une protection spéciale, elle accorde des *primes*, primes d'exportation le plus souvent, ou même primes d'importation, comme pour la grande pêche en France.

En règle générale, *les combinaisons douanières les moins* *complexes sont les meilleures*, parce que ce sont celles qui gênent le moins le travail et qui donnent le moins de prise à la fraude.

99. Le change. — Dans le commerce international, la circulation métallique et fiduciaire ne reste pas toujours en équilibre.

Une nation a-t-elle vendu beaucoup à une autre nation sans lui acheter autant, elle est sa créancière et le complément de ce qui lui est dû lui sera payé en métaux précieux ou en valeurs quelconques.

Il faudra donc que les banquiers et négociants du pays débiteur achètent et rassemblent des monnaies du pays créancier pour les lui expédier. Ces monnaies, recherchées sur le marché débiteur, y feront prime, comme font toutes les marchandises rares. Ainsi, la livre sterling vaut au pair 25 fr. 21. Si la France a besoin d'envoyer en Angleterre beaucoup d'argent, elle payera sur la place de Paris la livre sterling plus de 25 fr. 21 ; elle l'a payée jusqu'à 26 fr. 17 à l'époque de la crise de 1871. Au contraire, si c'est l'Angleterre qui a beaucoup de fonds à envoyer en France, la livre sterling ne se vendra peut-être que 25 fr. 19 ou même moins. Cette différence entre le pair et le prix du marché s'appelle *change*.

Le change est *défavorable* à la nation dont la monnaie est au-dessous du pair et *favorable* à celle dont la monnaie est au-dessus du pair.

Avant d'en venir à l'achat et au transport des métaux précieux, qui est coûteux, les commerçants débiteurs cherchent à acheter des effets de commerce, surtout des lettres de change, sur le pays créancier, de manière à s'acquitter avec du papier de crédit. Ils en trouvent ; car, si la France est, à un moment donné, débitrice de l'Angleterre, l'Angleterre doit peut-être à la Russie et aux États-Unis et les banquiers peuvent offrir à leurs clients français des traites russes ou américaines tirées sur des commerçants anglais. Mais ces traites, recherchées comme la monnaie, font prime comme elle, quoique dans une proportion différente, et on dit encore que le change est favorable pour une nation, défavorable pour l'autre.

On peut généraliser la définition de manière à la rendre

applicable même à deux localités d'un même État et dire : *le change est le prix auquel s'achète en un lieu une quantité déterminée de monnaie métallique ou fiduciaire livrable en un autre lieu.*

De toute façon, il est *favorable* à la nation ou au lieu dont la monnaie et les effets sont en hausse chez une autre nation ou en un autre lieu, c'est-à-dire *à la nation qui a plus de créances que de dettes sur un marché étranger.* Au contraire, *le change est défavorable à une nation qui a sur un marché étranger plus de dettes que de créances* et dont la monnaie et les effets sont en baisse.

Ces oscillations du change se maintiennent toujours dans des limites peu étendues, parce que la prime qu'on consent à payer ne saurait excéder le prix du transport de l'argent même depuis le domicile du débiteur jusqu'au domicile du créancier.

Le change peut être considéré comme une sorte de baromètre de l'état du commerce qu'il est utile de savoir consulter, mais aux indications duquel il ne faut pas attribuer un sens plus étendu qu'il n'a, pas plus qu'il ne convient de faire toujours prédire la pluie et le beau temps au baromètre ordinaire, fait pour mesurer la pression atmosphérique.

Il n'est, en réalité, que le baromètre du commerce des métaux précieux, instrument de la circulation : change favorable signifie seulement excès d'exportation; change défavorable, excès d'importation. Cela n'implique pas nécessairement qu'une nation s'enrichisse ou s'appauvrisse.

100. Les crises. — Dans la circulation intérieure d'une nation et dans le commerce international il y a des fluctuations d'un autre genre qu'on nomme **crises** et qui sont une *diminution dans la production, la consommation ou la circulation et une rupture de l'équilibre établi entre ces diverses branches de l'activité économique.*

L'homme actif, au moment où il forme une entreprise, ne sait pas encore au juste quelle sera la consommation de la marchandise. Il est bon qu'on ait une certaine audace en industrie; car c'est l'abondance et le bon marché de la production qui déterminent en partie l'abondance de la consommation. L'homme actif engage donc des capitaux qu'il espère avoir dégagés et pouvoir rembourser à l'époque convenue. Cette époque arrivée, le capital sera-t-il réellement dégagé et disponible? C'est ce qu'il ne fait que présumer. Production, capital, consommation sont trois termes étroitement unis, qui s'accroissent ou diminuent ensemble, mais qui pourtant ne marchent pas tellement de front que l'un ne devance parfois les autres.

Par un effet naturel de l'esprit d'entreprise, c'est souvent la production, production industrielle ou commerciale, qui tend à hâter le pas. Dans les temps de calme, lorsque les capitaux sont à bon marché et que la production suffit à peine aux besoins des consommateurs, beaucoup d'entrepreneurs se mettent à produire ou à acheter pour revendre. C'est le moment où se construisent les usines, où se forment les grandes sociétés, où l'*on spécule à la hausse*. Tel achète des marchandises parce qu'il prévoit qu'un mois après il les vendra plus cher; il n'a pas l'argent nécessaire pour payer; mais il espère l'avoir quand il aura vendu. Il l'a en effet un mois après et il a de plus le bénéfice à l'aide duquel il s'enrichira peut-être en renouvelant souvent la même opération. Des milliers de spéculateurs agissent comme lui et les manufactures travaillent incessamment à leur fournir des aliments de commerce.

Mais il arrive un moment où les ressorts trop tendus se faussent ou même se brisent. Lorsque les capitaux sont engagés, il faut du temps pour les dégager ou pour en former d'autres. Or la spéculation ne peut pas attendre; une fois lancée dans la voie de la hausse sur la pente du crédit, elle ne peut plus s'arrêter; car la continuation seule du crédit et de la hausse lui permet de faire face à ses engagements antérieurs. Il n'en est pas de même de la consommation, qui finit par protester en se restreignant. Alors un divorce, latent d'abord, se fait entre la production et la consommation, et le moindre accident le fait éclater : c'est une mauvaise récolte qui oblige tout à coup la nation à employer pour sa subsistance une plus forte portion de son revenu et, par suite, à acheter moins d'autres produits; c'est une guerre ou une menace de guerre qui empêche les affaires à longue échéance et paralyse la circulation ; c'est une catastrophe survenue sur un des grands marchés du monde qui a son contre-coup sur les autres marchés ; c'est la ruine de quelque grand établissement de crédit qui ne peut plus se soutenir à la hausse et qui entraîne le marché dans sa chute.

Il faut nécessairement que la baisse se produise. Ce n'est pas sans déchirements et sans souffrances : là est justement la *crise.* Les spéculateurs à la hausse résistent quelque temps, continuant à acheter ou refusant de vendre en baisse et faisant dans ce but leur plus énergique appel au crédit ; *le portefeuille des banques se remplit plus que jamais d'effets escomptés et la circulation des billets de banque augmente* pendant que *l'encaisse diminue.* Il faut enfin céder, la résistance ne servant qu'à aggraver les pertes, et la crise aboutit à de nombreuses faillites, à un ralentissement du travail, de la circulation, et bientôt à la diminution des effets présentés à l'escompte. C'est une période d'atonie, de *langueur des affaires ;* les prix sont en baisse et le capital monétaire s'accumule dans les banques. On peut considérer cette période comme la *liquidation de la crise ;* la durée peut en être courte et il y a véritablement liquidation ; la durée peut être considérable, et, dans ce cas — il y a moins liquidation qu'atonie persistante du marché — soit par l'ambiguïté d'une liquidation incomplète, soit par la persistance même des causes qui ont occasionné le mal général. C'est là ce qu'on appelle une *crise commerciale.*

D'autres fois, la perturbation est moins générale. Elle provient seulement d'un embarras dans la circulation monétaire, ayant ordinairement pour cause une exportation trop considérable de métaux précieux : c'est ce qu'on appelle une *crise monétaire.*

Les crises paraissent être une sorte de *maladie périodique* inhérente à notre état économique, sans que pourtant leur retour soit fatalement marqué à des dates précises ; les événements politiques, l'état des récoltes, les institutions économiques d'un pays, les habitudes commerciales d'un peuple peuvent les précipiter ou les ralentir. Depuis le commence-

ment du XIXᵉ siècle, nous en avons subi, en France, plus de
douze, et la plupart, les dernières surtout, ont été des crises à
peu près générales sur les grands marchés d'Europe et d'Amérique : en 1803, à la rupture de la pa`ʳ d'Amiens; en 1805,
à l'époque de la troisième coalition ; ʲ: 1810 à 1816, durant
les dernières complications et les revers de l'Empire; en 1818,
à la suite de la spéculation; de 1826 à 1830. et au delà;
en 1836-1837, à la suite d'une crise américaine; en 1847, à
la suite d'une mauvaise récolte, crise qui s'est prolongée et
aggravée après la révolution de février; en 1857, par suite
de la spéculation; en 1864 et en 1867, par suite des événements politiques; dans les années qui ont précédé et suivi
la guerre d'Allemagne, en 1873, à la suite de la surexcitation
que la fin de la guerre entre l'Allemagne et la France avait
donnée aux affaires et à la spéculation; en 1878 et de 1882 à 1888,
sous l'influence de diverses causes économiques et politiques.

**101. La géographie commerciale et la concurrence des
nations.** — Dans un même État, il existe une division territoriale du travail, fondée sur la diversité des productions
propres à chaque province. Il existe, à plus forte raison,
une diversité de productions naturelles d'un État à un autre,
d'une partie du monde à une autre, d'une zone du globe terrestre à une autre.

Les substances minérales se trouvent principalement dans
les régions montagneuses et dans les terrains de formation
ancienne. Les substances végétales et les animaux sont soumis
à la loi des climats, et leur production dépend, en premier
lieu, de la latitude et de l'altitude, en second lieu, de la
nature et de l'exposition des terrains. Cette diversité, due
à des causes physiques, est une des raisons du commerce
international.

Toutefois il ne faut pas croire que la *nature*, élément
passif, soit la seule cause de la diversité des productions de
chaque contrée. L'*homme*, élément actif, fait à cet égard
plus encore que la nature. C'est un double aspect qu'il ne
faut pas perdre de vue quand on étudie la géographie commerciale et qu'on cherche à se rendre compte du genre et de
l'importance du trafic des nations entre elles. En effet, *c'est*

*dans les contrées où l'homme vaut le plus par l'énergie,
par l'instruction et par les capitaux que la production et
le commerce sont le plus considérables;* c'est dans ces contrées que l'homme, dominant la nature, crée non seulement
une *agriculture riche,* dont les produits suffisent ou contribuent largement à nourrir une *population dense,* mais une
industrie manufacturière puissante et variée.

L'Europe et les États-Unis sont les contrées du monde où
ces qualités se trouvent réunies au plus haut degré, et c'est,
en Europe, dans les États de l'occident et du centre, avec le
nord de l'Italie, aux États-Unis, dans les États du nord-est,
qu'elles se manifestent avec le plus d'énergie. De toutes les
autres contrées, le commerce *importe* dans ces contrées privilégiées des *matières premières* que leur industrie met en
œuvre, et un complément de *denrées alimentaires* que consomment leurs habitants, nombreux et relativement riches,
pendant qu'il *exporte* en échange des *produits manufacturés.* Il se forme ainsi à travers le monde des courants réguliers de circulation de la richesse. Les contrées les plus
civilisées y jouent un *double rôle :* celui de *laboratoires* où
les matières, produites ou extraites dans toutes les parties du
monde, sont transformées par l'industrie en produits, c'est-à-
dire en utilités diverses, pour le service du genre humain et
pour le profit des nations manufacturières, et celui de *pompes*
aspirant les matières et refoulant les produits.

Ce sont les *nations les plus industrieuses* et les plus
riches qui commandent le mouvement; ce sont aussi elles
qui, exportant le plus, importent le plus, et qui, précisément à cause de leur richesse, *achètent* aux autres nations
non seulement beaucoup de matières premières et de denrées, mais aussi *beaucoup de produits manufacturés,* quoiqu'elles en fabriquent elles-mêmes une très grande quantité.

Les nations industrieuses s'efforcent à l'envi de placer
leurs produits sur les marchés étrangers : de là une concurrence qui stimule l'esprit d'invention et d'entreprise et que
la liberté commerciale favorise. Les procédés des grandes
industries reposant aujourd'hui sur des données scientifiques et les communications de la science étant devenues in-

times entre tous les peuples civilisés, il y a moins de secrets de fabrication qu'autrefois ; la machine ayant remplacé l'outil, il y a moins de tours de main et l'avantage que devaient à des qualités de ce genre certains groupes de population est moindre ; le transport des matières premières étant devenu moins coûteux, il y a moins de privilèges de situation. Aussi toute nation qui a des hommes entreprenants, des capitaux et des moyens de communication peut-elle se flatter de fonder chez elle des manufactures capables d'approvisionner son marché et de lui permettre d'entrer en lice avec les autres nations sur le marché général. C'est pourquoi, bien que la division du travail aille en augmentant avec le progrès économique, *les nations industrieuses tendent à former chacune un groupe complet* par la variété de leurs industries manufacturières. Si ce nouvel état de choses rend parfois plus difficile l'im-portation de produits manufacturés chez ces nations aujour-d'hui mieux outillées et augmente la concurrence générale sur les marchés du monde, il est un signe manifeste de l'ac-croissement général de l'activité humaine et de la richesse.

102. Le rôle du commerce dans la civilisation. — Logiquement, le commerce est un fait secondaire et dérivé ; il vient après la production qu'il présuppose. Historique-ment, le commerce est aussi ancien que la formation des premières sociétés, et *il est un des premiers liens qui ont réuni les hommes en société.*

On ne peut pas affirmer d'une manière absolue que le contact commercial d'un peuple très barbare avec un peuple très policé soit toujours avantageux au premier. Le barbare peut être incapable de se servir des instruments de travail que la civilisation lui fournirait et il est toujours capable de se corrompre par les jouissances qu'elle lui offre : c'est ce qui a eu lieu pour les sauvages de l'Amérique septentrionale.

Mais, entre nations civilisées, *on peut dire qu'en règle générale le commerce exerce une influence favorable à la richesse et à la civilisation.*

Pour prouver combien est fausse la pensée d'isoler une nation, quelque industrieuse qu'elle soit, un orateur anglais disait spirituellement à ses concitoyens :

« Être indépendant de l'étranger, c'est le thème favori de l'aristocatie territoriale. Mais qu'est-il donc ce grand seigneur, cet avocat de l'indépendance nationale, cet ennemi de toute dépendance étrangère? Examinons sa vie. Voilà un cuisinier français qui prépare le dîner pour le maître et un valet suisse qui apprête le maître pour le dîner. Milady, qui accepte sa main, est toute resplendissante de perles qu'on ne trouvera jamais dans les huîtres britanniques, et la plume qui flotte sur sa tête ne fit jamais partie de la queue d'un dindon anglais. Les viandes de sa table viennent de la Belgique, ses vins du Rhin et du Rhône. Il repose sa vue sur des fleurs venues de l'Amérique du Sud et il gratifie son odorat de la fumée d'une feuille venue de l'Amérique du Nord. Son cheval favori est d'origine arabe et son chien de la race du Saint-Bernard. Sa galerie est riche de tableaux flamands et de statues grecques. Veut-il se distraire? il va entendre des chanteurs italiens, vociférant de la musique allemande, le tout suivi d'un bal français. S'élève-t-il aux honneurs judiciaires? l'hermine qui décore ses épaules n'avait jamais figuré jusque-là sur le dos d'une bête britannique. Son esprit même est une bigarrure de contributions exotiques; sa philosophie et sa poésie viennent de la Grèce et de Rome, sa géométrie d'Alexandrie, son arithmétique d'Arabie et sa religion de Palestine. Dès son berceau, il pressa ses dents naissantes sur du corail de l'océan Indien; et, lorsqu'il mourra, le marbre de Carrare surmontera sa tombe... Et voilà l'homme qui dit : « Soyons indépendants de l'étranger. »

Nous pouvons faire la même expérience sans sortir de notre pays et dans les conditions sociales les plus modestes. Un ouvrier de Paris, avant de se rendre le matin à l'atelier, mange un morceau de pain fait avec la farine de la Beauce ou des États-Unis et boit un verre de vin, mélange des crus du Languedoc et de l'Orléanais ou peut-être composition d'alcool de Flandre et de raisins secs d'Asie Mineure, pendant que sa femme prend le café au lait que les caféiers du Brésil, les cannes à sucre de Cuba et les vaches de Normandie ont servi à lui préparer. Il s'habille avec une chemise dont le coton, venu de l'Inde, a été tissé à Rouen et avec un paletot dont le drap, produit de Lodève, contient des laines de l'Australie et de l'Allemagne ; il met des souliers dont le cuir a été la peau d'une vache paissant dans la Pampa argentine. Il regarde l'heure à sa montre et il ne se doute pas que, dans un si petit objet, il y ait à la fois de l'acier de la Suède, du cuivre du Chili, des rubis du Brésil, de l'or de la Guinée, pas plus qu'il ne se doute que les cinq parties du monde, avant même qu'il soit hors de sa maison, ont en quelque sorte rivalisé pour satisfaire ses besoins et que le commerce est l'auteur de ces jouissances.

Résumons les avantages que le commerce procure aux hommes.

1° Le commerce, en distribuant chaque chose à l'endroit précis où elle est le plus recherchée, *accroît par ce seul fait la somme des utilités.*

2° Le commerce est *nécessaire à la division du travail;* il la rend plus facile et, pour ainsi dire, plus spéciale à mesure qu'il devient lui-même plus varié, et *il donne,* dans les pays manufacturiers, *naissance à de nombreuses industries,* par suite de l'importation de matières premières.

3° *Il augmente l'activité laborieuse* des hommes, non seulement par les industries dont il provoque l'établissement, mais par les jouissances nouvelles qu'il offre et par les besoins qu'il fait naître.

4° En établissant entre diverses contrées habitées des relations fréquentes, *il apprend aux peuples à se connaître* et il contribue à les éclairer les uns par les autres.

5° En stimulant les découvertes maritimes, *il enseigne à l'homme à mieux connaître la Terre,* son domaine. C'est au génie du commerce qu'est due la découverte du passage aux Indes par le cap de Bonne-Espérance.

6° En lui faisant connaître la Terre, il l'invite à prendre possession par la **colonisation** des régions d'où partent et où aboutissent, à travers les mers, les produits échangeables.

7° En multipliant les liens qui unissent les peuples, en affaiblissant par le contact certains préjugés qui les séparent, le commerce, qui a souvent été une occasion de guerre, tend cependant, par suite d'une vue plus juste des intérêts de chacun, à *rendre les guerres moins fréquentes.*

RÉSUMÉ

Le commerce consiste dans la *vente* et l'*achat*, c'est-à-dire dans l'échange d'une marchandise quelconque contre une autre marchandise et surtout contre la monnaie. Il a pour objet de transporter les produits, souvent d'un lieu dans un autre ou d'un temps dans un autre et toujours d'un propriétaire à un autre.

Bien qu'ils ne créent pas de produits, les commerçants sont des producteurs, parce qu'ils créent de l'utilité.

On distingue le commerce intérieur, qui généralement est libre, et le commerce extérieur, qui est soumis à la réglementation des lois.

Le commerce extérieur comprend l'importation et l'exportation, le commerce général et le commerce spécial, les entrepôts, le transit. — Une nation exporte à peu près l'équivalent de ce qu'elle importe.

Les taxes à l'exportation sont rares. Les taxes à l'importation sont réglées d'après un système restrictif ou libéral. — Le *système protecteur*, qui est du genre restrictif, est un mauvais mode d'encouragement à la production nationale. — La *liberté commerciale*, qui, au point de vue des droits du producteur, est synonyme de *liberté du travail*, est, au point de vue des résultats généraux de l'échange, synonyme d'*extension du marché* et, au point de vue industriel, un stimulant pour cette production à bon marché. — Sous le régime protecteur, on paye certaines marchandises plus qu'elles ne valent; sous le régime libéral, on paye les marchandises ce qu'elles valent. — Le régime fiscal, qui est du genre libéral, est le plus convenable aux grandes nations commerçantes.

Le change est le prix auquel s'achète en un lieu une quantité déterminée de monnaie métallique livrable en un autre lieu. — Il est favorable à la nation créancière, défavorable à la nation débitrice. — Le change est un baromètre de l'état du commerce : il ne faut pas s'y fier sans réserve.

Les crises sont une diminution de la production, de la circulation ou de la consommation et une rupture de l'équilibre entre ces diverses branches de l'activité économique.

La crise est caractérisée d'abord par l'augmentation de la circulation des billets de banque, par la diminution de l'encaisse, par l'accroissement du portefeuille. Elle est précédée d'une tendance à la hausse et suivie d'une baisse et d'une langueur des affaires plus ou moins prolongée jusqu'à la liquidation complète.

Les crises, commerciales ou autres, sont une sorte de maladie périodique de notre état économique.

C'est dans les contrées où l'homme vaut le plus par l'énergie, par l'instruction et par les capitaux que la production et le commerce sont le plus considérables; on y trouve une population dense, une industrie manufacturière puissante et variée. — Les nations les plus industrieuses importent surtout des matières premières et des denrées alimentaires et exportent des produits manufacturés; étant riches, elles achètent aussi à l'étranger beaucoup de produits manufacturés. — Les nations industrieuses tendent chacune à former un groupe industriel complet.

On peut dire, en règle générale, que le commerce exerce toujours une influence favorable à la richesse et à la civilisation. — Il accroît la somme des utilités; il augmente l'activité laborieuse des hommes; il apprend aux peuples à se connaître et à connaître la Terre; il invite à la colonisation; il peut rendre les guerres moins fréquentes.

QUATRIÈME PARTIE

LA CONSOMMATION DE LA RICHESSE

103. Les diverses espèces de consommation. — Nous savons que **la consommation** est la *fin légitime de la richesse* (voir § 5 et 6). Si l'homme prend de la peine pour produire, conserver, échanger la richesse, c'est parce qu'il compte y trouver les moyens de satisfaire ses besoins. Or le besoin est, comme nous l'avons expliqué, la cause déterminante de l'effort économique, et la consommation en satisfaisant le besoin est la récompense de l'effort.

Il s'en faut cependant que toute richesse produite soit immédiatement consommée. Une partie en est conservée par **l'épargne** pour servir à des consommations ultérieures et particulièrement pour former des *capitaux* (voir § 21 et 22).

Il s'en faut de beaucoup aussi que toutes les consommations aient pour résultat ou pour but immédiat une satisfaction personnelle, ni même que toute richesse consommée aboutisse à une satisfaction.

Nous savons que l'homme, ne créant ni matière ni force physique, ne peut anéantir ni la matière ni la force physique et que, créant seulement de l'utilité, *c'est de l'utilité qu'il détruit en consommant la richesse* (voir §.7 et 11).

On peut d'abord diviser l'ensemble des consommations en deux grandes catégories : *consommations reproductives* et *consommations improductives*. La première catégorie comprend toutes les consommations qui sont faites en vue de la production ou, plus exactement, en vue de la création ou de la conservation d'une utilité quelconque, produit, service, force productive. La seconde comprend les autres consommations, c'est-à-dire toutes celles qui n'ont pas un but industriel, qu'elles aient pour objet la satisfaction d'un besoin personnel ou qu'elles aient pour cause une perte accidentelle.

On peut aussi, d'après la durée du service et le temps qui s'écoule entre le commencement de l'usage et de la destruction complète de l'utilité d'un objet, distinguer les *consommations rapides* et les *consommations lentes*.

Les services personnels sont de la première catégorie.

Les denrées alimentaires, les combustibles lui appartiennent aussi. Ce n'est pas que ces richesses soient nécessairement toutes consommées aussitôt que créées. Elles peuvent être conservées et elles sont susceptibles d'accumulation. Mais on ne consomme en une fois ou en peu de temps toute l'utilité; quand on a mangé un pain, le pain n'est plus; quand on a joui pendant quelques jours de la vue et du parfum d'un bouquet, les fleurs fanées n'ont plus de valeur.

A la seconde catégorie appartiennent les monuments et les maisons qui peuvent servir au même usage pendant de longues années et même durant des siècles, les vêtements qui rendent le même service tant qu'ils ne sont pas usés et même les parures qu'on porte tant qu'elles ne sont pas défraîchies, les machines et outils qui concourent pendant un temps plus ou moins long à la production, les livres qu'on garde dans sa bibliothèque même quand on ne les lit pas. Cette distinction est importante, particulièrement dans la consommation industrielle, où chaque produit doit renfermer la valeur totale des consommations rapides employées à sa fabrication, tandis qu'il ne renferme que l'amortissement des consommations lentes.

On peut distinguer les consommations de *revenu* et les consommations de *capital*. Ces dernières sont le plus souvent des consommations reproductives.

Rapides ou lentes, les consommations sont toujours une destruction d'utilité; toute richesse, excepté les fonds de terre, se consomme et a une fin. Les monuments les plus solidement construits de l'antiquité sont aujourd'hui des ruines et ceux du moyen âge qui servent encore ne doivent d'avoir conservé leur utilité qu'à de coûteuses dépenses d'entretien.

On peut distinguer aussi, d'après la qualité des consommateurs, les *consommations privées* et les *consommations publiques*, les premières comprenant tout ce que consomment les particuliers et les groupes de particuliers, les secondes comprenant tout ce qui est consommé pour les services publics, c'est-à-dire les dépenses de la communauté politique.

La consommation, dans le sens économique, est souvent beaucoup plus prochaine que le sens ordinaire du mot le ferait supposer. Voici un pain et un fromage; tout le monde sait que la consommation ne tardera pas à absorber ces produits alimentaires, que, ce soir probablement, le pain ne sera plus et que, dans quelques jours, le fromage aura cessé d'être.

Mais voici des planches chez un menuisier. Comment et quand seront-elles consommées? Quand elles auront cessé d'être planches pour devenir tablettes, caisses ou panneaux. Voici du coton chez un manufacturier. Sera-t-il consommé lorsque l'étoffe qu'on en fera aura été portée et usée? Il le sera bien avant; car il cessera d'être coton lorsque le filateur l'aura converti en fil, comme le fil cessera d'être fil lorsque le tisserand l'aura converti en tissu, et le tissu cessera d'être tissu lorsque la lingère l'aura coupé et converti en objets d'habillement. La plupart des produits, excepté la terre, sont continuellement détruits ou usés ou transformés par une consommation incessante.

104. La consommation reproductive. — Quand un cultivateur met du blé en terre, il le consomme. Il consomme de plus le travail des semailles, les façons données au sol, l'intérêt de son capital pendant neuf mois et il consommera ensuite le travail des moissonneurs : toutes ces consommations ne sont que des avances faites à la production. S'il a bien opéré, le cultivateur retrouvera intégralement le total dans le produit de la récolte. Semences et travail auront été, non pas anéantis, mais transformés en grain et en paille.

Quand un industriel installe à grands frais des ateliers et entreprend de se faire constructeur de machines, il consomme une quantité considérable de capitaux qu'il ne retrouvera assurément pas dans la première chaudière sortie de son usine; car c'est là, comme nous l'avons dit, du capital immobilisé. Dans le prix de cette chaudière, il recouvrera la totalité de la valeur du fer, du travail, du combustible consommés pour cette fabrication et il recouvrera, en outre, une petite partie du capital fixe de son établissement. Ainsi fera-t-il de chaque pièce qu'il confectionnera et, dans une dizaine d'années, peut-être, s'il a bien opéré, il aura, par voie d'amortissement, recouvré le tout. C'est encore là une *simple transformation*, une collection d'utilités qui ont changé de forme et qui ordinairement aboutissent à la création d'une valeur supérieure. Ces transformations sont appelées **consommations reproductives**, parce qu'en effet *on ne détruit certaines utilités que pour produire directement une somme d'utilités au moins équivalente*. Ce sont en réalité des *avances faites à la production* (voir § 23).

Dans le nombre des consommations de ce genre nécessaires à une industrie agricole ou manufacturière, il y en a de rapides et il y en a de lentes; les premières sont généralement du capital circulant et les secondes du capital fixe. Lorsqu'on essaye de dresser un état des diverses consommations industrielles, on compose un tableau qui reproduit l'analyse des éléments du capital fixe et du capital circulant que nous avons faite plus haut (voir § 27 et 31) :

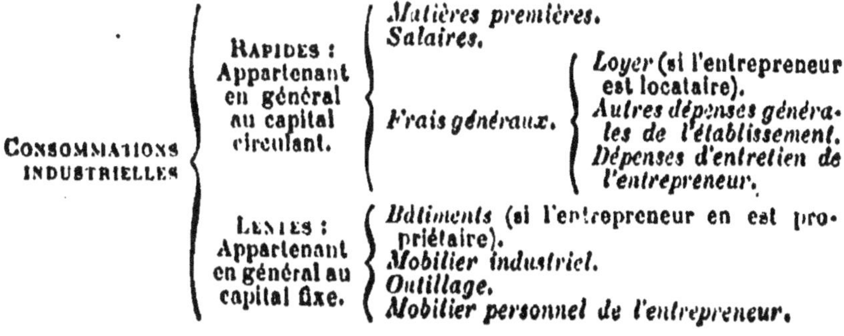

105. Les dépenses de capitalisation et d'éducation. — Le tableau précédent suppose une industrie en activité qui peu à peu use et consomme son capital fixe en travaillant. Mais ce capital mérite une considération particulière dans l'étude de la consommation. Il a fallu le créer et il faut l'entretenir ; de plus, il est utile de l'accroître.

Au moment où on le crée, il y a une consommation de capitaux circulants qui se transforment en capitaux fixes. Il en est de même au moment où on l'accroît et au moment où l'on fait une dépense d'entretien. Sur ce point, il importe de marquer tout d'abord une distinction : le manufacturier qui installe un capital fixe dans son établissement dépense son argent ; mais l'argent ne fait que circuler ; ce sont les produits, les bois, etc., achetés avec cet argent qui sont consommés. L'intermédiaire de l'argent n'est même pas toujours nécessaire : le menuisier qui se sert des planches qu'il a dans son chantier pour y construire un hangar en est un exemple.

Nous avons dit, en traitant de l'*épargne* et du *capital* (voir § 23 et 24), combien les consommations faites en vue de la création ou de l'accroissement des capitaux servaient à augmenter la richesse ; il serait superflu d'y revenir. Un ou deux exemples suffiront pour faire comprendre que les dépenses d'entretien ne sont pas moins importantes. Un cultivateur à courte vue, qui voudrait épargner les dépenses d'un marnage ou d'une fumure, aurait peut-être à la fin de l'année, malgré la médiocrité de sa récolte, un peu plus d'argent dans sa caisse que s'il avait fait cette dépense ; mais il sentirait les années suivantes le poids de son imprévoyance, parce que sa terre serait appauvrie. Le propriétaire d'un cheval pourrait faire travailler un jour ou deux sa bête sans la nourrir ; il se flatterait d'avoir économisé le foin et l'avoine ; mais, le quatrième jour, le cheval mourrait et l'avare perdrait tout son capital, faute d'avoir fait les dépenses nécessaires d'entretien. Il n'y en a pas d'assez insensés pour agir ainsi ; mais il y en a qui, nourrissant mal leur cheval, en tirent moins de services ou qui, négligeant de changer de vieux fers, l'exposent à se blesser.

Nous savons que le capital intellectuel est plus précieux encore que le capital matériel (voir § 16, 18, 19, 20). C'est aussi en consommant de la richesse qu'on le crée, qu'on l'entretient, qu'on l'accroît, et il importe d'autant plus de le faire que ce capital est plus utile à la civilisation. Une nation pourrait économiser les sommes énormes qu'elle dépense en vue de donner à la jeune génération l'instruction primaire, secondaire, supérieure et, après avoir fermé toutes ses écoles et tous ses cours, se croire plus riche pendant quelque temps parce qu'elle aurait plus de capitaux disponibles. Mais la désillusion serait cruelle; vingt ans après, une grande partie du capital intellectuel serait anéantie faute de transmission et la nation serait ramenée à un état voisin de la barbarie.

Comme accroître le capital c'est créer du capital, il n'y a en réalité que deux manières de consommations appliquées au capital matériel : la création et l'entretien. Il en est de même pour le capital intellectuel que les travaux des savants et des penseurs créent et que l'instruction répand et transmet. Nous pouvons donc ajouter les catégories suivantes à celles que nous avons déjà énumérées pour la consommation reproductive :

	CAPITAUX proprement dite.	*Création.* *Entretien.*
CONSOMMATIONS DE CAPITALISATION.	CAPITAL INTELLECTUEL.	*Création.* *Transmission.*

Et nous pouvons, en nous résumant, dire que la **consommation reproductive** :

Appliquée à la *matière*, comprend :	Les *frais de production* ou création de la richesse. La *capitalisation* ou accroissement des forces productives matérielles.
Appliquée aux *personnes*, comprend :	Les *frais d'entretien des producteurs* ou soutien de la vie humaine. L'*éducation* ou accroissement des forces productives morales.

106. La destruction des capitaux dans l'œuvre de la production. — Il est de l'essence du capital d'être en activité, puisqu'il n'est productif qu'autant qu'il est engagé dans la production (voir § 23). Il s'y engage pour y être consommé. Le fait prochain et certain, c'est sa consommation. Le but, c'est sa reproduction, c'est-à-dire sa régénération sous une forme nouvelle et avec une plus-value ; mais ce but est plus ou moins lointain et l'entrepreneur n'a presque jamais la parfaite certitude de l'atteindre. Tout capital est comme la semence que l'on confie à la terre : c'est du grain perdu si la moisson ne lève pas.

Un fabricant a des ouvriers qui travaillent mal, une installation mauvaise ou un outillage insuffisant ; chacun de ses produits lui revient à 10 francs et ne se vend communément que 9 francs sur le marché. S'il en a livré pour 100 000 francs dans l'année, ce sont au moins 10 000 francs de capital qu'il a consommés en pure perte. Il avait entrepris une consommation reproductive ; il aboutit à une consommation improductive.

Un marchand s'établit dans une rue. Mais la clientèle est insuffisante. Ce marchand persiste pendant trois ans ; il est enfin obligé de fermer boutique après avoir dévoré plusieurs milliers de francs qu'il avait économisés dans une autre condition sociale ou qu'il avait empruntés. C'est encore une consommation en vue de la reproduction qui a dégénéré en consommation improductive.

En France, les faillites dont la valeur est connue, c'est-à-dire à peu près la moitié du total des faillites déclarées, représentaient, en l'an 1884, un passif de 284 millions de francs. Cependant les faillites déclarées ne sont que la moindre partie des pertes industrielles occasionnées chaque année par des *opérations agricoles, industrielles ou commerciales que des circonstances défavorables ou une mauvaise gestion font échouer.* Les capitaux sont pour ainsi dire toujours sur le champ de bataille, luttant pour la conquête de la richesse ; il y a des morts, mais la richesse est conquise ou, pour parler plus exactement, elle est créée par une masse énorme d'efforts au milieu desquels une partie des lutteurs succombe.

Il ne faut ni se résigner trop facilement à ces pertes ni s'en alarmer outre mesure. Il importe de rendre les hommes prévoyants, intelligents, économes, précisément afin de prévenir en grande partie de telles pertes : c'est là un des principaux secrets de la richesse des nations. Mais, d'autre part, il ne faut pas oublier qu'il n'y a pas de capitalisation sans risques et pas de risques incessamment renouvelés sans pertes. L'enrichissement d'une nation consiste dans la différence entre la somme des biens de toute nature consommés d'une manière quelconque et la somme des biens créés dans le même temps. Une nation timide qui, arrêtée par la crainte de perdre des capitaux, s'abstiendrait d'engager une notable partie des siens dans la production, s'enrichirait moins qu'une nation entreprenante qui multiplie les emplois du capital et chez laquelle les succès dus à l'activité intelligente dépassent de beaucoup les échecs causés par la témérité. C'est encore un trait qui met en évidence la supériorité des forces morales sur les forces matérielles.

Quand nous parlons de pertes industrielles, nous n'y comprenons pas la baisse de valeur des marchandises et des titres sur le marché, laquelle est un phénomène d'un autre ordre. La variation des valeurs et celle de la quantité des produits sont deux choses distinctes, quoique unies par des liens intimes. Il est toujours désirable que la quantité des produits augmente ; il n'est pas désirable toujours que le taux des valeurs s'élève (voir § 75).

107. Les autres modes de consommation improductive. — Toute consommation qui n'est pas reproductive est dite **consommation improductive**. Il y a deux genres très distincts de consommations improductives : la *consommation involontaire* et la *consommation volontaire*.

La perte industrielle résultant d'une entreprise mal combinée ou malheureuse est une des espèces de la consommation improductive involontaire.

L'autre espèce est la *perte accidentelle* résultant d'un événement fortuit, par exemple la destruction d'un navire et de sa cargaison dans un naufrage, d'une récolte par la grêle. Ce sont des coups du sort qu'on ne saurait prévoir avec précision pour chaque cas particulier, mais contre les désastreux effets desquels les individus, comme nous le dirons plus loin, peuvent souvent se garantir par l'assurance,

Cependant, même dans ces pertes accidentelles, l'énergie humaine n'est pas tout à fait impuissante ; car beaucoup de sinistres ont pour cause première la maladresse, l'ignorance ou l'imprévoyance. Si tel pilote avait connu l'écueil, son bâtiment n'aurait pas échoué ; si tel cultivateur avait couvert ses granges en tuiles au lieu de chaume et espacé les bâtiments, toute sa ferme n'aurait pas brûlé. Il en est de même pour les pertes industrielles ; si tel filateur comprenait la supériorité des métiers américains, il remplacerait peu à peu ses métiers renvideurs qu'il avait trente ans auparavant adopté comme un progrès et il ne s'obstinerait pas à fabriquer des fils qui lui coûtent plus qu'il ne les vend ; si tel négociant avait mieux su la géographie commerciale et l'état des marchés, il n'aurait pas envoyé dans une contrée lointaine une marchandise qui devait probablement y être vendue à perte.

La masse des capitaux qui sont engloutis chaque année dans la consommation improductive involontaire, surtout dans la consommation industrielle, est énorme. Combien dans la quantité n'y en a-t-il pas que plus d'instruction professionnelle, plus de prévoyance et d'expérience auraient préservés !

Par consommation improductive volontaire on entend tout ce que les individus et les sociétés consomment pour satisfaire des besoins qui ne sont pas ceux de la production de la richesse ou ceux de l'entretien et du développement des forces productives. Cette consommation se divise en *dépenses d'entretien des non-producteurs* et en *dépenses de luxe* privées ou publiques.

Sous la rubrique de dépenses d'entretien des non-producteurs ne sont pas comprises toutes les dépenses qui font vivre les individus et les familles dans une société, puisqu'une partie a déjà été comptée dans les consommations industrielles sous les titres de salaires et de dépenses d'entretien de l'entrepreneur. Or la catégorie des consommateurs vivant directement de la production est la plus considérable, parce que la grande majorité des membres d'une société civilisée vit et fait vivre sa famille par son travail appliqué à l'agriculture, à l'industrie, au commerce, aux services personnels, aux professions libérales ou aux services publics. Il s'agit seulement de l'entretien des individus qui ne produisent pas et qui ne vivent pas, à titre de membres de la famille, de la production d'autrui, en vertu d'une répartition de la richesse par autorité. Beaucoup de gens qui vivent de leurs rentes (rentes sur l'Etat, par exemple, lesquelles ne sont pas l'intérêt d'un capital productif) ou d'une pension de retraite appartiennent à cette catégorie des non-producteurs. Leur consommation est improductive; elle n'est pas pour cela moins légitime.

On doit entendre par *consommation de luxe* toutes les consommations improductives qui ne sont *pas utiles à l'entretien d'une personne.*

Nous pouvons résumer les consommations improductives sous forme de tableau, comme nous l'avons fait pour les consommations productives :

<table>
<tr><td rowspan="4">CONSOMMATIONS IMPRODUCTIVES.</td><td rowspan="2">INVOLONTAIRES.</td><td>*Pertes industrielles.*</td></tr>
<tr><td>*Pertes accidentelles.*</td></tr>
<tr><td rowspan="2">VOLONTAIRES.</td><td>*D'entretien des non-producteurs.*</td></tr>
<tr><td>*De luxe.*</td></tr>
</table>

108. Le luxe. — Il est plus facile de définir d'une manière générale la consommation de luxe que de marquer le point où le luxe commence dans les consommations d'un individu.

Tel négociant a cocher et valet de chambre. Est-ce du luxe? On ne saurait le dire sans examen. Car ces deux domestiques, qui constituent assurément à plusieurs égards une jouissance toute personnelle, lui permettent de s'occuper plus exclusivement de ses affaires commerciales ou de s'y rendre plus promptement. Tel autre n'a pas de voiture à lui; mais il prend trois et quatre fois par jour une voiture de place pour faire ses courses dans Paris. Est-ce du luxe? Non; car il est probable que c'est une condition nécessaire de la rapidité de ses opérations. Il prend le dimanche une voiture pour se promener au bois de Boulogne. Est-ce du luxe? Oui; mais un luxe qui ne paraît excéder en rien la mesure des dépenses qu'il peut faire et qui est une des formes du bien-être auquel son travail et son économie lui donnent droit. Un

ouvrier prend également une voiture de place un dimanche.
Est-ce du luxe? Oui. Ajoutons que c'est peut-être encore
un luxe légitime, pourvu que cet ouvrier ne renouvelle pas
souvent une dépense qui, fréquemment réitérée, excéderait
vite la mesure de son revenu disponible. Le même ouvrier a
la fantaisie d'en prendre une tous les matins pour se rendre
à son travail. Est-ce du luxe? Oui, assurément; c'est alors
un luxe ruineux, parce qu'il est, dans les conditions actuelles
de la vie à Paris, tout à fait hors de proportion avec les facultés de celui qui s'y livre et avec le produit du travail de
sa journée, qu'il grève de frais superflus.

La consommation de luxe n'a donc rien de blâmable en
soi; elle est une satisfaction légitime tant qu'elle n'est pas
excessive, c'est-à-dire que *la mesure du luxe que chacun
peut se permettre est variable et déterminée par son* **revenu**.

Par revenu il faut entendre la somme, fruit du travail ou
des capitaux, dont chacun dispose pour la satisfaction de ses
besoins personnels et des besoins de sa famille. Le revenu
d'un ouvrier célibataire est son salaire; le revenu d'un ménage d'ouvrier se compose du salaire du mari, de celui de la
femme et de celui des enfants, si femme et enfants gagnent
un argent qu'ils rapportent à la maison; le revenu d'un
fonctionnaire consiste dans ses appointements; le revenu
d'un industriel, dans ses profits et dans ses dépenses d'entretien qu'il prélève sur les frais de production; le revenu
d'un capitaliste, dans l'intérêt de ses capitaux.

*Chacun doit faire de son revenu deux parts : la pre-
mière, nécessaire, comprenant les dépenses d'entretien, puis
de prévoyance; la seconde, facultative, comprenant les
dépenses du luxe.* S'abandonner aux secondes sans s'être mis
en règle avec les premières est le fait du désordre. Mais,
quand on a pleinement satisfait aux premières, il est légitime
de se permettre les secondes; c'est en réalité un accroissement de bien-être, une expansion plus large de la vie.

Puisque la production ne se fait qu'en vue de la satisfaction des besoins de l'homme, c'est en somme aux dépenses
d'entretien et aux dépenses de luxe qu'aboutit principalement
la richesse; car la consommation reproductive, si importante

cependant, est un moyen et non une fin ; elle prépare des produits qui seront, en dernier lieu, consommés pour l'entretien et pour l'agrément de l'espèce humaine. *Dans l'œuvre économique, tout part de l'homme et tout retourne à l'homme.*

Il est toutefois un préjugé par lequel il ne faut pas se laisser abuser. On dit : « Le luxe fait aller le commerce. » La maxime est fausse. Le goût du luxe peut en effet stimuler chez l'homme l'activité productive en stimulant le désir de s'enrichir pour satisfaire ses fantaisies. Mais, puisque les produits sont dans un mouvement continuel, sans cesse détruits et sans cesse renaissants, excepté dans le cas fort rare d'un avare enfouissant ses trésors, il est évident que, si le propriétaire de la richesse n'avait pas fait, avec son argent, une dépense de luxe, il aurait fait une dépense reproductive, soit par lui-même, s'il est dans les affaires, soit par l'intermédiaire d'un placement de capitaux, s'il est rentier. *La nature de la chose consommée n'a donc probablement pas exercé d'influence favorable sur la somme de travail commandé.*

Il y a plus. En employant son revenu à une dépense de luxe, le propriétaire n'a fait qu'user de son droit ; le revenu étant un produit et non une force productive, la somme des forces productives de la nation est demeurée exactement la même. Il aurait encore usé de son droit s'il avait fait une consommation reproductive avec une partie de ce revenu, alors cette valeur se serait ajoutée aux capitaux existant. au lieu d'être détruite, et *la force productive de la nation, ainsi que la commande générale du travail, aurait été augmentée d'autant.*

On conçoit, par antithèse, combien est préjudiciable le *luxe du prodigue*, qui, non content du revenu, entame le capital. Il a le même effet que la grossièreté du sauvage qui, pour avoir un fruit, coupe l'arbre ; *il détruit une partie des forces productives* et il appauvrit la nation.

Le luxe est un instinct naturel à l'homme ; il est de tous les temps et de tous les pays, comme de toutes les conditions sociales, depuis celle du sauvage qui n'a d'autre capital que son arc et sa hutte de feuillages, mais qui se pare de plumes, depuis celle de l'ouvrière qui porte aujourd'hui un chapeau, tandis que sa mère ne mettait que des bonnets, jusqu'à celle du millionnaire intelligent qui orne son palais des chefs-d'œuvre de la peinture et de la sculpture. *L'accroissement des consommations de luxe, publiques et privées, est légitime dans une société qui s'enrichit.*

Le luxe peut d'ailleurs prendre des formes très diverses suivant les mœurs des peuples et les goûts particuliers des individus. Il peut être grossier, comme le luxe qui consiste à servir des tables chargées de mets et à faire de larges libations. Il peut être raffiné et se plaire dans des parures élégantes et des meubles somptueux. Il peut être délicat et amoureux de l'art. Plus le luxe fait de place aux jouissances de l'esprit, plus il s'épure et concourt au progrès de la civilisation.

Il est un genre de luxe qui est absolument condamnable, même lorsqu'il n'excède pas les revenus de celui qui se le permet : c'est le luxe par lequel l'homme se corrompt ou corrompt ses semblables. L'ivrognerie et la débauche appartiennent à ce genre.

Tout homme a certains devoirs moraux qui doivent se traduire dans la pratique par des faits économiques : travailler est un de ces devoirs; bien user de la fortune en est un autre. Il faut que celui qui possède la richesse sache qu'il a entre les mains une force avec laquelle il peut produire le mal ou le bien, qu'il est de son devoir d'éviter l'un et de rechercher l'autre, d'employer une portion de son revenu à des actes d'une bienfaisance éclairée, de diriger même son luxe de manière à encourager la production du beau, à former et à épurer le goût de ses concitoyens.

109. La consommation préservative. — Entre la consommation reproductive et la consommation improductive il y a lieu de faire une place à la *consommation préservative.* Par ses résultats elle se rattacherait à la consommation reproductive et elle pourrait se classer à côté des dépenses d'entretien des capitaux. Mais elle s'en distingue par sa nature. L'entretien consiste à consommer un certain capital pour empêcher la destruction ou l'affaiblissement d'un instrument de production. La consommation préservative, qui n'est autre

que l'*assurance*, ne garantit pas le capital contre la destruction, mais garantit le propriétaire contre la privation de son
capital dans le cas où ce capital viendrait à être détruit accidentellement.

L'assurance des capitaux ne s'applique qu'aux pertes in-
volontaires accidentelles. Quand une richesse est anéantie —
nous ne disons pas consommée reproductivement, — aucune
puissance ne peut faire qu'elle existe. On en produira bien
une autre; on ne fera pas renaître celle qui a disparu. Aussi
n'y a-t-il pas d'assurance pour l'ensemble des sociétés humaines; celles-ci n'ont pas d'autre garantie contre les pertes
accidentelles que de posséder beaucoup de richesses et de
forces productives afin de rendre peu sensible dans la masse
une petite diminution et de combler promptement le vide.

Mais il y a des assurances pour les cas particuliers, et la
sécurité qu'y trouvent les intérêts privés est éminemment
favorable à l'intérêt public. L'assurance a en effet le plus
souvent pour objet de *garantir, en cas de perte accidentelle, le remboursement du capital assuré*, et elle s'applique
à des capitaux qui par leur nature sont exposés à une destruction accidentelle.

Cette destruction subite porterait un grave préjudice au
propriétaire et causerait peut-être sa ruine. Le payement
d'une légère prime annuelle, laquelle est précisément la
consommation préservative, lui garantit que, si son capital
vient à périr en partie ou en totalité par un des accidents
prévus dans le contrat d'assurance, un capital équivalent lui
sera donné par l'assureur.

110. Le mécanisme de l'assurance. — Ce résultat est
obtenu au moyen d'une combinaison financière qui a pour
but d'*éliminer le hasard* et qui emploie comme moyens
l'*association* et la *division des risques*.

L'humanité est exposée à des maux très divers; cependant
les accidents, quelque nombreux qu'ils soient, sont l'exception. Toutes les maisons d'un grand État ne sont pas dévorées
par l'incendie; tous les habitants n'ont pas tous les jours une
jambe cassée; tous les vivants ne meurent pas tout à coup
d'une mort inopinée. De là la possibilité de diviser le risque.

Exemple. — Prenez un homme, n'importe lequel; dites-lui : « Voici une masse pesant 500 kilogrammes ; tu seras mis à mort si tu ne la transportes pas, sans voiture ni bête de somme, à 1 kilomètre d'ici. » Eh bien, cet homme est condamné à mourir, quelques efforts qu'il fasse; car, s'il prend le fardeau sur ses épaules, il succombera infailliblement sous le faix. Mais autorisez-le à diviser la masse et à faire le travail en deux jours; il pourra se charger de 25 kilogrammes à la fois et faire vingt voyages à la distance d'un kilomètre ; la masse se trouvera déplacée sans que lui-même soit plus fatigué par ce travail que par toute autre besogne ordinaire. La division du fardeau lui aura rendu possible ce qui était auparavant impossible.

Autre exemple. — Un négociant a 100 tonnes de marchandises à transporter dans un pays lointain; s'il met ces 100 tonnes sur un navire et que le navire périsse, tout sera perdu. Ne peut-il pas charger une tonne seulement sur un navire, une tonne sur un autre et, s'il trouve 100 navires en partance pour le port auquel il expédie ses marchandises, en confier le transport à ces 100 navires? S'il agit ainsi, il peut être tranquille; il est très probable, disons même qu'il est presque certain que les 100 navires ne feront pas naufrage; mais, d'autre part, il est plus probable qu'un des navires sur lesquels il a mis une tonne de marchandises fera naufrage; de sorte que ce négociant, pour échapper à la crainte de perdre la totalité de ses marchandises, aura pour ainsi dire fait le sacrifice probable d'un centième de ses marchandises.

Cette manière de diviser les risques est peu praticable. Quel est le négociant qui accepterait l'embarras de faire cent connaissements, d'avoir affaire à cent capitaines de navires et où trouverait-on dans le même temps cent navires en partance pour le même pays?

C'est indirectement qu'on arrive à cette division des risques par une méthode consistant dans une certaine *association fondée sur le calcul des probabilités.*

Premier exemple. — Prenons d'abord, pour expliquer ce calcul, le jeu de pile ou face. Les deux joueurs mettent un enjeu égal. Pourquoi? C'est que, sur la pièce de monnaie, il y a pile d'un côté, face de l'autre et que, si la pièce a le même poids sur les deux faces, il y a exactement autant de chances pour avoir pile que pour avoir face. Or, les chances étant égales, l'enjeu doit être égal de part et d'autre.

Second exemple. — Si, au jeu de dés, tel parie retourner le six, son enjeu devra-t-il encore être égal à celui de son adversaire? Non : le bon sens dit que ce ne serait pas juste. L'adversaire a cinq chances pour lui; car le joueur peut retourner un, deux, trois, quatre, cinq, aussi bien que six ; comment donc équilibrer la partie? Il faut que le joueur mette un enjeu cinq fois moindre que son adversaire et qu'il ait ainsi cinq chances de perdre un et une chance de gagner cinq ; l'équilibre est rétabli.

L'assurance ne fait pas autre chose ; elle calcule et équilibre des risques. Nous avons supposé qu'un navire sur 100, en moyenne, périssait. Le négociant va trouver un assureur, qui lui dit : « Vous venez m'apporter un certain enjeu qui est la valeur de vos 100 tonnes; il y a 99 chances pour que le navire qui les porte ne périsse pas et une chance pour qu'il périsse. Donc vous me payerez le centième de la valeur de votre cargaison et je l'assurerai. Les chances seront égales. J'aurai, il est vrai, la possibilité de payer 99 fois plus que vous ne m'aurez donné; mais j'ai 99 chances de ne rien payer et, de votre côté, vous aurez la certitude de recouvrer la totalité de la valeur embarquée si le navire vient à périr. » Sur 10 000 maisons, on constate qu'il en brûle à peu près une par an. Vous voulez assurer la vôtre; payez donc tous les ans à l'assureur la dix-millième partie de la valeur de votre immeuble. Voilà le principe du calcul sur lequel repose l'assurance.

On a quelquefois comparé l'assurance à une spéculation aléatoire. C'est une vue erronée, puisque l'assurance est précisément l'ennemie du hasard. L'assuré ne fait qu'acheter de la sécurité qu'il s'engage à payer soit à un prix fixe (assurance à prime fixe), soit au cours de l'année (assurance mutuelle); il prélève une certaine partie du revenu de son capital pour assurer la continuité de la durée du capital lui-même.

Quant à la compagnie d'assurance, voici comment elle

calcule : « Je reçois tous les ans, comme primes d'assurance, une certaine somme ; de cette somme, je retire chaque année mes frais de gestion et l'intérêt de mes capitaux ; le reste, qui constitue la plus forte part, je le donne successivement à l'un ou à l'autre de mes assurés, tour à tour atteints par le coup du sort. Peu m'importe lequel. » En effet, une maison brûle. La compagnie paye. Avec quoi paye-t-elle ? Avec les primes qu'elle a reçues. Elle se dessaisit de l'argent qui lui a été confié uniquement dans cette vue, en se réservant le bénéfice qui est la rémunération de son travail.

Pour qu'une compagnie soit bien organisée, il faut deux conditions : un capital assez considérable pour faire face aux cas imprévus et un très grand nombre d'assurés. Si une compagnie, sachant que, sur 100 navires, il en périt moins d'un en moyenne et voulant se borner à une opération unique, assurait 100 navires en partance dans le même moment pour divers lieux et se contentait de demander à chacun de ses assurés le centième de la valeur de son navire, elle ferait une très mauvaise combinaison. Car il peut se faire qu'une tempête survienne et que 3 ou 4 navires périssent sur les 100 qu'elle aurait assurés. Si, au lieu de 100 navires, elle en avait assuré 1000, les chances d'exactitude auraient augmenté, non pas dans la proportion de 1 à 10, comme le nombre des assurances lui-même, mais dans la proportion de 1 à 100. Si elle en avait assuré 10 000, les chances d'exactitude auraient augmenté dans la proportion de 1 à 10 000 ; c'est-à-dire que les chances d'exactitude augmentent comme le carré du nombre des assurances. Quand donc une assurance est fondée sur de très grands nombres, la compagnie ne fait pas une opération aléatoire ; *elle remplit simplement le rôle de gérant d'une association de sécurité.*

111. Les diverses assurances et la mutualité. — Les plus anciennes assurances sont les *assurances maritimes* ; ce sont les premières auxquelles les hommes aient songé, parce qu'il n'y a pas de capitaux qui soient plus manifestement exposés au danger d'une destruction accidentelle que les navires en mer et leur cargaison. Quand l'esprit de prévoyance s'est développé dans nos sociétés modernes, on a créé des *assurances contre l'incendie* qui garantissent les propriétaires de maisons contre les pertes d'une destruction par le feu, puis des *assurances agricoles* qui garantissent contre la perte d'une récolte par la grêle ou la gelée et d'autres qui assurent, ainsi que les précédentes et sous des formes diverses, des *capitaux matériels*.

La force productive de l'homme, source principale de la richesse, est exposée, comme les capitaux matériels, à une destruction subite. La mort ne prévient pas et elle atteint parfois les jeunes et les plus vigoureux. Quand elle frappe un chef de famille, elle ne prive pas seulement la société d'un travailleur, elle prive une famille de son soutien et la laisse peut-être sans moyens d'existence. Rien sans doute ne peut remplacer l'absent et consoler la douleur de sa perte ; mais l'assurance peut du moins pourvoir aux besoins d'une femme et d'enfants qui, sans cette ressource, resteraient sans pain. Il suffit que le père se soit assuré en cas de mort pour une somme déterminée, c'est-à-dire qu'il ait payé de son vivant une prime annuelle, pour qu'à son décès l'assurance paye à sa famille la somme stipulée, laquelle est proportionnelle à la prime et à l'âge auquel l'assuré a commencé à la payer. C'est une des formes de l'*assurance sur la vie* et une des manières d'être les plus recommandables de la prévoyance et de la moralité humaines, parce qu'elle étend son action par delà la vie de l'homme.

Il y a d'autres formes de l'assurance sur la vie, telles que l'achat d'une rente viagère à un âge déterminé par une prime annuelle, l'assurance dotale ou constitution d'un certain capital à la majorité moyennant un versement fait à une époque antérieure ou une prime payée annuellement ; nous n'en parlons pas, parce qu'elles sont des modes, très recommandables sans doute, de placements de capitaux, mais non des consommations préservatives.

Les *sociétés de secours mutuels* rentrent dans la catégorie des consommations préservatives. Moyennant une cotisation mensuelle qui dépasse rarement 2 francs, elles assurent, en cas de maladie, les soins du médecin, les médicaments, une indemnité journalière qui supplée au salaire absent, et, en cas de mort, les frais d'enterrement, quelquefois même une certaine somme à la veuve. C'est un genre d'assurance presque indispensable au salarié, que la maladie et le chômage causé par la maladie réduiraient au dénuement.

RÉSUMÉ

La **consommation** est la fin légitime de la richesse. — Consommer de la richesse, c'est détruire de l'utilité.

On peut distinguer : les consommations reproductives et improductives, les consommations lentes et rapides, les consommations privées et publiques.

CONSOMMATIONS REPRODUCTIVES

CONSOMMATIONS INDUSTRIELLES.	RAPIDES : Appartenant en général au capital circulant.	*Matières premières.* *Salaires.* *Frais généraux.* { *Loyer* (si l'entrepreneur est locataire). *Autres dépenses générales de l'établissement.* *Dépenses d'entretien de l'entrepreneur.*
	LENTES : Appartenant en général au capital fixe.	*Bâtiments* (si l'entrepreneur est propriétaire). *Mobilier industriel.* *Outillage.* *Mobilier personnel de l'entrepreneur.*
CONSOMMATION DE CAPITALISATION.	CAPITAUX proprement dits.	*Création.* *Entretien.*
	CAPITAL INTELLECTUEL.	*Création.* *Transmission.*

La consommation reproductive appliquée à la matière comprend les frais de production et la capitalisation; appliquée aux personnes, elle comprend les frais d'entretien et l'éducation.

CONSOMMATIONS IMPRODUCTIVES

INVOLONTAIRES.	*Pertes industrielles,* résultant d'opérations agricoles, industrielles ou commerciales que des circonstances défavorables ou une mauvaise gestion font échouer. *Pertes accidentelles.*
VOLONTAIRES.	*D'entretien des non-producteurs.* *De luxe.*

La mesure du luxe que chacun peut se permettre est déterminée par son revenu. — Chacun doit faire de ce revenu deux parts : la première, nécessaire, pour les dépenses d'entretien et de prévoyance; la seconde, facultative, pour les dépenses de luxe.

L'accroissement des consommations de luxe est légitime dans une société qui s'enrichit.

Il est inexact de dire que le luxe fasse aller le commerce; car, dans ce cas, la nature de la chose consommée n'exerce pas d'influence favorable sur la somme du travail commandé.

L'assurance est une consommation préservative. — Elle a pour objet de garantir, en cas de perte accidentelle, le remboursement du capital assuré.

L'assurance a pour but d'éliminer le hasard, pour moyens la division des risques et l'association fondée sur le calcul des probabilités.

Une compagnie d'assurances bien organisée ne fait pas d'opérations aléatoires; elle remplit le rôle de gérant d'une association.

Les principales formes de l'assurance sont : d'une part, l'assurance maritime, l'assurance contre l'incendie, l'assurance agricole, qui garantissent des capitaux matériels; d'autre part, l'assurance sur la vie et les sociétés de secours mutuels.

CINQUIÈME PARTIE

LES FINANCES

**112. Les consommations de l'État et le principe de
l'impôt.** — Le mot État désigne une société d'hommes ayant
une existence politique distincte et formant, dans la plupart
des cas chez les peuples civilisés, une *nation;* il comprend,
avec cette nation, le *territoire* qu'elle habite et le *gouvernement* qui la régit. L'État est en quelque sorte la société organisée. Il est la condition nécessaire de la sécurité pour les individus vivant sur le territoire national, l'organe d'exécution des
œuvres qui requièrent la puissance collective de la communauté et l'administrateur des intérêts généraux de la société.

Pour accomplir ses fonctions, l'État fait des dépenses,
autrement dit consomme de la richesse.

Dans les sociétés peu civilisées, comme les sociétés pasto-
rales des Arabes nomades ou les sociétés agricoles de la féo-
dalité, où le souverain exerce une grande autorité sur les
personnes au détriment de la liberté individuelle, mais où les
services que rend l'État sont peu nombreux et ses fonctions
peu compliquées, la principale dépense, en temps de paix, est
celle du souverain, dont le budget personnel se confond souvent
avec le budget de l'État, et les deux budgets réunis forment
une somme peu considérable; la médiocrité de la richesse
de ces sociétés ne supporterait pas d'ailleurs un gros budget.

Dans les sociétés civilisées, au contraire, les fonctions utiles de l'État se multiplient ou se développent d'ordinaire avec les exigences mêmes de la richesse et les budgets grossissent. Celui de la France, qui dépasse aujourd'hui 3 milliards et demi de francs, n'atteignait pas 1 milliard il y a soixante ans ; un accroissement du même genre s'est produit, avec des proportions très diverses, dans tous les États civilisés au xixe siècle, à mesure que la richesse y augmentait. Il y a même eu dans beaucoup d'États une exagération de dépense contre laquelle les gouvernements doivent se tenir en garde.

L'État consomme les *services* de ses fonctionnaires et employés de tout ordre et les *produits* destinés à l'usage de ses administrations et ses travaux de toute nature ; il paye, en outre, l'*intérêt* des dettes qu'il a contractées et dont le capital a été le plus souvent dépensé en salaires et en produits. *Ses dépenses consistent*, par conséquent, *en payements de salaires et d'intérêts et en achats de marchandises.*

Il est le plus fort consommateur d'une nation après tout le monde ; il remplit à lui seul le chapitre des *consommations publiques*, tandis que tout le monde contribue à former le chapitre des consommations privées. C'est pourquoi la population et l'État sont deux des plus importantes questions qui se rattachent à l'étude de la consommation. Une même somme d'ailleurs passe presque toujours du second chapitre au premier ; ainsi l'État donne 3000 francs à un employé : consommation publique ; l'employé paye peu à peu toutes ses dépenses d'entretien avec ces 3000 francs : consommation privée.

Les dépenses de l'État sont en réalité les *frais de gestion de la communauté politique*. Il est nécessaire que les membres de la communauté les payent ; car on ne saurait se procurer autrement les fonds, à moins d'attribuer au domaine de l'État la possession même des forces productives — ce qui serait un mode de socialisme très dommageable à la richesse nationale (voir § 64) — et il est juste que les membres de la communauté payent ces frais, puisque ce sont eux qui ont les bénéfices de cette communauté.

On a donné nombre de définitions de l'impôt. En voici une qui rend à peu près compte de la nature et du principe de la chose : *L'impôt est la portion de la richesse des habitants d'un pays qui est prélevée pour constituer le revenu de la communauté politique et destinée à l'accomplissement des fonctions et au payement des charges de l'État.* On peut ajouter : Ce prélèvement est exigé, dans les pays civilisés, *conformément aux lois;* il doit être, autant que possible, *en proportion des facultés présumées des contribuables* et *en rapport avec la facilité de la perception.*

113. La répartition des charges et les divers systèmes d'impôt. — La répartition de l'impôt est une des plus graves questions de la politique et de la science économique, laquelle doit éclairer sur ce point la politique. L'impôt est toujours une charge; si cette charge est très inégalement répartie, elle peut devenir un fardeau accablant pour certaines catégories de personnes, sans que le budget de l'État soit cependant disproportionné au total de la richesse nationale : c'est ainsi qu'en France, avant 1789, la taille était un impôt critiquable, moins à cause de la somme qu'elle produisait au Trésor qu'à cause des immunités qui en rejetaient le poids sur une partie des propriétaires et des cultivateurs et principalement sur les moins fortunés.

Comment répartir équitablement la charge? Si l'État pouvait connaître exactement le revenu de chaque individu, il aurait, sinon une mesure absolue et également applicable à toutes les conditions, du moins un critérium. Des économistes se sont efforcés de ramener à une source unique la production ou à une forme unique la constatation de la richesse, et à établir ensuite sur cette base un *impôt unique* prêtant facilement à une répartition proportionnelle; ils ont cru trouver cette base soit dans la terre, soit dans le capital, soit dans le revenu ou même dans la consommation.

Les physiocrates, au xviii° siècle, demandaient l'*impôt unique sur le produit net de la terre,* parce qu'ils considéraient la terre comme seule productive de richesse, et ils espéraient débarrasser ainsi l'industrie et le commerce des

impôts multiples qui en gênaient l'essor. Il a passé quelque
chose de leur doctrine dans le système de contributions
fondé par l'Assemblée constituante en 1790; mais la base de
leur système s'est écroulée depuis que l'économie politique a
démontré que l'industrie et le commerce étaient productifs
de richesse aussi bien que l'agriculture.

L'impôt unique sur le capital est fondé sur cette opinion
que le capital foncier ou mobilier est l'agent universel de la
production de la richesse et que la richesse produite est ou
pourrait être proportionnelle au capital employé pour la
produire; que, si quelqu'un tire de son capital un revenu
au dessus de la moyenne, c'est qu'il l'expose à de plus
grands risques ou qu'il le manie avec plus d'intelligence et
que, dans l'un ou l'autre cas, il ne serait pas juste de lui faire
payer plus d'impôts; que, si quelqu'un au contraire ne tire
aucun revenu de son capital parce qu'il le laisse oisif ou qu'il
en fait un objet de jouissance personnelle, comme l'est un
beau parc ou une galerie de tableaux, il est légitime de lui
faire payer cette jouissance et de le pousser à utiliser des
capitaux dont l'emploi serait avantageux à la société; que
d'ailleurs les capitaux, quand on prend le mot dans son sens
le plus large, constituent toute la richesse matérielle de la
société et que c'est en vue de leur conservation que l'État
fait les plus grandes dépenses de sécurité.

Leur système est moins étroit que celui des physiocrates :
le capital est en effet une base d'imposition plus large que la
terre, qui n'est qu'une portion du capital.

Mais comment faire un inventaire exact des capitaux d'une
nation? Si les capitaux fixes sont à peu près saisissables —
et ils ne le sont pas toujours — les capitaux mobiliers peuvent très souvent déjouer la vigilance du fisc. Or, la base
étant incomplètement constituée, l'égalité de répartition, qui
est le but, ne serait pas atteinte. C'est pourquoi des publicistes ont proposé de ne faire porter l'impôt que sur le capital fixe; mais ils ne comprennent pas tous les mêmes choses
sous cette dénomination et, quoi qu'ils y comprennent, leur
base reste encore trop étroite.

D'ailleurs est-il juste de prélever sur tous les capitaux

improductifs la même taxe que sur les capitaux les plus productifs, de punir, par exemple, le manufacturier d'un changement dans les courants commerciaux qui l'obligerait à fermer son usine? Le fisc ne lui laissera-t-il pas d'autre alternative que de la démolir ou de payer? N'y a-t-il, d'autre part, que les capitaux matériels qui fassent vivre les hommes? Un avocat qui ne possède qu'un mobilier de 20 000 francs et qui gagne au palais 50 000 francs par an sans faire d'économies ou un peintre qui, en dépensant quelques centaines de francs en toiles et en couleurs, vend dans son année pour 50 000 francs de tableaux, ne sont-ils pas aussi capables de contribuer aux charges publiques qu'un filateur qui, ayant un capital de deux millions, tire difficilement un intérêt de 6 p. 100 de ce capital? Cependant le dernier serait taxé dans le système de l'impôt sur le capital à un taux cent fois plus fort que le premier. Serait-ce un bon système que celui qui, au lieu d'encourager la formation du capital, si éminemment utile pour la production de la richesse, ferait peser sur lui toutes les charges du budget?

L'impôt unique sur le revenu serait-il plus équitable? Assurément une contribution proportionnelle au revenu de chacun est une idée séduisante et peut être un principe de justice dans un grand nombre de cas. Mais le revenu est encore plus difficile à saisir ou à apprécier que le capital; il se dissimule plus aisément et il est exposé davantage à varier d'une année à l'autre. En admettant même qu'il fût possible de connaître tous les revenus, serait-il juste de les taxer tous uniformément? L'avocat, que nous avons pris déjà comme exemple et qui se fait 20 000 francs de revenu par sa parole, mais que la maladie ou la mort peuvent atteindre en arrêtant ou en supprimant à jamais la source de ce revenu et en mettant sa famille dans la gêne, doit-il être traité sur le même pied que le propriétaire foncier qui a 20 000 francs de rentes en bonnes terres et dont le revenu passera avec le fonds à ses enfants?

L'impôt unique sur les consommations est fondé sur cet argument que la consommation est la forme principale par laquelle se manifeste le revenu et que c'est surtout le mouvement de la richesse occasionné par les consommations qui exige la vigilance protectrice de la société. Mais est-il si facile de saisir une à une toutes les consommations et un pareil système d'impôt ne serait-il pas fatalement vexatoire? Convient-il, d'autre part, de confondre les consommations productives et improductives, les consommations nécessaires d'entretien et les consommations superflues de luxe? D'ailleurs les consommations personnelles sont-elles la véritable mesure des facultés du contribuable ou même de la protection dont l'État couvre leur fortune. Un célibataire qui, possédant 20 000 livres de rente en biens-fonds, vit chichement, consomme peut-être beaucoup moins qu'un père de famille qui gagne 10 000 f. .ncs et qui élève cinq enfants.

Donc, *l'impôt unique est inapplicable dans une société nombreuse et riche.* A mesure que la richesse augmente par le développement et par l'activité des forces économiques, elle se diversifie : l'impôt doit se faire divers afin de l'atteindre sous ses formes principales. Mais, quand un État prélève déjà des impôts divers et considérables, il ne faut pas, sous prétexte d'égaliser les charges, surimposer les contribuables par la création d'un impôt universel sur le capital, le revenu ou la consommation, parce qu'on mettrait ainsi une nouvelle taxe sur certaines formes de la richesse déjà taxées et qu'on leur ferait injustement porter double charge.

On appelle *impôt proportionnel* celui qui est prélevé d'après un tarif uniforme pour tous les contribuables, quel que soit leur degré de fortune. On appelle *impôt progressif* celui qui e t prélevé d'après un tarif variable et d'autant plus élevé que les facultés du contribuable sont plus grandes. Ainsi, deux contribuables ayant l'un 10 000 francs de revenu et l'autre 100 000 payeraient dans le premier mode, au taux proportionnel de 5 p. 100, l'un 500 francs, et l'autre 5000 francs ; dans le second mode, au taux progressif de 5 et de 15 p. 100, ils payeraient l'un 500 et l'autre 15 000 francs. L'impôt peut être progressif en apparence sans l'être en réalité : tel est, par exemple, la cote personnelle et mobilière à Paris, qui est fixée progressivement d'après le loyer, parce qu'un loyer double est supposé correspondre à un revenu du locataire plus que double. L'impôt peut, dans un petit nombre de cas, être effectivement progressif sans cesser d'être légitime : l'impôt sur les successions est un impôt progressif non d'après la valeur imposable, mais d'après le degré de parenté. Mais *l'impôt progressif généralisé serait une manière de confiscation des grandes fortunes* et une injustice qui découragerait l'activité des travailleurs les plus capables de produire beaucoup.

Dans le choix d'impôts divers, il faut s'attacher surtout à ceux qui se rapprochent le plus de la *proportionnalité*, à ceux qui prêtent *le moins possible à l'arbitraire* dans la perception et pour lesquels le contribuable peut clairement connaître le mode d'assiette et la raison de sa propre taxe, à ceux qui nécessitent *le moins de frais de perception*, à ceux dont la perception peut être réglée, sous le rapport de l'époque et de la division des échéances, de manière à donner au contribuable la plus grande *facilité de payement.*

Il convient d'ajouter, au point de vue politique, qu'aucun impôt ne doit être levé sans avoir été *préalablement, consenti par la représentation nationale,* et que, les impôts ne pouvant réaliser l'idéal d'une répartition parfaitement équilibrée, il ne faut les modifier qu'avec beaucoup de prudence, parce que *les inégalités d'un ancien impôt,* auquel les intérêts particuliers se sont peu à peu accommodés avec le temps, *sont moins vexatoires* que ne paraîtraient l'être les inégalités d'un impôt nouveau, en supposant qu'elles fussent théoriquement les mêmes.

114. Les impôts directs et les impôts indirects. — On divise souvent les impôts en deux grandes catégories : *impôts directs* et *impôts indirects.* La distinction paraît de prime abord plus claire qu'elle ne l'est réellement ; les financiers et les économistes sont loin d'être d'accord sur le sens à donner à ces deux expressions.

Cependant on peut dire que les impôts directs sont ceux qui sont prélevés directement sur les personnes, comme la capitation, ou sur la possession et la jouissance des biens, comme l'impôt foncier, et presque toujours à l'aide d'un rôle personnel, comme la patente, quoique l'impôt sur le revenu des valeurs mobilières soit autrement perçu. On peut ajouter qu'ils ont pour but d'atteindre directement et proportionnellement la fortune des contribuables. M. Leroy-Beaulieu range avec raison dans cette catégorie les taxes somptuaires et l'impôt sur les successions et donations.

On peut dire, d'autre part, que les impôts indirects sont ceux qui sont prélevés sur la richesse à propos d'un fait accidentel : acte, échange, fabrication, transport, sans aucune considération de proportionnalité avec la fortune du contribuable.

Parmi les impôts directs, on distingue : 1o les *impôts de répartition*, comme le foncier en France, dont la somme totale est déterminée par le budget et répartie entre les circonscriptions territoriales, puis entre les contribuables proportionnellement à leur fortune constatée; 2° les *impôts de quotité*, comme la patente, dont le montant total n'est pas fixé d'avance et dont chaque cote est réglée d'après la fortune constatée du contribuable et conformément aux bases fixées par la loi.

Les *impôts directs* sont moins susceptibles, en général, que les impôts indirects d'augmenter ou de diminuer avec les variations annuelles de la production des richesses; ils ont la qualité d'être *relativement fixes*. Les impôts de répartition particulièrement ne varient que par un vote du pouvoir législatif.

Les *impôts indirects sont plus mobiles;* leur revenu a la qualité de *s'accroître avec le progrès de la richesse et de la consommation* et de fournir au Trésor public, en temps de prospérité, des ressources plus abondantes, sans que le pouvoir législatif impose l'aggravation d'impôts. Mais beaucoup d'entre eux ont l'inconvénient de gêner plus la liberté de l'industrie et le cours naturel de la richesse que les impôts directs, de coûter plus cher à percevoir et d'exciter davantage à la fraude.

La diversité des inconvénients et des qualités de ces deux catégories d'impôts est une raison pour les introduire les uns et les autres dans le budget d'un grand État, parce que, d'une part, ils aident à atteindre des formes diverses de la richesse et que, d'autre part, ils servent en quelque sorte de compensation les uns aux autres.

115. La classification des impôts. — La distinction entre impôts directs et indirects n'est pas assez précise pour servir de base à une classification logique. Une classification, quelle qu'elle soit, ne saurait d'ailleurs jamais être rigoureuse, parce qu'il y a des impôts qui atteignent à la fois des catégories de personnes et de biens différentes. Cependant il est utile de pouvoir embrasser d'un coup d'œil la distribution des impôts pour comprendre la manière dont ils sont combinés en vue d'atteindre les manifestations diverses de la richesse. Nous présentons cet ensemble dans la classification suivante.

Nous y distinguons les impôts portant sur les *personnes* et les impôts portant sur les *choses*, et nous distribuons ces derniers conformément aux quatre divisions du mouvement économique de la richesse. En réalité, à l'exception du service militaire, des corvées et des prestations en nature, ce sont toujours les choses, c'est-à-dire la richesse, sur laquelle l'impôt est prélevé.

Les impôts ne constituent pas tout le revenu d'un État. La plupart des États ont un *domaine public* productif de revenu, comme les forêts et les droits de pêche sur les cours d'eau ; ils exercent certaines *industries* productives de revenu, comme cela a lieu dans les établissements d'instruction publique ou dans les manufactures nationales ; ils rendent des *services* productifs aussi de revenu, comme la garde des fonds des particuliers par la Caisse des dépôts et consignations.

<table>
<tr><td rowspan="7">Impôts sur les PERSONNES.</td><td>Service militaire.</td></tr>
<tr><td>Capitation.</td></tr>
<tr><td>*Contribution personnelle* [1].</td></tr>
<tr><td>Corvée.</td></tr>
<tr><td>Prestation en nature et en argent.</td></tr>
<tr><td>Logement des troupes.</td></tr>
<tr><td>(Taille.)</td></tr>
</table>

1. Les impôts imprimés en italique sont les principaux impôts du système financier de la France ; les impôts entre parenthèses sont ceux qui se rapportent au régime financier de la France avant 1789 ou aux communes.

Impôts sur les CHOSES.

Sur la CIRCULATION.

Sur la PRODUCTION.
- Contribution des patentes.
- Licences.
- Redevance sur les mines.
- Impôt sur le capital.
- Brevets d'invention.
- Droit de vérification des poids et mesures.
- Droit sur la fabrication des monnaies.
- Droits sur les abattoirs, etc.

Sur la RÉPARTITION.
- Contribution foncière : Propriété rurale. Propriété bâtie.
- (Dîme.)
- Impôt sur le revenu.
- Impôt sur la richesse mobilière.
- Impôt sur le revenu des valeurs mobilières.

Sur les ACTES n'ayant pas nécessairement le caractère de l'échange.
- Droits d'enregistrement : Successions. Donations. Ventes immobilières. Ventes mobilières. Baux. Prêts et hypothèques.
- Actes judiciaires, droits de greffe.
- Actes extra-judiciaires.
- Droit de timbre.
- Taxe des biens de main morte.

Sur la CIRCULATION proprement dite.
- Timbre sur les : Effets de commerce. Factures.
- Droit d'octroi.
- Droit de douanes : Importation. Exportation.
- Droits de navigation : Maritime : ports, etc. Fluviale : canaux, etc.
- Péages.
- Droit sur la circulation des voitures.
- Droits sur les transports : Voyageurs. Marchandises.
- Services publics : Postes. Télégraphes.

Sur la CONSOMMATION.

Sur les JOUISSANCES.
- Contribution mobilière.
- Contribution des portes et fenêtres.
- Impôt sur les chiens.
- Permis de chasse.
- Taxe sur les voitures et chevaux de luxe.
- Taxe sur les domestiques.
- Taxe sur les cercles.
- Taxe sur les billards.
- Taxes somptuaires.
- Droit des pauvres sur les théâtres.
- Loterie.

Sur les CONSOMMATIONS proprement dites.
- Droit sur les boissons : Circulation. Détail. Entrée.
- Droit sur le sel.
- Droit sur le sucre.
- Droit sur les cartes à jouer.
- Droit sur le papier.
- Droit sur les bougies, huiles, etc.
- Droit sur le vinaigre, etc.
- (Octroi.)
- Monopoles : Tabac. Poudres à feu. Allumettes, etc.

116. Le budget de l'État. — Un État est tenu, comme un particulier, de se rendre compte de ses recettes et de ses dépenses afin d'équilibrer les unes avec les autres et de ne pas gaspiller d'un côté l'argent en laissant en souffrance, de l'autre côté, des services nécessaires. C'est à quoi il est pourvu par le **budget**, ou *état détaillé et arrêté d'avance des sommes, impôts et revenus, à recevoir par l'État, lesquelles constituent le budget des recettes, et des sommes à payer par l'État, lesquelles constituent le budget des dépenses.*

Dans les gouvernements parlementaires, le budget est discuté et voté par le pouvoir législatif; par ce *vote*, il devient une *loi* qui s'impose au pouvoir exécutif et en vertu de laquelle celui-ci lève les contributions et fait tous les payements autorisés pour l'accomplissement des services publics.

On désigne sous le nom d'*exercice* la période pour laquelle un budget est en cours d'exécution. Dans quelques États, cette période est de deux ans; dans la plupart des États, elle est d'un an, commençant chez les uns au 1er janvier, chez quelques autres au 1er avril ou au 1er juillet. En France, le budget est *voté tous les ans*, pour *une année;* il doit toujours, pour le bon ordre financier, être voté avant l'exercice, lequel commence le 1er janvier.

Il était voté, sous la Restauration et pendant une partie du second Empire, par grandes sections : ce qui laissait au pouvoir exécutif la faculté de régler à son gré la répartition des fonds dans chaque section. Il est voté aujourd'hui par *articles* et le nombre des articles est considérable. Ce système de la spécialité donne au pouvoir législatif, qui représente les contribuables, un contrôle beaucoup plus efficace sur le détail des dépenses publiques et, par suite, sur l'administration.

Les prévisions budgétaires ne peuvent pas être toujours rigoureusement exactes; il survient en cours d'exercice des événements qui ne pouvaient pas avoir été prévus à l'époque du vote du budget et qui entraînent des dépenses supplémentaires. Dans les pays où il existe un pouvoir législatif ayant seul le droit d'autoriser la levée de contributions directes ou indirectes et d'autoriser ou de sanctionner les dépenses publiques, ces dépenses doivent être autorisées par des lois qui, en France, prennent le nom de budget rectificatif ou de budget supplémentaire quand elles sont votées en cours d'exercice ou qui s'ajoutent, sous forme de propositions spéciales, à la loi de *règlement définitif* du budget après la clôture de l'exercice.

Après cette clôture, les comptes de tous les comptables publics sont examinés et apurés par la Cour des comptes; puis le résumé en est présenté au pouvoir législatif, qui l'examine à son tour et donne par son vote la dernière sanction au règlement définitif de chaque exercice.

Ces formalités, dont le détail varie suivant les gouvernements (en Angleterre, par exemple, il n'y a pas de vote annuel du budget total), sont, en principe, des règles favorables à la bonne administration et au contrôle des finances. On peut dire, en règle générale, que *la gestion financière d'un gouvernement est d'autant meilleure qu'elle reste plus scrupuleusement enfermée dans la limite des dépenses fixées par les prévisions budgétaires.*

En prenant la France comme exemple des diverses sources du revenu d'un État et en groupant les impôts conformément au tableau qui se trouve au § 115, on peut dire qu'en 1886 les impôts sur les personnes fournissaient à peine à l'État, même en y comprenant les versements des engagés conditionnels d'un an, 1 p. 100 de la totalité des recettes (ils fournissaient par la prestation une part plus forte des budgets locaux); que chacun des deux groupes d'impôts sur la production et sur la répartition fournissait environ 4 p. 100; que les impôts sur la circulation fournissaient 50 p. 100, dont 28 pour les actes et 22 pour la circulation proprement dite; que les impôts sur la consommation fournissaient 41 p. 100, dont 4 pour les jouissances et 37 pour les consommations proprement dites.

L'importance des deux derniers groupes montre clairement l'impossibilité où serait un grand État de se suffire avec des impôts directs portant sur la répartition ou même sur la production. En cette matière, l'intérêt de la production, qui conseille de frapper surtout la richesse fuite, diffère de l'intérêt du Trésor, qui pousse le financier à s'adresser principalement aux manifestations de la richesse les plus productives d'impôt. Les impôts indirects figurent dans le budget anglais pour une proportion plus forte encore que dans le budget français.

La classification du budget français est établie, non d'après les divisions de la science économique, mais d'après le mode d'administration des impôts. Voici le *budget ordinaire des recettes* de l'année 1892 (valeurs exprimées en millions de fr.) :

Millions

1° CONTRIBUTIONS DIRECTES :			464
dont : contribution foncière { prop. non bâtie.		112	
propriété bâtie.		72	
— — personnelle et mobilière.		82	
— — des portes et fenêtres...		54	
— — des patentes...........		114	
Taxe sur les chevaux et voitures.....		12	
etc.			
2° IMPÔTS ET REVENUS INDIRECTS..........			1992
• Enregistrement....................		537	
Timbre.........................		169	
Taxe de 4 p. 100 sur le revenu des valeurs mobilières..............		68	
Douanes et sels......................			450
dont : droits d'importation et de statistique		415	
— taxe de consommation des sels perçue dans le rayon des douanes...		21	
etc.			
Contributions indirectes................			768
dont : droits sur les boissons............		452	
— droit sur le sel hors du rayon des douanes......................		12	
— droit sur le transport des voyageurs et des marchandises............		60	
— droit sur les sucres (sucre indigène, colonial et étranger)...........		181	
etc.			
A reporter.....			2456

Report....   2456

3° PRODUITS DES MONOPOLES ET EXPLOITATIONS INDUSTRIELLES DE L'ÉTAT............   613

    dont : droit de fabrication des allumettes..   27
    —   produit de la vente des tabacs......   373
    —   vente des poudres à feu..........   10
    —   postes.........................   159
    —   télégraphes....................   33
    etc.

4° PRODUITS ET REVENUS DU DOMAINE DE L'ÉTAT.   48

    dont : produits divers................   19
    —   forêts.........................   28

5° PRODUITS DIVERS DU BUDGET..........   26

6° RECETTES D'ORDRE..................   66

    dont : retenues et autres produits affectés
              au service des pensions civiles...   24
    etc.

                         Total.....   3207

ALGÉRIE.............................   44

    Impôts directs.....................   10,4
  ⎰ Enregistrement......................   3,6
  ⎱ Timbre............................   4,2
  ⎰ Douanes...........................   10,3
  ⎱ Contributions diverses...............   1,2
    Produits de monopoles et exploitations
       industrielles de l'État.............   5,1
    Produits et revenus du domaine de l'État.   3,3
    Produits divers......................   0,9
    Recettes d'ordre.....................   2,9

                Total général.....   3251

A ce budget ordinaire sont annexés par la loi annuelle
de finances deux autres budgets spéciaux : celui des *dépenses
sur ressources spéciales* (454 millions pour 1890), qui est
alimenté principalement par les *centimes additionnels* aux
contributions directes (371 millions) et qui est affecté principalement aux dépenses départementales et communales et

à des restitutions et non-valeurs sur les contributions directes, et celui des *services spéciaux rattachés pour ordre au budget général* (94 millions), tels que la Caisse des invalides de la marine (14 millions), la Légion d'honneur (17 millions), les chemins de fer de l'État (35 millions).

Le *budget ordinaire des dépenses* est réparti de la manière suivante pour le même exercice :

		Millions.
1° DETTE PUBLIQUE		1287
dont : dette consolidée	762	
— dette viagère	224	
— capitaux remboursables	301	
2° POUVOIRS PUBLICS		13
3° SERVICES GÉNÉRAUX DES MINISTÈRES :		
Ministère de la justice et des cultes		79
dont : Justice	35	
— Cultes	44	
Ministère des affaires étrangères		15
— de l'intérieur		64
— des finances		19
— de la guerre		675
— de la marine		219
— de l'instruction publique et des beaux-arts		182
dont : instruction	174	
— beaux-arts	8	
Ministère de l'agriculture		27
— du commerce, de l'industrie et des colonies		79
dont : commerce et industrie	20	
— postes et télégraphes	2	
— colonies	57	
Ministère des travaux publics		168
dont : travaux extraordinaires	88	

4° FRAIS DE RÉGIE ET D'EXPLOITATION.....   331
   dont : finances........................ 178
    —   postes et télégraphes............. 140
    —   forêts........................... 13
   etc.

5° REMBOURSEMENTS ET NON-VALEURS.........   21
   dont : finances..................... 12

             Total.........   3179

ALGÉRIE.............................   60

           Total général......   3239

117. Les dépenses obligatoires et les dépenses facultatives. — Les dépenses de l'État sont les unes *obligatoires*, les autres *facultatives*. On pourrait les diviser aussi en *dépenses de probité*, qui sont toutes obligatoires; *dépenses d'entretien*, qui sont la plupart obligatoires; *dépenses de progrès* et *dépenses de luxe*, qui sont en partie facultatives. Dans le premier groupe figure le payement des obligations pécuniaires contractées par l'État, telles que la dette publique et les pensions, auquel un gouvernement ne peut manquer sans se mettre moralement dans la situation d'un commerçant en faillite. Dans la seconde figurent les services relatifs à la sécurité publique et à l'ordre social, armée, justice, police, administration civile, et les travaux nécessaires à la conservation du domaine public, bâtiments, routes, etc. Dans la troisième, l'entreprise de nouveaux travaux, l'instruction publique, les encouragements à l'industrie; dans la quatrième, les fêtes, les embellissements. Cette classification ne saurait d'ailleurs pas avoir une précision rigoureuse.

Le chiffre des dépenses que chaque service nécessite n'est pas immuable. A mesure que les exigences du bien-être augmentent ou que la valeur de la monnaie baisse, l'État a plus de services à payer et les paye plus cher, sans être mieux servi. Il y a des services qui, facultatifs dans un temps, deviennent obligatoires dans un autre : sous Louis XVIII, l'instruction primaire figurait au budget de l'État pour 50 000 francs ; elle est portée en 1890 pour 152 millions, et cependant cette grosse somme est considérée comme une dépense obligatoire, tandis que la première était une libéralité facultative.

Ce qui est obligatoire pour toute bonne gestion financière, c'est de *mesurer, autant que possible, en temps ordinaire, la dépense à la recette, et non la recette à la dépense,* quoique les Chambres discutent et votent d'ordinaire le budget des dépenses avant celui des recettes.

Dans certaines circonstances extraordinaires, comme une guerre défensive ou une grande calamité, l'État ne doit pas hésiter à prendre des charges, quelque lourdes qu'elles puissent être, et, partant, à en imposer aux contribuables sur lesquels, s'il s'agit d'un emprunt, elles sont peut-être destinées à peser pendant de longues années : c'est une conséquence de la solidarité sociale.

Mais, en dehors de ces circonstances, le gouvernement doit se montrer sévère ménager des deniers de la nation. On trouve toujours des motifs plausibles de dépense ; sous les gouvernements absolus, le souverain est exposé à se laisser entraîner par ses caprices ; sous les gouvernements démocratiques, où la puissance souveraine réside dans les Chambres, le ministère est exposé à être entraîné par le désir qu'ont les représentants de prendre l'initiative de mesures utiles au pays ou agréables à leurs électeurs. Il ne faut pas se laisser séduire : ministres et députés doivent, afin de résister à l'entraînement, se rappeler l'origine de l'argent demandé et l'usage productif que les contribuables en pourraient faire dans leurs entreprises, s'il n'était requis par l'État.

'Quand une forme nouvelle de la richesse se produit, il est juste de l'imposer : source d'accroissement du revenu public. Quand la richesse nationale augmente, le rendement des impôts de quotité et de consommation augmente, sans que le taux soit changé : autre source de l'accroissement du revenu public. Mais il ne faut pas, en temps ordinaire, aggraver les impôts existants, quand il n'est pas absolument démontré qu'ils sont trop faibles, ni créer de nouveaux impôts portant sur une espèce de richesse déjà atteinte. *Il est sage d'attendre pour perfectionner les services publics qu'il y ait une plus-value naturelle des revenus de l'État.*

Lorsque cette plus-value est devenue un fait normal, il est bon d'en faire deux parts, l'une pour l'amélioration des services, l'autre pour le dégrèvement des charges publiques par la réduction directe de certains impôts ou mieux par l'amortissement de la dette, et de faire bénéficier ainsi de deux manières la production nationale de cet accroissement de revenu.

Dépenser plus qu'on ne reçoit, c'est-à-dire clore un exercice en *déficit*, et continuer longtemps ainsi est *une pratique plus condamnable encore qu'une aggravation d'impôts*, à laquelle elle conduit après une période de désordre financier et d'augmentation de la dette flottante.

Les besoins croissants des États et particulièrement le développement des dépenses de guerre et de travaux publics ont eu pour conséquence un *accroissement considérable du budget des États civilisés au* XIXe *siècle*. Ces budgets, qu'on évaluait pour les États d'Europe à 11 milliards environ avec les frais de perception et de gestion en l'an 1869, s'élevaient, en 1892, à près de 20 milliards. Un des plus forts est aujourd'hui, à cause surtout de la dette et de l'armée, celui de la France, qui figure pour plus de 3 milliards dans le total de l'Europe. La Russie a dépensé, en 1892, près de 2 milliards 1/2, tous les États de l'Allemagne plus de 4 milliards 1/2, la Grande-Bretagne 2 milliards 1/3 et l'Italie plus de 1 milliard 1/2. D'ailleurs les budgets sont peu comparables d'un pays à l'autre à cause des différences dans le mode d'administration.

Sans doute, la population et la richesse ont augmenté depuis vingt ans; cette dernière a même augmenté plus rapidement que la première. Cependant il est impossible de ne pas remarquer que, si les dépenses en travaux publics sont ordinairement productives, l'exagération des dépenses militaires et des dettes a été préjudiciable aux intérêts économiques et qu'elle nuit à l'essor de la richesse européenne.

118. Les budgets locaux. — Au-dessous de la grande communauté politique qui constitue l'État, il y a des circonscriptions administratives, par exemple les départements et les communes en France. En 1891, les communes (Paris compris) ont dépensé 772 millions (somme en partie comprise dans le budget des dépenses sur ressources spéciales). Les taxes locales portent sur les diverses branches de la richesse.

En France, elles atteignent les personnes par la *prestation*, impôt très éloigné sans doute de la proportionnalité et de la perfection, mais qu'on aurait tort d'assimiler à la corvée, manière d'impôt général rarement profitable à ceux qui avaient la peine, tandis que la prestation est une charge toute locale dont profitent directement les contribuables.

En France aussi, elles s'appliquent aux contributions directes par les *centimes additionnels* que les départements et les communes peuvent ou doivent voter, selon que les dépenses sont facultatives ou obligatoires, et qui leur donnent le moyen d'obtenir la recette sans leur donner la liberté de choisir la nature de l'impôt et de se placer en dehors du système général de l'État. Il y a, au contraire, des pays, comme les États-Unis et l'Angleterre, où prédomine le système des taxes spéciales pour les dépenses locales.

Elles s'appliquent, en France, à la consommation par *l'octroi*, en vertu duquel les communes autorisées par décret prélèvent un droit sur les objets de consommation locale et qui, produisant environ 288 millions de francs (en 1891, dont 24 de frais de perception), sont la principale source des revenus communaux. Les droits d'octroi portent surtout sur les boissons, les comestibles, les combustibles, les matériaux de construction, les fourrages, et ne doivent en aucun cas prendre le caractère d'un régime protecteur combiné en vue de favoriser ou de gêner une industrie déterminée. Comme la plupart des impôts de consommation, les droits d'octroi, surtout ceux qui pèsent sur le vin, restent très éloignés de la proportionnalité; cependant ils se soutiennent contre les graves objections qu'ils suscitent par la lourdeur des taxes directes qu'il faudrait établir pour les remplacer.

Comme l'État, les communes ont leur *domaine public* productif de revenu. Elles possèdent des terres dont elles louent l'usage, des bois dont elles vendent les coupes, des halles, marchés, abattoirs, cimetières, places, dont elles tirent des revenus, des monopoles, comme la distribution des eaux et l'éclairage au gaz, qu'elles exploitent ou qu'elles afferment.

La considération supérieure de l'unité nationale ne permet pas que les parties d'un État, commune ou province, puissent déterminer leurs impôts et régler leurs recettes et leurs dépenses contrairement aux lois générales de l'État et en dehors de tout contrôle du gouvernement central. Mais la mesure de cette tutelle peut varier considérablement : elle est étroite en France; elle est à peine sensible au Canada et nulle dans la plupart des États composant les États-Unis.

119. Les emprunts. — Il y a des circonstances dans lesquelles les revenus ordinaires ne suffisent pas à payer les dépenses nécessaires ou réputées telles. Les trois principales circonstances de ce genre sont une *guerre* qu'il faut soutenir, un *déficit* profond et persistant qu'il importe de combler, de grands *travaux publics* qu'il est urgent ou très profitable d'exécuter.

En vain quelques économistes, alarmés outre mesure par les conséquences des emprunts, ont-ils essayé de prouver qu'il valait mieux, dans ces circonstances, mettre sur le peuple des impôts considérables que de grever l'avenir : il n'est pas d'impôts qui eussent pu fournir immédiatement la rançon de la France en 1871 ou les fonds de la guerre de Crimée en 1854. On ne saurait non plus soutenir qu'un État puisse, comme un particulier, prendre sur son capital quand son revenu ne lui suffit pas; sauf quelques exceptions, comme celle des trésors de guerre que certains gouvernements tiennent en réserve, le capital d'un État ne se compose que de biens immobiliers dont les uns ne sont pas productifs de revenu, comme les monuments, et dont les autres ne pourraient être aliénés en grande quantité sans un grave préjudice pour l'économie future du gouvernement et même pour la richesse nationale, comme les forêts. Il est donc nécessaire et légitime de recourir à l'**emprunt**, quand l'emprunt est nécessaire.

Quand cet emprunt est contracté pour soutenir une guerre inévitable ou pour acquitter les obligations qui en sont résultées, l'économie politique n'a pas à discuter ce que la politique impose. Quand il est contracté pour rétablir l'équilibre budgétaire rompu par une trop lourde dette flottante, il est presque toujours utile, parce qu'il permet de dégager les finances d'un arriéré qui pèse sur le crédit public. Quand il est contracté pour des travaux publics productifs d'un revenu ou pour le Trésor ou susceptibles d'accroître indirectement le produit des impôts par un accroissement de la richesse nationale, il peut être avantageux; cependant, s'il n'est pas suffisamment démontré que ces travaux soient productifs de revenu, il serait imprudent de ne pas attendre qu'il se produise des excédents de recettes pour conduire peu à peu ces travaux jusqu'à leur achèvement. Dans les trois cas et particulièrement dans le troisième, l'emprunt légitime peut être défendu par cette considération que la génération présente ne doit pas nécessairement porter seule tout le fardeau qui résulte des crises nationales ou des perfectionnements de l'outillage social, et qu'il est juste que les générations futures, au nom de la solidarité sociale, en aient leur part, puisqu'elles jouiront aussi des avantages de la même communauté nationale.

Il y a divers modes d'emprunts.

L'*emprunt forcé* est une sorte d'impôt extraordinaire que l'État lève, d'après certains tarifs, toujours très imparfaits, de la fortune individuelle et dont il s'engage à payer l'intérêt et quelquefois à rembourser le principal à une époque déterminée. La lourdeur d'un pareil impôt est telle que la plupart des contribuables ne peuvent l'acquitter qu'en entamant leur capital et que l'inégalité inévitable de la répartition en fait une injustice criante, très préjudiciable à la richesse nationale.

L'*emprunt en rentes viagères* consiste dans une vente de rentes viagères d'un taux fixe dont le prix varie suivant l'âge du titulaire ou de rentes viagères d'un prix fixe et d'un taux variable suivant l'âge des titulaires. La rente viagère peut se combiner avec la *tontine*, c'est-à-dire avec la constitution de groupes composés de rentiers de même âge et ayant droit à une rente déterminée, laquelle est intégralement payée par l'État tant qu'il existe des titulaires du groupe et qui procure ainsi aux survivants un revenu croissant à mesure des extinctions. Ce mode a l'avantage de limiter à la durée d'une génération la charge que l'État s'impose; mais l'intérêt qu'il exige est notablement plus élevé que celui des emprunts en rentes perpétuelles, et les combinaisons particulières auxquelles il prête tournent rarement à l'avantage du Trésor public.

L'emprunt en obligations amortissables par des tirages périodiques a aussi l'avantage de limiter la durée de la charge; il offre, en outre, ce caractère particulier que, tant que l'État tient loyalement ses engagements, il paraît moins susceptible de hausse et de baisse que les rentes perpétuelles, parce que la possibilité d'un remboursement prochain maintient davantage les titres dans le voisinage du pair; c'est le mode le plus usité par les communes de France auxquelles l'État, en vertu de son droit de tutelle, interdit les emprunts à titre perpétuel. Il peut être accompagné de *lots*, c'est-à-dire que la commune peut assurer une somme beaucoup plus considérable que la valeur même du titre à un certain nombre de numéros de chaque tirage; c'est un appât qui, alléchant les capitalistes et principalement les petits capitalistes, permet de réduire quelque peu l'intérêt. Il doit être employé avec beaucoup de ménagement; cependant il n'a pas les mêmes inconvénients que la loterie, parce que celle-ci sollicite à un acte de prodigalité, tandis qu'il sollicite à un placement d'épargne.

L'emprunt en rentes perpétuelles consiste en émission de rentes dont l'État ne promet pas le remboursement à époque fixe, mais qu'il ne s'interdit pas de rembourser s'il lui convient quelque jour de le faire. C'est aujourd'hui le mode le plus usité par les États.

L'émission peut se faire par une souscription publique à laquelle tout le monde a droit de prendre part ou par l'intermédiaire de banquiers qui se chargent de négocier à leurs risques et périls les titres sur la place. Elle est faite en titres nominatifs ou au porteur, portant un intérêt déterminé d'avance par l'État, 3, 4, 5 francs ou plus pour 100 francs de capital nominal. Ces titres sont émis, c'est-à-dire vendus au public à un prix déterminé par l'État seul dans le premier cas, débattu entre lui et les banquiers dans le second. Ce prix peut être, suivant le crédit dont jouit l'État et la situation générale du marché, au-dessous ou au-dessus du pair; autrement dit, l'État, tout en reconnaissant devoir 100 francs, peut délivrer chacun de ses titres pour une somme inférieure ou supérieure à 100 francs.

La souscription publique, à laquelle les banquiers prennent largement part, ne met pas de prime abord la totalité des rentes aux mains de capitalistes décidés à les conserver. Les titres flottent un certain temps dans la spéculation avant de parvenir à leurs véritables destinataires ou, suivant l'expression consacrée, avant de se classer. Il en reste même toujours un nombre plus ou moins considérable entre les mains des banquiers, et ces titres, auxquels s'ajoutent ceux qui se déclassent par décès, déconfiture ou spéculation des propriétaires, forment le fonds sur lequel roulent les opérations fermes de la Bourse. Les opérations fermes, jointes aux opérations fictives de ceux qui jouent sur la variation future des titres en hausse ou en baisse, constituent l'offre et la demande d'où résulte le *cours de la rente*. Ce cours, qui est sujet à varier par des causes souvent accidentelles et sans importance réelle, fournit cependant par sa tenue générale une indication utile, en premier lieu, sur le crédit de l'État, lequel peut être regardé comme solide si le cours est élevé et comme faible s'il est bas; en second lieu, sur l'abondance, qui a pour effet d'élever les cours, ou la rareté des capitaux, qui a pour effet de les abaisser.

120. Les dettes. — Il y a deux espèces de dettes : la *dette flottante* et la *dette consolidée*.

La *dette flottante* comprend l'ensemble des sommes que l'État doit à des créanciers divers et qui ne résultent pas d'emprunts consolidés. La cause principale de la dette flottante est dans les *Découverts* des budgets, c'est-à-dire dans l'excédent des dépenses sur les recettes d'un exercice. Pour payer cet excédent, l'État, en France, se procure de l'argent par l'émission de *bons du Trésor*, c'est-à-dire d'effets portant intérêt et remboursables à courte échéance (trois mois, six mois, un an); il les renouvelle à mesure des besoins ou il les éteint lorsque l'excédent de recettes d'un exercice lui permet de le faire.

Une autre cause de la dette flottante se trouve dans les

sommes qui sont, en exécution de la loi ou par acte volontaire des particuliers, déposées dans les caisses de l'Etat, comme les fonds des caisses d'épargne ou les cautionnements de certains fonctionnaires, et qui constituent les *créances passives*.

Une troisième cause est dans les besoins de la trésorerie. Un État qui a un gros budget et dont les recettes ne sauraient coïncider jour par jour d'une manière parfaite avec les dépenses a besoin d'émettre du papier de crédit pour le service de sa caisse; pour cette raison, il ne saurait se passer d'une dette flottante.

Mais *une très forte dette flottante*, persistant pendant une série d'années, *est un embarras financier et le signe d'une gestion défectueuse*. Quoiqu'elle coûte presque toujours à l'État un intérêt d'un taux inférieur à celui de la dette consolidée, il vaut mieux, comme nous l'avons dit, faire un emprunt pour consolider ainsi la dette flottante, devenue trop grosse, que la laisser indéfiniment peser sur le budget.

La *dette proprement dite* comprend tous les emprunts en rentes viagères, amortissables ou perpétuelles.

Le crédit est une puissance dont l'existence est très ancienne, mais dont le développement est récent. Les entreprises industrielles en ont largement profité au xix⁰ siècle. Les gouvernements ont fait comme l'industrie; ils se sont servis de cette puissance, tantôt pour le mal en se livrant à des prodigalités ou en entreprenant des guerres d'ambition, tantôt pour le bien en améliorant l'outillage social. Les emprunts se sont multipliés avec la facilité de les contracter et les dettes publiques ont augmenté.

En France, comme dans tous les pays où les communes sont placées sous la tutelle financière de l'État, les dettes provinciales ou communales, quelque augmentation parfois exagérée qu'elles aient eue, sont limitées dans leur accroissement par la surveillance du gouvernement; l'obligation que celui-ci leur impose de ne contracter que des emprunts remboursables est une garantie de libération.

Mais les États n'ont pas de pouvoir supérieur qui puisse les arrêter, et il y a des pays, comme les États-Unis, où les communes n'en ont pas davantage. L'extension de la dette n'y rencontre de limite que dans la sagesse des gouvernements, que la passion peut troubler, et dans le crédit de l'État, qui peut diminuer beaucoup sans empêcher qu'un emprunt se fasse, mais en empêchant seulement qu'il se fasse dans de bonnes conditions. Aussi *les dettes de presque tous les États ont considérablement augmenté au xix⁰ siècle.* Vers la fin du dernier siècle, avant les guerres de la Révolution française, on évaluait les dettes des États d'Europe à 12 milliards de francs; après les guerres de la Révolution et de l'Empire, à près de 37 milliards; jusqu'en 1848 elles n'avaient guère augmenté que de 2 milliards. Mais, depuis le second Empire français, les guerres, les travaux publics et les déficits des budgets ont presque triplé en trente ans les dettes publiques de l'Europe, dettes consolidées et dettes flottantes, y compris le papier-monnaie : ces dettes atteignaient 101 milliards de francs en 1880 et 124 en 1892 et coûtaient par an, à cette dernière date, environ 4 milliards d'intérêts.

La France, qui n'avait, au commencement du xix⁰ siècle, que 40 millions de rente à payer pour les intérêts de sa dette consolidée, en payait 164 à la fin de la Restauration, qui avait eu à supporter la lourde liquidation des dernières guerres de l'Empire et de l'invasion. A la suite de la guerre de 1870-1871 et de l'aggravation de diverses dépenses, le service de la dette consolidée s'est élevé à 761 millions (en 1892), représentant un capital d'environ 20 milliards de francs. En comptant, en outre, la dette viagère, la dette flottante, les annuités, on trouve un total de plus de 30 milliards, représentant à peu près le montant de la dette nationale et coûtant plus de 1300 millions d'intérêts, c'est-à-dire à peu près 36 francs par habitant : ce total ne comprend même pas tout ce que doit l'État. C'est assurément une charge dont le poids est beaucoup trop pesant, même pour un pays riche.

Il y a plusieurs manières pour un État d'alléger le fardeau de sa dette.

Quand il a contracté un emprunt dans un temps de crise, il l'a fait presque toujours à des conditions onéreuses, parce que son crédit était alors amoindri. Quand viennent des temps meilleurs et qu'il peut emprunter à un taux moins élevé, non seulement il a le droit de rembourser, comme tout débiteur a celui de s'acquitter si le contrat ne porte pas de clause contraire, mais il a le devoir de le faire, parce que sa fonction est d'économiser le plus possible les deniers des contribuables et non de procurer de gros revenus à ses prêteurs. A cet effet, il ouvre un emprunt en stipulant un intérêt moindre et en offrant aux porteurs des anciens titres, soit de les rembourser au pair avec le produit du nouvel emprunt, soit de convertir leurs titres en titres nouveaux s'ils consentent à subir la réduction d'intérêts : c'est ce qu'on appelle une *conversion.*

Il peut racheter sur le marché, à des époques fixes ou indéterminées, des titres de rentes et les annuler en diminuant ainsi le principal de la dette et les intérêts à payer : c'est ce qu'on appelle *amortissement.* L'amortissement est prévu par la loi même qui autorise l'emprunt lorsque cette loi assigne, tous les ans, une somme pour le rachat des rentes; ce système a l'avantage de rendre l'amortissement obligatoire, mais il a le grave inconvénient, lorsque les budgets se soldent en déficit, de ne réduire la dette consolidée qu'en augmentant dans la même proportion la dette flottante. Lorsque l'amortissement est facultatif, il ne se fait qu'à l'aide des excédents de recette, lorsqu'il y en a : c'est le véritable amortissement, celui qui atténue réellement les charges du Trésor. Mais ce système, à son tour, a l'inconvénient de ne pas s'imposer aux pouvoirs publics qui peuvent se laisser entraîner à donner aux excédents d'autres emplois.

Un État a-t-il intérêt à conserver une grosse dette ou à rembourser le plus promptement possible celle qu'il a contractée? C'est une grave erreur économique de croire qu'une dette soit utile à un État; ce qui lui est utile, c'est d'avoir du crédit. Or un État, comme un particulier, a d'autant plus de crédit que la nation est plus riche, qu'il a lui-même la réputation, plus solidement établie par une longue expérience, d'exécuter ses engagements avec une loyauté scrupuleuse et qu'il paye mieux ses dettes. Sans doute, à mesure que la richesse augmente dans un pays, il se fait une atténuation naturelle du fardeau de la dette, parce que la nation, devenue plus forte, le supporte plus légèrement ; mais ce genre d'atténuation ne suffit pas pour dispenser d'un remboursement. Si, au moment où la dépense a été faite, il a pu être juste de distribuer la charge sur une série d'années par un emprunt au lieu d'accabler une seule année par un impôt exorbitant, il serait injuste de rendre cette charge perpétuelle et de la faire ainsi peser sur des générations qui seront trop éloignées pour profiter de la dépense ; la génération présente n'a pas le droit de disposer d'avance d'une grande partie des recettes de la postérité et de lui ôter par là les moyens de disposer un jour à son gré de ses revenus publics.

Il est donc de l'intérêt et du devoir d'un État de rembourser sa dette, soit par un amortissement régulier et légal ou intermittent et prélevé sur les excédents des budgets, soit par des impôts supplémentaires destinés à l'éteindre en un certain nombre d'années. C'est un sage précepte. Il est regrettable que la politique ne le suive pas plus souvent ; quelques gouvernements cependant, tels que les États-Unis après la guerre de Sécession, ont donné à cet égard de mémorables exemples.

RÉSUMÉ

Les dépenses de l'État consistent en payements de salaire et d'intérêts et en achats de marchandises ; elles sont les frais de gestion de la communauté politique.

L'impôt est la portion de la richesse des habitants d'un pays qui est prélevée pour constituer le revenu de la communauté politique et qui est destinée à l'accomplissement des fonctions et au payement des charges de l'État. — Ce prélèvement doit être conforme aux lois et tendre à être en proportion des facultés présumées des contribuables et en rapport avec la facilité de la perception.

L'impôt unique, quelle qu'en soit la base, produit net de la terre, capital, revenu, consommations, est inapplicable dans une société nombreuse et riche.

L'impôt progressif, généralisé, serait une manière de confiscation des grandes fortunes.

Qualités désirables pour un impôt : se rapprocher de la proportionnalité, prêter le moins possible à l'arbitraire, coûter le moins de frais de perception, présenter le plus de facilité de payement, être consenti préalablement par la représentation nationale, changer le moins souvent possible.

On distingue les *impôts directs*, qui peuvent être des impôts de répartition ou de quotité et qui sont relativement fixes, et les *impôts indirects*, plus mobiles et s'accroissant avec la richesse et la consommation.

Le *domaine public* contribue, avec l'impôt, à alimenter le revenu de l'État.

Le budget est un état détaillé et arrêté d'avance des sommes, impôts et revenus, à recevoir par l'État, lesquelles constituent le *budget des recettes*, et des sommes à payer par l'État, lesquelles constituent le *budget des dépenses*.

La gestion financière d'un gouvernement est d'autant meilleure qu'elle reste plus scrupuleusement enfermée dans la limite des dépenses fixées par les prévisions budgétaires.

Les dépenses de l'État, les unes obligatoires, les autres facultatives, peuvent se diviser en dépenses de probité, dépenses d'entretien, dépenses de progrès et dépenses de luxe.

Il importe, en temps ordinaire, de mesurer la dépense à la recette et non la recette à la dépense, et d'attendre pour perfectionner les services publics une plus-value naturelle des revenus de l'État.

La clôture des exercices en déficit est une pratique plus condamnable qu'une aggravation d'impôts.

Il y a eu, au XIXe siècle, un accroissement considérable des budgets des États civilisés.

Les emprunts publics sont justifiés dans le cas d'une guerre à soutenir ou d'un déficit persistant à combler et peuvent l'être dans le cas de travaux publics à exécuter.

Les principaux modes d'emprunt sont l'emprunt forcé, l'emprunt en rentes viagères, l'emprunt en obligations amortissables avec ou sans lots, l'emprunt en rentes perpétuelles.

Les deux principales formes des dettes publiques sont la dette flottante et la dette consolidée. — Une très forte dette flottante est un embarras financier et le signe d'une gestion défectueuse.

Les dettes de presque tous les États ont considérablement augmenté au XIXe siècle.

Un État peut alléger sa dette par la conversion ou par l'amortissement. — Il est de l'intérêt et du devoir de l'État de rembourser sa dette.

FIN

TABLE DES MATIÈRES

QUATRIÈME PARTIE

La consommation de la richesse.

CINQUIÈME PARTIE

Les finances.

Coulommiers. — Imp. PAUL BRODARD.

COURS D'ÉTUDES

A L'USAGE DE L'ENSEIGNEMENT SECONDAIRE MODERNE

RÉPONDANT

AUX PROGRAMMES DE 1891

FORMAT IN-16, CARTONNÉ

LANGUE FRANÇAISE

Grammaire française abrégée, par MM. Brachet, lauréat de l'Académie française et Dussouchet, professeur au lycée Henri IV. Théorie et exercices. 1 vol. . . . . 1 fr. 80

Corrigé des exercices, sur la Grammaire française abrégée, par les mêmes auteurs. 1 vol. . . . . 3 fr.

Grammaire française complète, par les mêmes auteurs. 1 vol. . . . . . 2 fr.

Exercices sur la grammaire française complète, par les mêmes auteurs. 1 volume. . . . . 1 fr. 80

Corrigé des exercices sur la grammaire française complète, par les mêmes auteurs. 1 vol. . . . . 3 fr.

HISTOIRE

Nouveau cours d'histoire, par M. Ducoudray, agrégé d'histoire. 6 vol. avec des cartes et des gravures.

Histoire de l'ancien Orient et de la Grèce, classe de Sixième. 1 vol. . . . . . » »

Histoire Romaine, classe de Cinquième. 1 vol. . . . . » »

Histoire de l'Europe et de la France de jusqu'en 1270, classe de Quatrième. 1 volume. . . . . » »

Histoire de l'Europe et de la France de 1270 à 1610, classe de Troisième. 1 volume. . . . . » »

Histoire de l'Europe et de la France 1610 à 1789, classe de Seconde. 1 volume. . . . . » »

Histoire de France et histoire contemporaine, de 1789 à 1889, classes de Première et de Mathématiques élémentaires. 1 vol. 6 fr.

GÉOGRAPHIE

Nouveau cours de géographie, par MM. Schrader et Gallouédec, professeur agrégé au lycée d'Orléans, 6 volumes avec gravures

Géographie élémentaire de la France, classe de Sixième. 1 vol. . . . . . . » »

Géographie générale de l'Europe et de l'Amérique, classe de Cinquième. 1 vol. . . » »

Géographie de l'Afrique, de l'Asie et de l'Océanie, classe de Quatrième, 1 vol. . » »

Géographie de l'Europe, classe de Troisième, 1 vol. . . . . » »

Géographie de la France, classe de Seconde, 1 vol. . . . . » »

Géographie générale, classe de Première (lettres et sciences) 1 vol. . . . . » »

Atlas de géographie moderne par Fr. Schrader, Prudent et Anthoine, format in folio, cartonné :

Classe de Quatrième, 19 cartes. . 7 fr. 50

Classe de Troisième, 18 cartes. 7 fr. 50

Classe de Seconde, 11 cartes. . . 5 fr.

Classe de Première, (lettres et sciences) 12 cartes. . . . . . . 18 fr

PRINCIPES DE DROIT. — ÉCONOMIE POLITIQUE

Principes du Droit, par M Delacourtie, avocat, docteur en droit. 1 vol. . . 2 fr.

Précis d'économie politique, par M. Levasseur, membre de l'Institut. 1 volume . . . . 1 f. 50

MORALE

Cours de morale pratique, par M. Pontsevrez. 1 vol. . . . . 1 fr. 50

MATHÉMATIQUES

Arithmétique, par M. J Pichot, censeur honoraire du lycée Condorcet, classes de Sixième et de Cinquième. 1 vol. 2 fr. 50

Arithmétique élémentaire, par le même (classe de Troisième). 1 vol. . . . . 2 fr.

Éléments de Cosmographie, par M. A. Guillemin (classes de seconde et de Première, (sciences). 1 vol. . . . . . . 3 fr.

Cours de mécanique pratique, par MM. Maneuvrier, agrégé des sciences physiques et Alph. Berget docteur ès sciences (classes de Première, (sciences). 1 vol. avec figures, ... » »

PHYSIQUE ET CHIMIE. — HYGIÈNE

Éléments de physique, par M. G. Maneuvrier, agrégé des sciences physiques et naturelles, classes de Troisième, de Seconde et de Première. 1 vol. . . . . » »

Cours élémentaire de chimie organique et de manipulations chimiques, par M. Joly, maître de conférences à la Faculté des sciences de Paris. 3 vol.

Classe de Troisième, 1 vol. . . 3 fr.

Classe de Seconde, 1 vol. . . . 3 fr.

Classe de Première, 1 vol. . . . »

Cours élémentaire d'hygiène, par M. L. Mangin, profes. au lycée Louis le-Grand, classe de Première, (lettres et sciences). 1 vol. . . . . » »

HISTOIRE NATURELLE

Éléments de zoologie, par M. Ed. Perrier, professeur au Muséum (classe de Sixième). 1 vol. . . . . 3 fr.

Élément d'anatomie et de physiologie animales, par M. Retterer, professeur agrégé à la Faculté de médecine de Paris, classes de Première, (lettres et sciences). 1 vol. avec figures. . . . . » »

Cours élémentaire de botanique, par M. L. Mangin, professeur au lycée Louis-le-Grand, classe de Cinquième. 1 v. 3 fr. 50

Anatomie et physiologie végétales, par le même auteur, classes de Première, (lettres et sciences). 1 vol. . . . . . 5 fr.

Cours élémentaire de géologie, par M Seignette professeur au lycée Condorcet, classe de Cinquième. 1 vol. 2 fr. 50

13266. — Paris. Imprimerie Lahure, rue de Fleurus, 9. — 10 - 91 - 1650.

www.ingramcontent.com/pod-product-compliance
Lightning Source LLC
LaVergne TN
LVHW020606060726
842526LV00003B/626